国際社会科学講義
文明間対話の作法

武者小路公秀 著

三橋利光・松本行広 監訳
武者小路研究会 訳

国際書院

Introduction to International Social Sciences :

Toward a Dialogue of Civilizations

by

Kinhide Mushakoji

Copyright © 2015 by Kinhide Mushakoji

ISBN978-4-87791-264-2 C1031 Printed in Japan

目次

国際社会科学講義：
文明間対話の作法

目　次

まえがきに代えて：……………………………………………9
執筆者の独り言：（前編）

第1部　政治学における新しい方法論に向けて

第1章　科学革命と学際的パラダイム対話………………………23
　序論　23
　1　今日の科学革命：社会科学における科学革命　24
　2　科学革命と対話　28
　3　声なき声を聞く　34
　4　政治的次元　37
　5　第三極の導入　41
　6　形式論理学を超えて　45
　結論　51

第2章　創造性と学際性……………………………………………53
　概説　53
　1　学際性と現在の社会科学　55
　2　社会科学の現段階：新しいパラダイムの検索　58
　3　社会科学における二つの創造性の源　64
　4　政策科学を超えた科学政策　70
　結論　76

第3章　1980年代における社会科学の発展 ……………………79
序論　79
1　70年代・80年代における政治的現実の諸特徴　79
2　危機にある国家間システム　80
3　イデオロギーの危機　82
4　政治の復活　83
5　問われる普遍主義と伝播主義について　84
6　政治学の国際化　87
7　世界危機局面以前の国際化　88
8　世界危機と北米政治学　92
9　世界危機と西欧政治学　93
10　世界危機と非西欧政治学　93
11　70年代・80年代における政治学の制度的側面　94
12　ＩＰＳＡの役割　95

第4章　政治発展の比較学と比較政治学の発展 ……………………99
序論　99
1　発展、進化、拡散・宣布　101
2　「非西欧」における「政治学」と決定　106
3　西欧の制度と非西欧の宇宙論　108
4　政治体制形成の類型　111
5　西欧と非西欧における決定と合理性　114
6　もう一つのコーポラティズムに向かって　122

第 2 部　現代の世界的危機に対峙する科学と科学交流

第 5 章　世界における個人の平等と連帯の役割……………129
　　1　平等・連帯の複合問題　129
　　2　ヨーロッパにおける近代世界システムの出現が知識と信条体系に与えた影響　132
　　3　形相・実質の二分法を超えるコスモロジー　139
　　4　ロゴスからレンマへ：対話的接近法　147
　　補遺　［定義］　153

第 6 章　グローバル諸問題に対する近代科学研究……………155
　　序論　155
　　1　新型知識システムとしての近代西欧科学　157
　　2　制度化されたプロセスとしての近代西欧科学　164
　　3　技術官僚革命　180
　　4　技術官僚主義パラダイムの危機　191

第 7 章　知的国際交流・科学交流のグローバル化……………207
　　はじめに：知識システムのグローバル化　207
　　1　知的協力・知的交流における国際システムのグローバル化　215
　　2　知的国際交流と知的体系のグローバル化　228
　　3　対話ネットワークを通じての水平型知的交流　238
　　補遺　242

あとがきに代えて：……………………………………………………249
執筆者の独り言：(後編)

注……………………………………………………………………263
第1章　科学革命と学際的パラダイム対話　265
第2章　創造性と学際性　279
第3章　1980年代における社会科学の発展　289
第4章　政治発展の比較学と比較政治学の発展　293
第5章　世界における個人の平等と連帯の役割　297
第6章　グローバル諸問題に対する近代科学研究　303
第7章　国際知識人のグローバル化と科学技術交流　311
まえがきに代えて・あとがきに代えての参考文献　319

著者略歴　321
監訳者略歴　325
訳者略歴　326
訳者あとがき　329
索引　331

まえがきに代えて

執筆者の独り言：
前編

1）なぜ「独り言」を言いたいのか？

　国連大学（UNU）副学長、世界政治学会（IPSA）会長として書き溜めた論文を英語で出版した旧著、*Global Issues and Interparadigmatic Dialogue: Essays on Multipolar Politics,*（Abert Meynier, Torino, 1988）を、今日の若い社会科学研究者にも日本語で読んでいただくために、「国際社会科学講義：文明間対話の作法」という題をつけて出版する運びとなりました。訳して下さった「武者研」の皆様、特に用語の統一や註の点検をしてくださった三橋さんと松本さん、訳書の出版に踏み切った下さった国際書院の石井さんにまず、お礼の言葉をつぶやきたいと思います。

　それと同時に、この旧著を日本語で、特に若い読者の皆様に読んでいただくことについて、かなり躊躇していたこと、しかしやはり読んでいただきたいという、かなり矛盾した気持ちも、呟きたい、そういう気持ちで「独り言」を言いたいのです。特に、英語版の原題、「グローバル諸課題とパラダイム間対話：多極政治に関する論考」で昔発表した諸論考を、日本語版では「国際社会科学講義：文明間対話の作法」という題で刊行する大決心をした経緯について、誰ともなくつぶやきたいのです。

　英語版は、その題が示している通り、当時、まだ米ソの冷戦が終わりかけ、アジア・アフリカそして特にラテン・アメリカ諸国の中

から、今日 BRICS（ブラジル・ロシア・インド・中国・南アフリカ）と呼ばれる新興諸国が現れるなどの多極化政治が現れかけていた時代でした。この時代に国連大学や世界政治学会で、平和問題・開発問題・人権問題・環境問題などのグローバル諸課題と取り組むために、資本主義と社会主義の対立よりもはるかに複雑な南北経済格差、米欧覇権諸国という「西欧」（ウェスト）とその他大勢の「非西欧世界」（レスト）との文化摩擦という、文明間のパラダイムの間で、相互の利害と価値観の違いを超えたパラダイム間の対話を進めないと世界は持たない。

　そういう気持ちで IPSA では世界各国の政治学研究者、国連大学ではもっと広く北と南、西と東の多様な社会科学研究者の間の対話をもとにした共同研究を進めていました。そんな 1980 年代の旧著を出してから 30 年もたった 2010 年代の今日、社会科学研究者のみなさんに読んでもらえるだろうか、という気持ちが強かったのです。

　しかし、最近では、旧著の日本語訳を是非読んでもらいたいという気持ちの方が膨れ上がっています。この書物を読んで下さる読者、もちろん私と同じ年寄りにも読んでもらいたいのですが、それよりも、1980 年代の日本のバブル時代、世界が新自由主義のもとで新しいグローバル覇権体制に突き進もうとしていた危機の時代を歴史教科書の中でしか知らない若い方々に読んでいただきたい気持ちでいっぱいです。それは、30 年前に始まっていた新自由主義グローバル化の経済格差・文明差別の傾向がますます進行する一方、今日、全人類が一緒にならない限り、克服できない地球上の全生命体の危機も、またそれを解決できない現状も、黙ってみていられない、というアセリの気持ちがたまりにたまっているからです。

　世間では大日本帝国への回帰を夢見てヘートクライムに走るネット右翼が台頭する一方で、米国中心の軍事化が進行し、社会科学界

もアメリカや西欧にばかり偏って学習されている日本でも、最近国際社会科学に対する関心が高まっているようです。しかし、この現状では、結局は米欧中心の偏ったパラダイムに寄り掛かる擬似的国際社会科学の流れが支配しそうな予感を禁じえない気持ちです。その意味で、米欧文明にも非米欧諸文明にも開かれた**真に国際的な社会科学**を目指して、みなさんに本書を読んでいただきたいと思います。いや、読んでもらわないといけない時代を生きているんだという、ヤヤ傲慢な自信（?!）を持っているのです。

２）技術官僚主義（テクノクラシー）についての「独り言」

まず「技術官僚主義」についての「独り言」を聴いてください。今、社会科学の研究関係のデータとしてだけでなく、市民の政治・経済問題についての判断基準としても、マスメディアで市民に提供される情報においても、科学技術専門家が作成した数値データが取り上げられています。3.11の福島第一原発爆発事件に伴う放射性物質の拡散問題に伴う放射性物質の被曝に関する数値や許容されるべき量の閾値についていろいろ問題になってきました。生態系関係では、地球の温暖化についても、また色々な世論調査や証券市場の相場の変動、数量的なデータとこれを材料にした専門家の意見が皆さんの目と耳に届けられています。そして大学では、そのようなデータの数量化を専門的に扱う学科と、数量化では表現・測定できない複雑な現実についてこれを歴史的に分析したりする学科の講義が、バラバラに並んでいます。

本書では、これら横並びに陳列されているさまざまな学問領域や社会科学方法論などについて、それが第二次大戦以後の冷戦時代にどのように作られてきたか、を経験してきた「年の功（!?）」で、その経緯について知っていることを皆さんにお伝えし、その可能性と

限界について、問題を提起したいと思います。数量化による予測と計画、経済や政治がうまくいっているかどうかを判断する専門家の役割が、最近50年間に急激に増加しています。技術官僚と呼ばれる、科学技術の専門家の言うことを参考にしながら（あるいは、聞いたふりをしながらその専門家にいろいろ言わせる）政策決定を司る官僚が、今日の経済や政治を動かしているのです。

この数量化をすることで学問の進歩があった1950年代に私は大学を卒業し、研究者の道を歩み始めました。そして1970年頃に、この数量化万能主義の下でベトナム戦争などが起こって、数量化した社会科学の混迷期が始まった時代を国連大学の副学長として、あるいは世界政治学会の会長としての時期を含めて経験しています。その混迷の時代は、今日も続いているのです。このことをハッキリ認識して、新しい考え方を見つけなければいけないと自覚する研究者達と、1970年代以来沢山付き合ってきました。ベトナム戦争がイヤになった米国の知識人だけでなく、米国や西欧以外の非西欧知識人の間で西欧独特の合理主義によって新しい数量化した社会科学が進められてきたことに納得できない研究者が出てきているのです。

今は、そんな対立の中で人間の知識が急速に変わってゆく、そういう大変革の時期に入っているのです。数量化に関する情報の知識が今の世界の問題の解決に役立つかどうかとは無関係に、グローバル化する社会では数量化・ディジタル化・情報化がドンドン進んでいます。今、皆さんは携帯端末を肌身離さず持ち歩いています。その基本になっているパソコン、そのまた基になっているコンピューターも当たり前に使っている専門家が社会の各所にいます。この人間が作った不思議な玩具は、私が大学を卒業してから徐々に流行していきました。私がコンピューターを使い始めた頃に、私の世代の計量政治学を始めた人達の感動に満ちたコンピューターへの期待感

など、若い世代の皆さんには到底想像していただけないと思います。苦労して集めた意識調査のデータをパンチカードに打ち込み、そのカードのかなり重い束を箱詰めにして計算機センターまで運ぶ……運びながらこのカードを多変量解析にかけることで、どんな結果が出てくるか、自分が始めているささやかな研究であっても、いわゆる行動科学——日本と言うクニに民主主義を確立するための合理的・科学的な根拠となる行動政策科学を、その日本に広げる使命感——に「燃えていた」ことを思い出します。

計算機を使用したシステム分析のおかげで、日本は原子力発電を導入し、これをエネルギー源にして世界でも例を見ない工業開発に成功したのです。数量化社会とこれを支えにした情報化社会が、日本を豊なクニにすることに非常に貢献しました。成功し過ぎて1980年代のバブル経済が1990年代に破れました。また情報化が工業化を促進して、原発経済が日本列島を風靡（ふうび）しました。そのシッペガエシのように、3.11大震災と原発爆発事件が起こったのです。皆さんの世代は、このバブル時代は知らないかもしれませんが、3.11原発爆発事件を経験しました。それでも平気で情報科学のさまざまな機械に囲まれ、これを当たり前のように使っているのです。そのことを強調するのも、私の世代に情報化社会作りに参加したからです。オートメーション化、情報化の下での工業化は、大量生産・大量消費・大量廃棄の世界でした。その結果出てきたのは、環境破壊・公害問題でした。このような文明を進めてきたのは、他ならぬ技術官僚達でした。その予測と計画で巨大な富を手にしたクニの官僚と政治家、大企業中心の財界や言論界が、人類の生存を不可能にしかねない政策を一路推進する誤った道を今も歩き続けているのです。「技官」とは、元来、専門知識のある知識人の束ね役として良い意味で使われ始めた言葉だったものが、今では否定的な意味

で使われることの方が多くなっています。

しかし情報化社会には、よい面もあります。最近、すでに書いたように私もフェイスブックでいろいろ議論を始めましたが、インターネットにおけるツイッターやＳＮＳと呼ばれている社会メディアなどをかなり早くから提唱していたのは、国連大学で私が共同研究をしてその偉大な知性に圧倒されたイヴァン・イリイチでした。彼は万物を商品化している社会のかわりに、ヒトビトが人間らしくコミュニティ（共同社会）の中で競争するのではなしに平等互恵の贈与経済によって、与え合うことの楽しみをともにする饗宴社会［コンヴィヴィアル社会］を提唱し、その成立には、インターネットを使う仲良しグループができる必要があることを1970年代に提案していました。その後この考え方を実際に応用して、ＳＮＳと呼ばれる社会メディアが生まれました。そんな訳で、情報化社会という考え方・メディアという考え方・ＳＮＳという考え方を発明したり日本で流行させた人達と、かなり以前から付き合う経験をしたのです。このことは、最近ますます大事なことだと考えるようになっています。本書を書いた時には、ただ技術万能で人間を道具のように考えている技術官僚に包囲された学問環境のただなかでした。しかし今そこを抜け出して、むしろイリイチの考え方に同調している人達と仲よくなっています。

その中に、カナダのヨーク大学のフェミニスト社会科学者のアンナ・アガタンゲルー[1]がいます。ギリシャ系のキプロス人ですが、彼女はギリシャ語が母国語で、技術官僚への批判という点で意気投合しています。彼女からの受け売りですが、古代ギリシャ語では、奴隷労働、つまり言われた労働をすることをテクネーと呼び、自由人の労働はポイエシスと言っていたそうです。ポイエシスから詩をポエジーと呼ぶ言葉ができたように、ポイエシスは自然に囲まれた

まえがきに代えて　15

都市国家の共同社会の中で、芸術家仲間になってモノ作りをすることだったそうです。イリイチの饗宴社会の中でのモノ作り、コンヴィヴィアル社会のポイエシスによって、テクネーの奴隷労働を置き換えることを提案したいと思っています。前縁ですが、本書を書いた時にはなかった新しい知恵です。そのようなわけで、本書でテクノクラシー批判について読む時に、今その延長線上で私がこれから宣伝しようとしている新しい考え方——「ポイェトクラシー」について、この「執筆者の独り言」のオマケをつけたいと思います。

すでに1970年代に日本でいち早く石油ビタシの経済を切り替えた時、イタリアで、日本でのオートポイエシス[2]を真似ようとする論文が出ました。オートとはギリシャ語で「自動的に」＝「自然に」との意味で、「自己組織システム」と米国で言われるようになった自然にみんなで同じ方向を向いて社会全体で協力していくことを言います。日本にはそのようにテクネーとは異なる社会の共同の労働があると、言われていたわけです。テクノクラシー（技術官僚主義）からポイェトクラシー（自己組織主義）に移ること、これこそ3.11福島第一原発爆発事件の後で、日本列島を再建する際の合言葉になることを祈っています。

なお本書では、第5章でポイェトクラシーと言う言葉を使わないで、むしろ技術官僚主義の枠の中で、個人を単位にした倫理の問題として、平等と連帯について議論を展開しています。なぜ、この二つの価値を取り上げたかといいますと、南では断然「連帯」が、そして北の西欧文明では、社会主義も資本主義も基準が違っていますが、どちらも目指しているのが「平等」だからです。「アイデンティティ・コミュニティ」のメンバーを繋ぐ「連帯」は、結局、前近代的な価値とされるか、近代化に反対する未来逆行の反動思想とみなされがちだからです。今日でも人権をあくまでも個人に限定して、

集団を否定する西欧先進諸国の人権活動家は、なぜそんなに集団を嫌うのかと言うと、集団権を認めると個人が「アイデンティティ」集団権の中に埋没されるから、との答が返ってきます。

しかし時代とともに、そういった西欧あるいは米欧の考え方が隠ぺい・不可視化していた考え方が世界の注目を引く時代が到来したのです。その一例として、本書の執筆時には注目をひいていなかったコスモゴニー（宇宙生成論）として、ラテンアメリカ先住民族の「パチャ・ママ」（母なる大地＝地球）の神話が、ボリビアの先住民族出身のイーボ・モラーレス大統領によって、ボリビア国内法で引用され、また国連でも「パチャ・ママの日」が制定されました。この流れと別個に最近になって、人権理事会で「平和への権利」が研究されています。この集団的人権は、日本国憲法の「平和に生存する権利」を人権として認めようと言う動きです。これらが米諸国とカリブ海諸国によって推進されています。こうして、パチャ・ママの宇宙論が先進工業諸国の技術官僚を凌駕する勢いで、自然とも連帯して、平等な生き甲斐を楽しむと言う、新しい「平等」と「連帯」との共存する「饗宴世界」を目指す動きとなり、これを支える「平和への権利」が国連人権理事会に現れています。このことに注目しながら、本書の第5章を是非読み返してください。

ところで幸か不幸か、この訳書が刊行される今日の日本では、3.11のツナミと福島第一原発爆発事件の後始末がまだできていない現在の時点と、たまたまかち合っているのです。私が書いてきた行動政策科学・情報化社会・コンピューターによる予測と計画・メディアの多様化の中でのヴァーチュアルな人間関係――そんな雑多な日本社会の技術環境・経済環境・文化環境の中で市民の日常生活が支えられているのです。今、私もフェイスブックで変わった名前の個人グループ「ムシャジー（武者爺）」で、「世直し」についての

議論をしています。その中心になっているのは、原発問題です。私は原発再稼働に反対し、原発廃炉を一日も早く実現することが絶対必要だとする運動に参加しています。それは反核と言う立場からでもありますが、特にこの日本列島に住むすべての人々（日本国籍を持っていてもいなくても）が、とりわけ人間だけを取り出して自然と対立させている西欧近代の考え方を止めれば、日本列島のすべての「生きとし生ける」ものたちの安全は保障される、と考える自然と人間との安全の保障の立場からの運動です。技術者と官僚との癒着、そのような科学技術の専門家とマスコミと財界の癒着という技術官僚主義の政治化の問題が、日本市民――すくなくともフェイスブックで私のムシャジー・グループに参加している若者を含めての怒りの対象になっています。

　未だに続いている福島第一原発による放射性物質の垂れ流し問題について、原発ムラの再稼働政策を進めている政界・財界・言論界を支配している官僚と技術者の問題が、今日の原発再稼働を支える技術官僚中心の情報操作の問題として扱われているのです。いささか我田引水になりますが、本書の中で私が取り上げている技術官僚制度（テクノクラシー）の持続不可能性の問題は、今も続いています。

　第１章では、技術官僚の思考枠組みについて、現在のグローバル危機の問題が捉え切れないとする認識論の限界の問題、第２章では、技術官僚が最初には創造性を持っていた知識層だったのに、自分達の作ったモデルというせせこましい知的な土俵に縛られてその知的な創造性を喪失してしまった問題、第３章では、政策を政治の上位に置いていたにもかかわらず、政府の主張する予測の客観性の正当性が失われている政治の時代に入ってから権威を失墜している問題について触れています。これらの指摘はいずれも今、日本列島で原

発を再稼働させようと考える技術官僚主義について有効である側面と当時私が充分認識していなかった側面の双方が存在すると、ここで補足強調したいと思います。

　グローバルな政治の復活においては本書執筆当時にはそれを、技術官僚の支配下にある政府に異論を唱えるテロを含む批判勢力を呼ぶことを強調していました。当時も今もテロよりも大きな影響力があるのは、例えばウォールストリート占拠運動のような非暴力市民運動です。3.11以降に日本列島の各地で起こっている反原発のパレードは、原発再稼働を東電はじめ電力会社を支えてきた科学技術者のいわゆる「原発ムラ」に対抗して、主張する市民による技術官僚支配への政治的な抵抗を今日でも続けています。

　つまり科学技術の利権を守る財界・政界・官界・学界・メディアの技術利権集団の政策に対する市民の民主主義的な政治活動が、民主主義を支える技術官僚主義の政治化現象です。しかし今日の原発問題の政治化を考える時、それはまた技術主義集団そのものの政治化と言う側面を、無視できなくなっているのです。

　原発問題をめぐる政治には、反原発運動を無視して原発再稼働を進めている原発ムラそのものの政治活動があります。これによって、技術官僚自身が政策論争を超えた政治──それもカネが動いていると噂されるような汚い政治活動が日本の原発ムラの上位組織である、多国籍原発ムラによって進められているのです。つまり政治の上に科学技術に基づく政策を位置付けていた技術官僚主義が堕落して、その上位に国家のみならず、国家よりも巨大な多国籍企業などの利権による政治介入の手先に成り下がっているとの問題が出てきているのです。そこで特に若い読者に考えていただきたいのは、この危機の時代における研究の動機付けの問題です。科学技術か人間か、どちらを大事にして研究するのか、と言う問題です。

第2章を中心にして、国際社会科学研究における創造性の動機付けの二つの流れとして、技術官僚的動機と人間主義的動機とを取り上げ、前者が専門家の考える世界モデルだけを分析する方向性での、人間主義的に政策によって生活を変えられる民衆の立場での科学研究の方向性、この両者を比較・検討しました。その上で、この両者の間の取っ組み合いとしてのグローバル問題への対応について、人間主義を大事にしたいとする希望を書いています。その考え方は、上に書いたテクネーとポイェシスとの対概念を使って読んでいただければよりよく理解していただけると思います。つまり奴隷労働のように目的合理的に予測と計画を上から決めてかかる技術官僚主義に対して、コミュニティの中で生活する仲間が一緒に「地域起こし」をする、そういった自己組織化（オートポイェシス）を中心にする方が、技術官僚主義の外から上からの「専門家」の知識に頼るよりも、はるかに豊かな知的創造性を持つことができる——そのことを中心にしたポイェトクラシーを目指す——そんな意味を本書の行間から読み取ってもらえるとありがたいと思います。

（後編、249頁に続く）

第 1 部

政治学における新しい方法論に向けて

第1章　科学革命と学際的パラダイム対話

序　論

　本書の目的は、現代の科学革命における学際的パラダイム対話の役割を検討することである[1]。

　「学際的パラダイム対話」は、本書では、異なる研究者グループ間の交流として定義される。またこの異なる研究者グループ間で、異なる価値観が動機となっており、また研究の実施に際しても、異なる目標・モデル・方法論が用いられている場合を指す[2]。こうした交流は、その過程に参加する双方が、互いを豊かにすること、ならびに新しい研究フロンティアの扉を開くことを目的とすべきである。したがって、誰が正しく、誰が誤っているか、というような対決の場にすべきではない。

　そのような学際的パラダイム対話は、これまでは必ずしも実り豊かなものとは言えなかったのではないか。しばしば異なる学派が出会うと、あたかも喧騒な雑踏の中の対話になってしまっている。その出会いが外見上は成功したように見える場合であっても、その中身は、参加者がお互いに発表相手の演説の上手さを褒め合っているだけで、そこにはお互いを豊かにしようとする真剣な努力が不足していたのである。

　学際的パラダイム対話がある程度有意義なものであることの好例として、冷戦時代の東西間の平和研究対話やキリスト教徒・共産主義者間の対話間の対話が引き合いに出されるかもしれない。しかし

その場合でも、双方の対話者に相手の主張を聞く気にさせた要因は、対話者達がその分野の研究を促進させようと真面目な関心を抱いていたからと言うより、科学とは関係のない諸状況がそうさせたのである。

　本書での私の主張は、科学（とりわけ社会科学）が今、人類が必要としていることに対峙するべきであるのなら、われわれはこれまでより実質的に有意義な学際的パラダイム対話が不可欠な時期にすでにきてしまっているという点にある。本書では以下、そのような実りある対話が可能になる枠組みを明確に示し、かつその諸条件を検討したいと思う。

1　今日の科学革命：社会科学における科学革命

　今さら社会科学は科学革命の段階に入っている、と主張する必要はあるまい。つまり社会理論はさまざまな前提に基づいているのであるが、その前提そのものに対して現在、批判的検討がなされているのである。ある国々ではポスト行動主義革命とかラディカル経済学などが話題になっている。また他の国々では、学生の抗議活動（1968年頃、日本を含む西欧先進諸国を席巻した既成の世界・社会秩序に反対する学生運動）の影響により、新たな価値が生み出され、社会科学のこれまでの基本的な前提それ自体が刷新されつつある[3]。こうした傾向こそ、それを生み出した社会勢力自体がその初期のインパクトを失った後でも、今なお持続し続けているという点で、一層重要である。

　こうした新しい発展は、詳しく検討する価値がある。なぜならそのすべてが現在の一般的な科学から離れて、どこか別の地点への移行期にあり、それ自体が変化するのではないかと思わせるからであ

る。とは言え、本書ではこの傾向に関して歴史的に叙述することは避けようと思う。科学革命のより広範囲な過程におけるほんの少しの代表例を取り上げるに過ぎなくなるからである。われわれはすでにグローバル規模で次のような段階に到達しているのである。第1に、諸研究の科学活動を指導する環境上の状況が革命的であること。第2に、研究者自身が同様に革命的な新しいパラダイムを生み出していることだ。

事実この20年間、科学研究をめぐる外的環境が激変したため、研究者（とりわけ社会科学研究者）はすでに確立された通常科学の領域内に安住している限り、同時代の世界規模問題群には有効に対処できない。現代科学のそのような新しい環境条件の中で、次の傾向が特に注目される。

第1に、現代の技術官僚的開発と結び付いたパラダイムは、人間社会の基本的なニーズにはほとんど応えていないとの認識が、一般の人々だけでなく研究者達の間でも高まりつつある。確かに過去半世紀、「大科学」の発展は偉大な業績を達成してきた。例えば、さまざまな予測や計画手法の発明・精密科学の進展・「ソフトな」科学をより厳密にする努力などである。しかし何とも皮肉なことに、こうした成功話によってかえって一般の人々は、科学そのものの在り方を改善する必要性があるのではないか、との点に強い関心を抱くようになった。具体的には、科学をもっと人々の現実のニーズに合わせ、人々の要求に対して科学に責任を持たせ、国レベルでも国際レベルでも科学に社会的責任を担うようにさせるべきだ、という考えである（こうした要請に最も適切に応えたのが、地球温暖化等に利用されたシミュレーション科学や、昨今の個人データ解析等だ）。実際のところ従来の科学は多くの場合、戦争に仕え、企業の利益に仕え、豊かな国々に仕える中でしか発展してこなかったのではない

か。また科学は人間を個人として扱うことに失敗し、人間を単なる数字に置き換え、あるいはもったちが悪いことには、人間をモルモットとして使ってこなかっただろうか。

現在、科学研究がその前提とする基本的価値に対して、世界のさまざまな地域から多くの疑問が提起されている。それよりも深刻なのは、現代科学の偉大な業績と言われるものも、実は技術官僚主義による権力の乱用を支え、助長をもしている機械論的パラダイムに基づいていると言う理由で、批判を浴びていることである。手段－目的合理性が過度に適用されて、それが資本主義社会では利潤最大化と、また中央統制社会では生産最大化とそれぞれ結び付くと、必ずや環境汚染をもたらす。科学に反対する現在の運動は、それがごく一部の少数派を代表するものに過ぎないとしても、従来、すべての社会で官民双方から支持を受けてきた科学者達に対して困惑させるような質問を発している。

こうした運動の推進者達は、自分達の基本的パラダイムを再考する必要性を益々自覚するようになっているのだ。人類学者からは、人類学の帝国主義的性格を問題にする者が現れ、経済学者の中には自然環境を取り込んだパラダイムの創造に向かう者が現れる、などである[4]。

グローバルな科学の状況について第2に注目すべき局面は、人類が相互依存の関係にあるという意識が高まっている点である。この人類の相互依存関係は、現代経済のグローバル化傾向とともに高まりを見せている。過去においては関係がないように思われたあらゆる種類の現象が、相互に関係し、そして絡まり合う傾向にある。これにより、グローバルな問題群が発生することになり、それが科学者達にグローバルな諸現象の研究を余儀なくさせ、過去においては専門領域や境界領域内に閉じ込められていた垣根を取り壊すことに

なった。このグローバル化は、一般的には、技術官僚主義的なパラダイムを普遍的に適用するという形を採る。しかしながら、上述の反技術官僚主義運動の潮流と相まって、社会科学における新しいグローバル志向の潮流が生まれ始めている。この潮流は、技術官僚達が見過ごしていた諸側面に深い関心を寄せるものである。人間のニーズや価値は、技術官僚の企画立案者や技術官僚に仕える研究者が予想する以上に、複雑であり、また扱いが難しいものだということが分かってきている。複雑な世界を扱うには、地域上、国家上、ローカル上のそれぞれの特性を必然的に考慮すべきなのに、地球規模の計画立案では、それらを過度に単純化してしまっているのである[5]。

グローバルな科学の状況でいや増す重要な変化の3番目が、これまで一般的に受け入れられてきた基本的な前提——現代科学は西欧科学であるべき——がますます疑わしくなってきたという事実である。確かに、今日の形の現代科学は西欧社会で生まれたパラダイムに基づいており、それ故にその基本的な価値、モデルおよび手本も、必然的に西欧的になってはいる。しかしこれは、現代科学の現状に対してのオルタナティブはありえない、と言うことではない。

前述の近代科学は西欧科学であるべきとの考え方は、現代科学の現状が非西欧社会の現実に鋭敏な反応を充分示しているとは言い難いために、科学が持つ普遍性と矛盾を来たすのである。客観的に見ても現代科学の現状は、世界の主要地域における社会的現実を理解できておらず、また西欧的パラダイムに基づいた研究の有効性に関しても、非西欧社会の基本的なニーズに応じていないように思われる。西欧中心的パラダイムへのこうした不満が、非西欧諸国において新しい科学の潮流の創出を促している。異なる学問分野（ディスィプリン）や文化を持つ科学者達が、自らの社会文化的現実によ

り適したパラダイムを作り出そうとしている。彼等は、パラダイム構築のインスピレーションの源として非西欧の内発的な科学の伝統を用いようとしており、それはとりもなおさずその再発見を試みているのである[6]。

　こうした三つの潮流が、進行中の現代の科学革命の内容である。この革命はまだ始まったばかりの段階に過ぎない。それ故この革命に参加している多くの科学者達は、各自の取り組みをお互いに調整するということがないため、自らが果たしている役割に気付かずにいる。もちろん彼等の多くは特定の状況下でフロンティアを切り拓こうと奮闘しているのであり、したがってそれぞれの状況によって生み出されるパラダイムも異なってくるのは当然である。

　科学革命の初期段階にある現今の状況では、通常科学における理論的基礎を作り上げてきた既存のパラダイムが多く正当性を失いつつある。他方で、新しく登場しつつあるパラダイムに関しても、旧パラダイムに取って代われるほどの広範な支持を得ることには成功していない。言わば、パラダイムの新旧交代は手詰まりの状態にある。したがって、新しく登場したパラダイムが科学革命を新しい創造の段階へとステップアップさせることができない限り、こうした状態は続くだろう。

2　科学革命と対話

　科学革命の現状は、これまでのところ一連の諸要因の結果として現れている。具体的にはどの科学コミュニティでも、一定の方向を目指そうとして包括的な努力をしてきたものは一つもなかったのである。こうした共通目標の欠如こそ、異なる学問分野ごとに世界中に点在するさまざまな新パラダイムが抱える難問の主要因になって

いる。つまりその欠如によって、根拠を失いつつある既成の通常科学と、拡散し過ぎてそれに取って代われないでいる新しいパラダイムとの手詰まり状態を、打開するための力が結集できないのである。かかる状況下では、「主意主義的」な用語で、この革命の主目的を以下のように定義してみるのが有益である。

　（a）技術官僚的パラダイム偏向を正すこと。
　（b）相互に関係し連動する要因のすべてを考慮に入れ、現代世界の問題群をまるごと俎上に載せること。
　（c）真にグローバルな規模で（つまり非西欧のパラダイムをも含めた）、多元的科学を推進すること。

　これら3点を少し説明したい。まず、技術官僚的パラダイムは、技術官僚的イデオロギーから生み出されるものである。このイデオロギーは、技術を権力獲得のための手段とし、その権力を使って技術の発展過程を管理しようとするのである。つまりこのイデオロギーは、現代科学を主として技術的成長のための手段として用いる。この目的を達成するために、現代科学を実用的で、機械論的で、合理的で、均一的で、そして中央集権的な知識の塊に変える[7]。

　技術官僚的パラダイムは、その研究対象を限定して、技術的成長から得られる権力を増強するためには何が実利的に使えるのかという点に絞ってしまう。それ故このパラダイムは、世界の問題群の総体を批判的に把握することができないのである。それだからこそ技術官僚的科学の偏向を正すために全体的アプローチが不可欠となる。全体的アプローチは多くの非西欧科学の伝統に見られる特徴をモデルにできるので、非西欧的パラダイムをも含む多元的科学が構築されるに違いない[8]。

　このように、全体論は今日の科学革命を導くアプローチを示している。全体論的アプローチを採ることによって、研究者は今日の通

常科学の根底にある機械論的フィクションから解放されるのである。このフィクションによれば、研究者は(とてつもなく豊かな社会的現実から) 2、3の要因や変数を取り出すことが期待され、そしてこれらの要因や変数の間に、ある一定の関係が存在することを証明すべきとされている。研究者によって選び出された2、3の要因の間のこうした関係を、研究者が独立変数と従属変数とに関連付け、それを系統だった公式声明として発表することにより、「現実」を操作可能なものとする手法で把握される。こうした関係性は、反証可能な普遍的説明によって捉えられるべきものとされる。そこで大事なことは独立変数と従属変数の間の統計的有意性の問題である、とさえ主張される[9]。いずれにせよ、ある説明が有意となるのは、他のすべてが平等に扱われる時に限定される。即ち、抽象概念は、現実の他のすべての事象の組合わせを固定することによって組み立てられるものであるからである。

この「ケテリス・パリブス(訳註:ceteris paribus:その他の条件が同じと仮定して、という変数を固定化する主に経済学の考え方)」との思考こそ、多くの研究者達の視野を狭くしている主な原因である。これは研究者達の視野を、自分達で都合よく操作しうるものだけに限定させ、社会的現実および自然の現実の重要な側面を、「他の条件」は一定に保たれるべきものとして捨象している。つまり独立変数と従属変数の間の相関関係を決めることへの関心が高いために、自然的・社会的現実についてはどうしても過度に単純化した見方になってしまう。

全体論的アプローチは、研究者の側に多大な努力を求める。その立場に立つ研究者は、自然的・社会的現実の重要な側面を無視する「ケテリス・パリブス(その他の条件が同じと仮定して)」という条項に依存するわけにはいかない。統計的有意性の価値を信じる研究

者は、所与の独立変数によって説明される従属変数の分散を計測できないだけである。研究者たる者は、所与の独立変数によって影響されるすべての従属変数をつきとめる努力をせねばならない[10]。

　「ケテリス・パリブス」は、研究者達に研究する変数の選択に際しその妥当性を説明する義務はない、という都合のいいアリバイを与えている。純粋科学においては、選択された独立変数群と合理的に高い相関関係があれば、つまり選択された独立変数群で説明される分散によってしばしば正当化される関係性があれば、いかなる従属変数も同様に正当な理由でもって吟味できることは一般的に認められている。

　さまざまな応用と結び付く科学的研究において、研究する従属変数の選択は、所与の要因をコントロールすることへの関心で決まるであろう。所与の従属変数を操作することは「目的」である。そして、科学的研究は、この操作に役立ちそうな独立変数を特定することによって、「手段」を決める。

　所与の独立変数の集合の操作によるさまざまな結果についての問題は、「ケテリス・パリブス」のおかげで、完全に無視することができる。こういうわけで、経済的にある一定の生産物の製造（従属変数）を目的とする工場を設計する際に、こうした目的を導き出す最適な要因の組み合わせ（独立変数）が、他のものを等しくしたままで決められている。要因の組み合わせの一つとして環境汚染の影響（これももう一つの従属変数）は、他の事情を等しくしているがために、無視されるのである。

　科学が、われわれの住む地球という生態系内で共生している異なる人間集団やさまざまな動植物すべての多種多様な利益に奉仕することができるようになるのは、次の二つの条件が満たされた時のみである。第１に、科学者が、自然的要因か社会的要因は問わずとも、

何らかの所与の要因によって影響を受ける多くの従属変数の間に生じる複合的な派生物をすべて研究すること。第2に、そうした派生物すべてが、自然の現実ならびに社会的現実という包括的なシステムの中で把握されること。

明らかに、研究者で自然の現実および社会的現実のすべての側面を扱い、かつ所与の独立変数がいかなるものであれ、それに（付随する）すべての従属変数を認識できる者はいない。一個人ができることは、自己の価値観や選好に沿って自分が選ぶ対象範囲を明確にすることである。自らがカバーできない分野の研究の実施は、他の研究者に委ねるべきである。

従属変数の選択は、因子寄与に基づいておこなえないことも明らかである。それは研究者がおこなう科学の範囲外の選択に基づいているのである。しかるに全体論が示唆しているのは、研究者達が同じ「全体」を問題にしている場合、研究者たる者は誰であれ、当の研究者のパラダイムでは捕捉することのできない他の側面を扱うことのできる研究仲間との対話を受け入れるべきである[11]。

全体論的アプローチには注目すべき点がもうひとつある。技術官僚的パラダイムの根底にある研究する側とされる側の間の対立を、全体的アプローチは受け付けないことだ。

全体論的アプローチを採ることに同意するなら、研究者と研究対象が両方とも同一の「全体」の一部であることを認めねばならない。つまり、研究者は、研究する現実の外に立っていると仮定できない。実際のところ、研究者は自分が研究対象とする宇宙の一部なのである。研究者は、特定の社会・文化的、政治・経済的、歴史・地理的、そして有機的・環境的背景を持った人間集団の一員である。いかなる自然的ないしは社会的研究のプロセスもパラダイム的な選択も、この実存主義的な決定（seinsverbundenheit）から自由になること

はできない[12]。

　この結果として、科学的客観性を信じることは誤りである。あくまでも、観察者によって「汚染」されていないという点で客観的だと仮定された観察される現実と、他方、研究する自然および社会のプロセスにどのような関与をも避ける中立的な傍観者だと言う点で「科学的」に観察する研究者との、対置関係に基づく客観性なのである。

相対性理論によれば、物体の慣性質量はその時空間座標系との関係により決められる。そして、ハイゼンベルクによれば、粒子の位置とその速度を同時に決めることは不可能である。客観的な現実の存在を受け入れず、かつ自然科学と社会科学の両者における主観・客観の二項対立を捨て去ると、観点の基本的な変換が必要となる[13]。

　科学におけるハイゼンベルク効果(*)についてのこうした考察は、社会科学でも受け入れられよう。これは、特別な注意を払うに値する興味深いテーマである。しかし、ここで、観点の変換がもたらすもう一つの重要な成果へと戻ろう。

　研究者達が社会的現実の「全体」の一部ならば、彼らは、個人個人、種々の社会文化的・経済的、そして政治的な背景を持つさまざまなタイプの知識人となるに違いない。もしそうならば、研究者達が唯一、一枚岩の「科学的コミュニティ」を構成しているとは、考えられない。

　前記の考察により、われわれは、「研究」に対する全く新しいアプローチを取ることが求められている。今まで、ある所与の専門領域を持った研究者達はすべて同じ科学的コミュニティに属し、通常科学のパラダイム的基礎を共有し、主観的コミュニケーションと理解という共通の土台を基に、研究をおこなうと言われていた。この一枚岩のコミュニティでは、全体の現実から独立して分析しうるよう

に切り刻むことができるものとしての一つの「現実」についての研究をおこなう、と仮定されていた。要するに、いかなる研究プロセスでも、単一の研究者団体と個別に研究される現実の多面性との間の一対多の相互作用だったのだ。

　こうして研究者達という存在が、さまざまなパラダイムを持つグループが相互に交流する多元的コミュニティとして考えられなければならないことを、われわれは理解したのである。けだし研究者達は、自然の現実ならびに社会的現実のいくばくかの相に集中して研究をおこなっているのであり、したがって研究者集団同士の相互交流によってのみ、現実の全体像をつかむことができる。言い換えると、研究のプロセスとは、現実についての研究をおこなうさまざまなパラダイムを擁する数多くの学派を巻き込むことである。またその現実とは、単純にばらばらのパーツに分けられない、相互に関連した諸因子が集まって単一体を構成しているものである。つまり、研究のプロセスは、複数の学派とただひとつの研究対象、即ち「現実」との間の、多対一の相互交流として理解されるべきである。

3　声なき声を聞く

　全体論的アプローチとは、根本的な転換、すなわち社会調査の「転向」を含んだ意味である。研究者達のグループと研究される側のグループとの間の境界は、打ち壊されるべきなのである。

　またパラダイム間の出会いは、自分達の利害がそれに係っている人々を無視することはできない。実際、対話参加者は利害関係のある人々の名前を使い、そうした人々について語るが、その話をする信任状を本人達から得ているわけではないことが往々にしてある[14]。

技術官僚主義によって高められた一つの学術的伝統によれば、専門家達は「一般人」の名の下で議論しなければならないのである。その際、「一般人」の利益は権限の移譲によって最高度に保障されることになっている。

　この専門家／一般人の二項対立は、道徳的に支持しえないだけでない。古い理論やモデルが跋扈する閉鎖的な学術コミュニティを発展させてきた社会科学者達の側に、科学的創造性が欠ける主な原因でもある。

　さらに重要なことだが、分析的統語論と手段—目的合理性の語彙を科学的に持つ技術官僚主義の言語には、「一般人」の常識に含まれる統合的な智恵が剥ぎ取られている。

　科学的技術官僚主義の言語からは、さまざまな民族の語彙で表現される文化的伝統が持つ豊かな多様性が奪われている。ジャン・デュビニョーによれば、知的権力の支配する現代産業の中心から文化的あるいは経済的に疎外され、「野蛮人」や「プロレタリアート」とされる人々には「失われた言語」が存在し、この言語は科学者——特に社会学者——が学び直すべきものとされる。さもなくばパラダイム間の対話は、科学革命の正に成功のカギを握る豊饒化要因を失うことになるだろう[15]。

　パラダイム間対話での言語や語彙の問題は、後述の様に決定的に重要なことである。それは、二つの相反する条件を同時に満たさねばならない。まずお互いに理解できる共通語が必須となり、他方で対話の参加者達はこの共通語において、参加者が持つ固有の統語論的スタイルや語彙を弱めてはならず、それによりパラダイムや分析力の鋭さを失ってもならないのである。このあらゆる状況で見られるジレンマは、対話に科学者と非科学者が参加する時、特に強く感じられるものである。

科学者達が一般の人々と意見交換をする際、科学者達はその特殊用語を忘れて、人々の使う共通用語を使用すべきだとしばしば言われる。しかしながら、パラダイム間の弁証法的プロセスにおいて、科学者と普通の人との関係はそれほど単純ではない。確かに、知的に洗練され過ぎた科学的用語が、言葉の煙幕の役割を果たして、その科学者の創造性の欠如を隠すための単なる手段となっている場合が度々あるとは言え、いかなるパラダイムであっても、それにパラダイムの具体的貢献が見られるのは、共通語では見出しえない特殊なキーコンセプトを効果的に使う場合であると言う事実は否めない。こうした鍵となる科学用語を日常用語に「置き換える」よう科学者達に強いるとすると、その時置き換えられた用語が元の科学用語に豊かに含まれていた直接的意味内容・間接的に示唆する内容をまるごと忠実に伝えるものでなければ、そのパラダイムに死をもたらすかもしれない。

　科学的用語を一般の用語に文字通り翻訳するよりも有意義なのは、研究者と人々の間の真の対話を立ち上げることである。この対話では研究者達は、日常用語だけを使って生活している人々の思考法・理論・モデルを聞き取ったり、理解するために最大限の努力を払うことになる。

　一旦こうした聞き取りのプロセスができ上がれば、研究者達は自分の持つ概念を、対話者達が馴染んでいる庶民的な言葉の伝統の中から、それに対応する用語を見つけ出して結び付けることが容易になる。つまり、それぞれの言葉の文字通りの翻訳語を探すというやり方によってではなく、むしろ人類共同体の日常生活上の関心と関連付けられるようなやり方で科学的概念や論理を説明する努力によってこそ、しばしば饒舌過ぎる研究者達と「声なき声の」疎外された人達との間のコミュニケーションが実りあるものになるのだ。

具体的には、研究者側と声なき人々の側で、集中的な議論や話し合いを通じて経験を共有し、ともに共通語を考案し改善する、との相互学習の努力が必要である。例えば、毛沢東の用語使いや文章スタイルは、中国の庶民の伝統が持つ考え方や手本とマルクス主義のパラダイムが持つ科学的な用語とが結び付けられており、研究者／実践者と一般の人々との間で長期的な相互の学びの課程を経て作られた表現スタイルの良い例である。

　言うまでもなく、このようなお互いに学び合う過程には、両者の側で高度の動機が必要となる。重要なことは、理解しやすい言語ではなく、「目的意識」の共通性である。研究者達は、声なき人々とともに居るのだと真剣に決意すべきである。研究者達は声なき人々の側に立つと言う政治意識を持つべきである。さもなくば共通語を使用することは、一般の人々に対して研究者のアイデアを売り込むための手段になってしまう。

4　政治的次元

　非研究者が参加する対話だけでなく、どのようなパラダイム間の対話であろうとも、それは常に特定の政治的な文脈の下でおこなわれるのである。議論の内容が純粋に科学的な時ですらも、研究者達を天使の様に純粋な知的生命体だと考えることはできない。いかなる研究者も、所与の社会・文化的・経済的、そして政治的な背景を持った知識人であり、その人の思考はこうした背景を反映せざるをえないのである[16]。

　この点で、パラダイム間の対話のプロセスは細心の注意をもって組織される必要がある。このプロセスでは、政治的現実に目を閉ざすべきでなく、また可能なすべてのパラダイム間の相互理解や相互

調整だけを目的とすべきではない。このプロセスでは、それぞれのパラダイムを持つ各グループに対して、自らの政治的立場を明確にすること、またこのような対話の政治的含意を十分に意識しながら他のグループとの対談へ参加することを促すべきである。対話への参加者達は、「反目しあう政治的な立場にあるのか否か」・「共通の政治的な目的を共有するのか」の二つの疑問を明確にすべき決定的に重要な責務を負う。

政治的な現実に敏感であることイコール、パラダイム間の対話を政治的な議論に変えることではない。利益やイデオロギーにおける立場の衝突と競争が科学的推論よりも優先される「政治的アリーナ」と、科学的調査のルールを受容するとの一般的合意が利益やイデオロギーの衝突および競争よりも優先される「科学的フォーラム」との間には、明らかな差異がある。

具体的に述べると現代の科学フォーラムには、具体的に技術官僚的なパラダイムを持ち既存の通常科学を維持することを選ぶ研究者のグループと、非技術官僚的なパラダイムを採用し現在の科学革命を支持する人達の間に、大きな矛盾ができているのである。ここで明言できるのは、科学革命の成功は先ずもって新生面を切り拓くようなパラダイムを持つ研究者同士のパラダイム間対話にかかっている、と言うことだ。その対話ができれば、何れ通常科学の支持者との大きな対話において、より一貫した共通の立場に立つことができ、さらに共同戦線を張ることができるようになるだろう。正に、どのようなパラダイムにせよパラダイムを持つグループ間の対話は、社会的・政治的にそれ相応の成果を生み出すことを目的とする限りにおいて、関連するパラダイム同士が対立してしまうという「諸矛盾」を考慮するべきであり、あるいはそうした諸矛盾間で自然に折り合いが付くようにすべきなのである[17]。

相反するパラダイムの諸矛盾は、方法論的・理論的な場合も存在するであろうし、もしくはその基本的な価値の前提に深く根差した場合もあるであろう。科学的対話で一般的に受け入れられているゲームのルールは、主観的であると考えられる価値の側面を切り落として、相互批判を研究の方法論や理論に限定することであり、それ故に科学的だとされているのである。

　私が主張したいのは、既存のパラダイムと両立できる価値を定めることこそが、方法論や理論よりも対話にとっての基本的なテーマであるということである。なぜならパラダイム間の対話の過程は、歴史を社会および政治の弁証法的な過程と考えた場合に不可欠の要素であり、パラダイムの根底にあるその価値こそが、歴史過程全体へのパラダイムそのものの貢献を決めるからである。

　言い換えれば、例えアリーナとフォーラムが二つに分かれ設定されているとしても、私達はパラダイム間の対話を「科学的訓練」としてのみならず、歴史的過程に寄与するさまざまなタイプの知識人達の「科学的実践」として考えなければならない[18]。

　知識人達は有機的にも無機的にもなりえる。つまり知識人達は、ヒエラルキー的かつ官僚主義的なアルファか、共同体主義的かつ平等主義的なベータのどちらかの構造を強化するために働くことができる。知識人達は、種々の社会階級の利益に役立ち、そしてさまざまなイデオロギーを持つプロジェクトを正当化できるのである。パラダイムとは、さまざまな知的集団の手中にある知的な道具として考えられる。こうした知的集団は、共通プロジェクトの具現化に向けてパラダイム間同盟を形成することにより、国内的にあるいは国際的に知的な場を管理することを目指しているのである。そこは、色々なパラダイム間の価値に関する大小の矛盾が峻別されなければならない場所である。もしもパラダイム間の対話が単に対立する知

識人同士での慇懃無礼かつ表面的な相互理解ということを意味するのでなければ、それは次の様な事実の現実的な認識に基づくべきである——その事実とは、この変化する世界において種々のパラダイム間での重要な知的競争が、各々の価値に沿って明日の世界を築くことを目指しながらおこなわれていると言う現実である[19]。

現代の科学革命は、世界的な傾向が過度の技術官僚化の濫用には背を向けるという「より広範囲にわたる政治変化」に歩を合わせている。この新しい傾向は、強い逆流に抗し異なる社会システムおよび政治レジームを持った社会の中に現れている。これはまた、周辺対中心の技術官僚的ヘゲモニーへの異議申し立ての形となって、国際的なレベルでも表れている。その様なグローバルな歴史的過程において、(a) 技術官僚構造の外から反対する勢力、即ち民主化や環境保護と言ったさまざまな理由で戦う反技術官僚的な運動のすべて、および (b) 技術官僚的な規則をより弾力的で柔軟なものにしようとする内側からの勢力、即ち社会技術主義や技術民主主義の支持者達、双方ともに国家レベルおよび多国籍レベルの技術官僚主義の権力集中に対して戦っているわけである[20]。

この歴史的文脈において、科学革命の支持者達は大戦線を形成するべきである。その大戦線では、技術官僚的ルールの濫用に反対して内外で戦っている知識人達の皆が開発してきたパラダイムを結集し、現在の通常科学に広がっている技術官僚的パラダイムの批判へと向けるのである。非技術官僚的な科学や技術を打ち立てるためには、関係する参加者すべてのグローバルな協力関係が必要なのである。

科学フォーラムで反技術官僚的パラダイムを構成する戦線を形成するに際しては、今日の世界における科学的コミュニティの構造的性格のために、深刻な組織上の問題に突き当たる。技術官僚的パラ

ダイムによって支えられている通常科学は、科学の国際的コミュニティの中心部に位置する大きな学術組織によって進めれ、そして上から下への浸透過程を通じて周辺に伝わっている。「中心」の行動的少数派の科学者によって生み出された反技術官僚的パラダイムといえども、「中心―周辺」構造から恩恵を受け、そして徐々に「周辺」のさまざまなセクターに浸透することがある。この意味では経済開発の神話は、中心部の技術官僚から周辺部の技術官僚へと伝わった技術官僚的科学によって、喧伝されたものだったと言える。周辺資本主義による文化的模倣は、第三世界の従属性を恒常化させている。こうしたことから非植民地戦略は、科学と技術の非技術官僚化という意味を含むのである[21]。さて「中心―周辺構造」の性質そのもののために、周辺部の反技術官僚的パラダイムの存在が中心部や他の周辺部にいる科学者達に知られること、さらに受容されることが極端に難しくなっている。こうしたことから科学革命が成功するためには、今日の技術官僚的な通常科学の中心対周辺の支配を破る目的で、周辺部を重視したコミュニケーションと対話のネットワークを組織し、すべての反技術官僚的パラダイムを動員することが、決定的に重要になるのである[22]。

5 第三極の導入

科学的論理の性質そのものが二元的であることから、知識人は二つのパラダイムの旗の下に集まって、相争う二極構造を形成しがちである。分極化はしばしば各極の中にすら生じ、各極がその下にさらにそれぞれ二極を持ち、さらにその下にそれぞれ二極と続いていく[23]。

パラダイム間の一連の推移では、対話の過程で第三極を導入する

ことによって、知的コミュニティの二極性を打ち破れるようにすべきである。

対話の過程で第三極を導入することには、既存の知的コミュニティを二つの対立する極に分けている、二つのパラダイムの間に存在する知的均衡を崩すことが意図されている。第三極はそれ故に、調停の極ではない。むしろ二極に新たな疑問をぶつけ、両極に自らの基本的な前提を再考させる新規の極であり、創造的な混沌の極である。

パラダイム間の対話の過程で、第三の極、つまり「混沌的な」極の役割が何であるかは、対話で「A対非A」アプローチを採ると考えにくくなるかもしれない。そこで形式論理学の二元論からわれわれの精神を解放させるために、二極のコスモスと形式論理学の二元論からわれわれの精神を解放する、混沌とした第三の因子との関係を寓話的に説明してみよう。荘子の三人の王の話によれば、南海の王と北海の王は中央に位置する混沌王の王国で会合した。混沌王のもてなしに対する感謝の印として、南海の王と北海の王は、知覚器官を何も持っていなかった混沌王に、二つの目、二つの耳、二つの鼻孔、そして一つの口を贈呈することにした。両王は、一日一器官のペースで彫り進めた。そして一週間後、混沌王は七つの器官すべてを受け取ったところ、死んでしまった。この神話は、推論に基づいたコスモスと、知覚的な認識に反応しない二元的な論理的制約から自由な混沌、との対立を象徴している。混沌は、知的データと形式的な論理の支配に抗し切れず、死んでしまったのだ[24]。

この神話学的な表現から、パラダイム間対話における第三極の機能がより明確になった。つまり、これは他の二極の厳格なパラダイム的制約に縛られることのない極である。こうした極の役割はそれまでのパラダイムとは別の考え方を紹介し、また議論に創造的なア

イディアを持ち込むことによって、二分法的論争を打ち破ることにある[25]。

　第三極の役割は、知識人グループのいくつかのタイプの何れかによって果たされよう。

　（1）そのうち最も実現可能性のあるグループとしては、2極のうちの一つから生まれる創造的な分派である。これは自らのパラダイムと対抗パラダイムの間の行き詰まった状況に不満を持つ研究者達のグループであり、自ら自身のパラダイム革新を提起しようと決意し、こうして行き詰まり状況を打破し、既存の秩序に揺さぶりをかけるのである。こうしたグループの例は、近代経済学とマルクス経済学の間の二極対立を打ち破るために登場した「ラディカル経済学者」を挙げることができる。

　（2）第三極の第二のタイプは、パラダイム外のグループによって形成される。これは、対立する二つのパラダイムによって研究されてこなかった新しい問題があることを学術コミュニティに注意を促す、パラダイム外のグループによって形成される。「パラダイム外」と言う用語は、ここではある者は他の科学分野に属し、他の者は準学術的ないしは非学術的であるといった、さまざまなグループを対象範囲に含めるために使われている。二つの異なるグループが関わった例が、市民グループと自然科学者からなるエコロジー運動である。これは近代経済学者やマルクス経済学者に新たな調査のフィールドを開かせ、こうして既存の均衡を揺るがすことになった。

　（3）混沌的な極の第三の種類は、国内または国際的な機構・組織の周辺でときおり形成されるもので、既存構造の破壊を物理的に助けるものである。ここで「物理的」と言う言葉を用いるのは、こうした機構・組織が、対立する二つのコミュニティに属する研究者の物理的な接触によって引き起こされるからだ。つまり二つの極

が、相互に情報を交換することもなく自分達のグループ内部理論を発展させることを許してきた物理的な仕切りは、新たな接触によって壊されるのである。それはこの接触がこの二つの学派に思想・情報上、混沌とした部分をもたらすためである。既存の秩序にはそれに代わって、新しいアイディアがより容易に育まれやすい流動的状況が出現する。

（4）混沌的な極が出現する第四の可能性は、研究者達が人々との対話に参加する所ならどこにでも生まれる。人々の智恵を豊富に蓄えることは、科学的なパラダイムの二極固定化に対する最良の解毒剤である。科学の分析的論理と、（特に西欧世界の）人々の智恵の全体論的で統合的な論理とが出会うことは、必ずや現在の通常科学のコスモスを打ち破り、そして創造的な混沌の要素をパラダイム間の対話に持ち込むことになるはずである。

こうしてこれまで見てきたのは、第三極が、（a）既存のパラダイムを改めること、（b）新しい問題を取り上げること、（c）パラダイムのコミュニティ的な土台を壊すこと、そして（d）創造的混沌をもたらすことによって、それぞれかく乱機能を果たしている理由であった。実際の世界では上述の種々のグループが、（しばしば自分の機能に気づかないままに）相互交流する過程で、第三極の機能は、混じり合い、複合的になっているのであり、それ故既存の二極秩序に複数の異なる種類のかく乱要素をもたらすのである。

パラダイム間対話での第三の混沌極の活性化は、科学革命が成功するための基本条件である。さもなければこうした対話は、公開討論という形式を取るだけであろう。その場には、対立する学派が各々の一番の代表選手を送り込むのであるが、そこでおこなわれることは、譲歩し、交渉し、そして区別するといった学者ぶった行事である。結果として、科学革命の成功に不可欠な創造的思考へ貢献

することなく、自らのパラダイムの方が他よりも優れていることを確認するだけで終わってしまうのである。

　第三極の重要性は、「科学的フォーラム」の現段階において特に重要である。「中心－周辺構造」の中で対話がおこなわれている限り、研究者達が中心および周辺で活動するという基本的条件の不平等性や非対称性により、自由な意見交換が損なわれないようにするのは極めて困難である。第三極が打ち立てられる場は、「中心－周辺」の対立によって共同研究・対話の方向が予定されることのないようなフォーラムであるべきである。こうした「解放地域」は、知的な基地になりえる。この知的基地からは、北／南の対話によって生み出される創造的混沌から新しいパラダイムが出現するかもしれない。それが意味するものは具体的には、大学・学術組織・助成機関を基盤とする既存の国際的な学術構造とは別に、新たな学術環境を整えるべきであり、それが現在の大学・学術組織・財団に広まっている「中心－周辺」の区分けから自由な場を提供する、というものである[26]。

　混沌的「解放地域」は、研究プロジェクト管理に際し、中央集権的計画を志向したがる技術官僚的誘惑を、どのようにして避けることができるのであろうか。そこに水平的な自動操舵メカニズムを漸次、「学際的ネットワーク発展研究戦略」に変更する、という考え方の出番があり、それが、技術官僚化の危険を最小にし第三極の創造性を最大にするための一つの方法になるであろう。

6　形式論理学を超えて

　パラダイム間対話は正にその性質の故に、異なる前提に基づき、異なる概念・モデル・理論を用いて研究する研究者同士の対話とな

る。その際、研究者達が社会的現実を認識可能な破片に切り分ける方法は、しばしば全く異なったものになりうる。それ故に、参加者がそれぞれのパラダイムが持つ概念・モデル・理論を最高度に理解した上で、お互いのパラダイムを比べ合える場合のみ、対話は成功する。

　同じパラダイムを持つ研究者間の対話の中では、妥当性や正確性の問題に集中できる。そうしたパラダイムの共有は、共通語としての形式論理学を用いた妥当性と正当性のテスト実施に当たる明確な論理的基盤を提供するため、同一性・矛盾・そして排中律の法則に基づいた両サイドの主張の厳密な比較をおこなうのが、最も効果的だ。

　さまざまなパラダイムによって生み出される研究の比較となると、対話の関心が向けられる先は前記とは全く異なる場、即ち各々のパラダイムの妥当性が問題にされる場、となる。自然科学では、光が波なのか粒子なのかを議論することは無意味であり（実際、現代科学理論は、波＝非粒子と非波＝粒子の両方を認めることで、矛盾律を退けている）、そして意味のある唯一の質問は、光に関係する現象の諸相は、二つの定義の内のどちらを前提にすれば最善の研究となりうるか、である。パラダイム間の対話は、自然科学のみならず社会科学も、ある概念を何らかの方法で定義する際に誰が正しいのか、あるいは間違っているのかを決めることに関わり合うべきではない、むしろ、自然あるいは社会の現実のある部分はどちらの立場によってアプローチするのが最善なのか——といった問題に集中すべきである。

　同じ社会的現実を定義する場合、形式的に矛盾する二つの定義が与えられたとしても、現実のさまざまな相に光を当てるという点で、その二つとも妥当性があり、また相互補完的であるかもしれない。

こうしたわけで、パラダイム間対話は、アリストテレス派の形式論理学、すなわち同一性・矛盾・排中律の原理には拘束されないのである。参加者双方によって受け入れられるような共通語は存在しないだろう。双方によって受け入れられるのは一つの現実だけである。しかしその現実を定式化する際、双方の参加者ともそれぞれ多様なパラダイムを擁し、またそれぞれ固有の語彙によって説明するために、両者の説明はハッキリ比較できるようなものにはならない。

　無論組み合わせ構造主義は、神話の分析に見られるように、さまざまなパラダイムの基礎をなす群構造を見つけることは可能だと主張するであろう。一見したところ全く関係がないように見える神話の間に、思いもかけない構造的な類似性を見出せる場合がある。同じような処理を施せば、種々パラダイムの間に思いもかけない類似性が明らかになるかもしれない[27]。

　この手法はその正確さと簡潔さで、興味をそそるものであるかもしれない。しかしわれわれは、パラダイムとは、自然の現実または社会的現実を互いにばらばらな存在へと切り分けるという点で、論理的構造のみならず「論理学的現実」の構造でもあることを、忘れるべきではない。既存のパラダイムに頼ると、シニフィエの現実（現実レベル）の分離状況に言及することなく、シィニフィアン・システム（論理的レベル）の構造のみを扱うので、既存のパラダイムを使用した諸概念を、一つのグループとしてまとめて理論的に取り扱うことだけでは、不充分である[28]。

　論理的レベルと現実レベル間の関係での、「論理学的現実」のこの側面により、パラダイムの形態発生の研究が必要となる。カタストロフィ理論（*）は形態発生的な空間でのさまざまな論理的立場を明らかにするので、ここで、われわれを助けてくれる。現今のパラダイム間の論争とは関係ないが、一つ想像上の例をあげると、神話学

的分野でのシニフィエは、「神─英雄」ないしは「神─人間─動物形態」のいるグレーゾーンを伴って、神から人間へと代わりえるのである。この神・人間・そして他の造形といったシニフィアン群間での転換の論理と並んで、人間や神話上の動物から神を区別する、切断部またはカタストロフィを決める論理学的現実の問題がある。

シニフィアンとシニフィエとの二つのレベルの間の主たる違いは、前者が個々の概念によって構成されているのに対し、後者は持続的空間だということにある。それ故に、持続的な現実（すなわち、シニフィエ）を概念の個々の組（すなわち、シニフィアン）と結び付けるカタストロフィの理論モデルを適用する必要がある。

最も単純な事例は、対立する概念XとYの組が種々の価値に充てがわれている尖点の例である（図１参照）。研究者によって採用されているコントロール、即ち、パラダイムに応じて、現実（シニフィエ）相の定義は、現実に対して適応される概念（シニフィアン）を決める位相空間上の点によって表される。空間の上部での諸点において、現実はYでありXではないと定義される。同一空間の下部での諸点においては、現実はXでありYではないと定義される。中央部の点では現実はXであり、Yであると定義される。同一性と矛盾

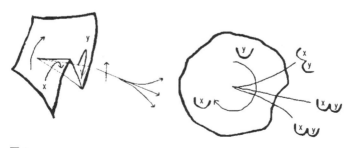

図１

律 X = X、X ≠ Y が成り立たない点が存在する[29]。

言い換えれば、さまざまなパラダイムに基づいた二つの矛盾する説明は双方とも真（ないしは双方とも偽）だと考えられる可能性を排除すべきではない。

このことからわれわれは、パラダイム間対話の論理的基礎を見出すために次のような非形式論理的なモデルを参照するのが良いと判る。東洋的な論理で発達してきたテトラ・レンマ的なモデルは、次のような四つのレンマ（補助命題）の存在を定める[30]。

（a）容認
（b）否認
（c）非容認と非否認
（d）容認と否認

（a）と（b）の両者は形式論理学に属すが、（c）と（d）は形式論理学では受け入れられない。先に見たように、光に波と非波の両者であり、そして粒子と非粒子の両者でもあるといった時、現代科学は（c）と（d）を受け入れている。二つの非形式論理学的なレンマを強調する利点は、対立するパラダイムに関してただ賛成か反対かだけの議論を越えた対話を可能にするという事実にある[31]。

このような主張は、思考が形式論理学に捉われている人には受け入れられないと思えるかもしれない。しかしながら、大乗仏教の伝統では、（c）と（d）は、俗世（samvriti）のレンマである（a）や（b）との比較で、勝義（paramartha）のレンマとして区別される。対話において、（c）は決定的瞬間を表している。その瞬間、参加者は双方とも、各々のパラダイムによってもたらされた限定空間を乗り越え、そして容認するとか否認するとかは両方とも意味がないことだと悟るのである。レンマ（d）は、（c）をひっくり返すことによってもたらされる。換言すれば、容認と否認は両方とも否定

され、現実が矛盾の中に埋め込まれているという事実そのものが、対話の参加者達によって受け入れられる。そして参加者達はついには、容認と否認の双方を現実の一部として受け入れるようになり、また自らのパラダイムでは現実のいくつかの側面しか把握できないことを理解するに至る。

　テトラレンマ的なアプローチの有効性に関してより鮮明な洞察力を提供するために、ここで非科学的ではあるが適切な対話の一例を紹介させていただきたい。神を信じる人々と、神を信じない人々との間で社会的な実践についての対話が実りあるものになりうるのは、有神論か無神論と言う問題が、単なる神の概念の容認か否認かについての論理的問題にとどまることなく、むしろ社会的実践において両参加者が持つ動機に関しての存在論的問題になった時のみである。両参加者は、形式論理学のレベルでの論争は無益だと悟り、そしていかなる社会実践でも、神を信じる人々と神を信じない人々の両者ともどもの歴史的な役割を認めるべきだと知る。この理解は、折衷主義でもなければ、統合主義でもない。つまり、形式論理学のレベルではなく社会的実践の存在論的レベルで、二つの矛盾した立場を認めることである。

　テトラレンマ的なアプローチを採用すれば、手段―目的合理性の限界が指摘され、技術官僚的パラダイムの偏りを直すことになるだろう。現代世界の現実には単に容認や否認をするだけでは意味をなさない事例が山程あるため、現代世界の複合的問題を全体性の中に位置付けて十全に示すことができるのは、第三と第四のレンマを受け入れることによってのみである。テトラレンマは、西欧科学のアリストテレス的論理を補完する非西欧的なパラダイムである。それは、科学革命が現在置かれている行き詰まり状態を乗り越えて建設的な段階に入ることを可能にする。これは全体論的なコンテクスト

の中で、さまざまなパラダイム間の結びつきを手助けするアプローチである。さらには、前に言及した現代科学革命の三つの目的を成就することにもなる。

結　論

　現代の科学革命は、効果的なパラダイム間の対話が実施可能となって、初めて成功できる。またパラダイム間対話は、科学革命が研究者達にこのような対話に必須となる新たな洞察をもたらすことで、初めて成功できる。

　本章で提示された循環上の議論を経て、ここに「らせん型戦略」を提起したい。現代の科学革命に参加するすべての研究者達が、らせん型のプロセスを築くことを目指すのである。その過程で、パラダイム間対話が新しいアプローチを生み出し、そして新しいアプローチがさらなる対話を促すようになるであろう[32]。

　このような対話のための批判的なフォーラムの創設が、喫緊に必要とされている[33]。そして、さまざまな文化的伝統を背負った世界の知識人達は、世界の人々と協力し多くのグローバルな緊急の問題がすべての人の利益のために研究できるような、新しい研究フロンティアを拓くべきである[34]。

第2章　創造性と学際性

概　説

　創造的科学研究においては、創造的思考が自律的・継続的に働くことによりそれが活気づけられ、またその内容が豊かにされない限り、理論や方法論がいかに洗練されていようと無益なものである[1]。

　社会科学と言う個別の事例を見るとその創造性は、とりわけ1950年代以降、異なる学問間の交流によって保証されてきた。こうした交流が、新たな理論や方法論の登場を促したからである。言い換えれば、学際性こそ創造的思考が継続的に発展していくための土台となる主要な要素の一つであり続けてきたのである。

　この創造的プロセスの具体例について、著者が通暁するものだけを挙げても、例えばシステム分析、ベイズ統計学からの決定理論、ゲーム理論、政策行動科学と関連した諸分野における政策決定論などの、諸理論の発展を含んでいる。同じ時期に発展した複数の方法論としては、例えば意味差判別（SD）法、コンピューターモデリング、シミュレーションといった、線形でより洗練されたプログラミング法、多変数分析とその適用などが、他の量的アプローチと同様に含まれていた[2]。

　上記で挙げたような理論や方法論を通して繰り広げられた異なる学問分野間の学際的な交流により、高度の創造性が解き放たれた事実を否定することは、誰にもできないだろう[3]。

　しかしながら、1950年代には「飛躍的発展」に満ち溢れていたこ

のプロセスが 1970 年代には安定期の様相を呈したことは否定できないだろう。費用が掛かり過ぎる学際的な企画を打ち上げることの難しさとも相俟って、ポスト行動科学革命への期待感が、創造的で英雄的な時期に終止符を打ったのである。社会科学に関して問うならば、この時期にこそ正に学際性がそのまま創造性を——またその逆も同様に——意味していたのであった[4]。

　本章は今現在、自らに投げ掛けなければならない苦悶に満ちた問いに対して、一つの答えを与えようとするものである。即ち、現代とは何か、社会科学における創造的思考への新しい接近方法をどのようにして発見するのか、学際的な社会的研究は失われつつある創造的な推進力をいかにして取り戻すことができるのか、などをである。

　こうした疑問が提起されることになるのは、現在支配的な科学政策に取って代わる新たなアプローチを発展させようと構想するためである。現在支配的な科学政策は 1950 年代と 60 年代の経験から発展したものであり、その時期に社会科学研究に財政支援する公共団体と民間団体が、学際的研究に対して体系的な支援をすることにより、創造性の力を解放することに成功していたのであった[5]。しかしながら一旦新しいパラダイムの陳腐化が 50 年代と 60 年代の推進力に取って代わると、生み出されていた創造力はその創造的プロセスを持続させられなくなることが見えてきたのだ[6]。

　本章は、50 年代と 60 年代の行動政策科学「革命」[7] の進化を跡付け、創造性の最大の敵であるこの陳腐化の原因を指摘しようとするものである。つまりパラダイム間アプローチと組み合わせて、構造的で政治的な第二のタイプの学際性を提示するものである。この試みが、創造性の新たな波を生み出す基礎となることを期待している[8]。

われわれは陳腐化した「通常科学」から離れて、学際的社会科学における創造的思考を練磨する新たなプロセスを促進し、かつ持続させるためにどのような体系的な努力が必要なのか、それを提案しよう。

1 学際性と現在の社会科学

前記の概説は、本章で目指している内容の言わば見取り図である。しかしそれにはもう少し詳しい解説が必要である。とりわけ第二次世界大戦後に発達した社会的研究における学際的アプローチの基本的特徴を、より適切に定義する必要がある。

ここでは、行動政策科学に含まれている社会科学における革新のプロセスに範囲を限定することにしよう。

1950年代に登場した行動政策科学の起源となった創造的思考のプロセスは、社会的研究の新しい様式である学際的なプロジェクトチーム・アプローチが構築された結果として、第二次世界大戦期に誕生した。この時期に社会科学者達は、米国と英国における戦争遂行作業を支援するために動員された。彼等は、特定の研究対象を持った学際的なプロジェクトチームに編成され、『アメリカの兵士』(Samuel Stouffer, *Studies in Social Psychology in World War II: The American Soldier* [Princeton University Press, 1949])のような古典、またはオペレーションズ・リサーチのような新しい科学的な学問分野を生み出した[9]。

集団による学際研究のこうした潮流は、1950年代にアングロ・サクソン系諸国での公共財団の援助によるだけでなく、民間団体の援助によっても尚一層発展した。この新しい科学政策アプローチは、国内的にだけでなく国際的な規模のプロジェクトへの体系的支援を

通して、行動政策科学の成長を支援した[10]。中には米国国内で組織された研究委員会によって、比較政治のような新しい学問分野が創設された例さえいくつかあった。同じく、ランド研究所[11]やスタンフォード研究所等のような高度に発達したプロジェクト管理能力を持つ研究所によって遂行された体系的努力も、注視に値する。これら研究所は、例えば、線形・非線形分析のような新しい方法論や、管理上・計画上の問題を解決するための新たな応用方法を発展させた[12]。

こうして創造的思考のプロセスは、偶発的に生まれたものではなく、第二次世界大戦中および戦後に、アングロ・サクソン諸国によって育まれた体系的努力がもたらした結果であった。明確な科学政策を採用していた公共と民間の財団による大規模な財政支援があったからこそ、初めて可能になったのである[13]。この大規模投資の効果は、西欧工業先進国に伝播・浸透しただけではなく、第三世界へも波及した。そこまで広がりを見せたのは、繰り返しになるが、時に行動科学革命[14]と呼ばれるこの新しい科学運動の起源となった国々の体系的努力によるものである。

創造的思考において、こうした進化的趨勢が可能になったのは、先ず最初にいくつかの要因が作用したからである（やがてそれら要因は、後に見るように退化と衰退の段階へとその趨勢を導くことになる）。

何よりも、科学哲学においては、学際的な政策研究を準備する潮流が存在していた。この学際的な政策研究は、量的データを分析するために機能主義的アプローチを使用するのである[15]。ここでは第二次世界大戦後に起こった行動科学の爆発的増加を準備することになった画期的な事例を、少数ながら挙げてみよう。

　　（１）カッシーラーからポパーに至る物象化に対抗するための

努力
　（２）社会的研究におけるプラグマティズムの影響
　（３）統一科学運動に代表される科学的な学問分野と一般システム理論の間の境界線を取り払う試み
これら３点は、忘れることの出来ないほんの数例である[16]。

　しかし、社会科学の発展に内在するこうした潮流の背後で、四つの社会的要因が極めて重要な役割を果たしている。それは即ち、a）科学、b）問題群、c）政策、d）技術、である。

　a）科学　社会科学者達が自らの科学的な資質を「証明する」ためには、「正確」になること、即ち操作可能で量的に適切になることが社会的に先ずもって重要である、と社会科学者達に納得させることに成功した厳密科学。

　b）問題群　産業社会と産業化する世界が益々複雑になったため、最早単一の学問分野で研究不可能となった諸問題間に、新たな相互依存と連携が生み出された。結果それが、企画・管理上の問題群に対し学際的なシステム理論の方法論を発展させる要因になった。

　c）政策　50年代と60年代を通して、公的セクターと民間セクターの両方で企画・管理の重要性が高まりつつあったことを考慮して、政策研究実施への社会的需要が増加した。そしてその需要は、技術構造（テクノストラクチャー）の統制能力の成熟に比例した。

　d）技術　コンピュータの弛まざる世代革新を呼んだ技術発展により、増加する大量のデータを処理あるいは増加する変数間の相互作用を規定する一層複雑なモデルの構築が可能になった。このことが多変数分析の異なる方法の発展を、さらには多様なモデル化とシミュレーション技術の発展を促したのである。

　これらの要因がともに組み合わさって相乗効果を生み出した。それにより前に言及した新しい科学政策は、学際的プロジェクトの創

造的プロセスの推進力を引き出し、そしてそれを十年以上に亘って持続させることを可能にしたのである。

2 社会科学の現段階：新しいパラダイムの検索

　もし創造的プロセスの生き延びる期間がもう少し長かったならば、その推進力をいかにして持続できるのかを、われわれ自身に問い掛けさえすれば済んだ筈である。そうであったなら、新しい理論と今までにない方法論がこれまで通り次々と現れ、われわれが適切な一連の学際的な道具立てをもって現在の世界的危機に対処できるよう手助けをしてくれたであろう。残念ながら50年代に登場した創造的で学際的な運動は、60年代には徐々にその推進力を失い、70年代に入って遂には実質上行き詰まりを迎えた、と言うことをわれわれは認識しなければならない[17]。

　しかしながら、50年代と60年代に発明された新しい理論と方法論が、いかなる優れた研究も生み出さなかった、もしくは、新たな理論的・方法論的進歩につながらなかったと言うわけではない[18]。それどころか、研究プロジェクトと研究論文の数は増え続けたのである。1950年代と70年代の間の重要な違いは、70年代のこうしたプロジェクトや報告が、新たな理論を開発したり新しい方法論を提案等する際に、50年代のそれが果たしたのと同じような先駆的役割を果たさなかった、と言う点にある[19]。

　この違いの一例を挙げてみたい。1950年代にゲーム理論は核戦略に応用され、国際政治のいくつかの側面を公式化することを考慮して使用され、標準的な数学的道具の一部となった。こうした数学理論の軍事科学と国際政治への応用は、経済の分野でかつて寡占的行動を考慮に入れるために発明されたものである。それは、二人ゼ

ロー サムと非ゼロ－サム・ゲームといった、かなり未発達な概念に基づいていた。しかしながら、こうした応用は、協調的解決と非協調的解決・抑止と強制・コミュニケーションと信頼醸成といった一連の理論的概念にとっての基礎を提供したという点で極めて創造的であった。それはまた、一連のゲーム実験をも生み出した。例えば、異なる解決策の予想を実証的に検証することを目論んだ囚人のジレンマ・ゲームと関連したものなど、である[20]。

　興味深い視点が、同盟理論の分野でも開けた。1960年代と70年代の間、新しい創造的な研究は継続して登場したが、新しい理論と方法論の発展にはそれほど大き影響力を及ぼさなかった。こうした創造性の数少ない例には、公共財理論（public good theory）に関してゲーム理論的処理を発展させようという試み等がある[21]。こうした応用の希薄性は脇に置き、ゲーム理論それ自体は研究され発展し続けた。また同盟論も、中心概念の集中的な研究によって改良された。しかしながらこうした新しい発展はすべて、50年代以降すでに存在していた公式システムの精緻化に役立っただけだった。その知的努力は、すべて既存の理論と方法論の枠組み内部でのみ意味を持つにとどまった。つまり、社会の複合的問題や複数の社会的現実について50年代以降手付かずにされていた側面を考慮しながら、新たな参入点を提供したり複数の社会問題への新しい解決策を提案したりする、重要な新たな理論は登場しなかったのである[22]。「行動科学革命」期に発展した大部分の新しい理論と方法論の中に非常に類似した傾向を見出すことができるため、これらの例はそれ程注視に値しないが、それでもこの期の代表的な例といえる。

　すべての事例において二つのはっきりと区別できる局面が、程度の差はあるが特定可能である。即ち、発展局面とそれに続く退化局面である。前記のゲーム理論の事例で示されているように、ある理

論によって一定の研究領域内で、新しい理論的もしくは方法論的進歩が達成される場合、その理論が以前に扱われた領域よりも広範な領域への理論的・方法論的発展の波及効果が有るのか無いのかと言う観点で、この二つを区別している。

　ゲーム理論は核戦略分野への応用以前、経済学が始祖である。当時の経済学では、囚人のジレンマモデルは知られていたが、ゲームの実験が実施されているわけではなかった。その結果ゲーム理論の応用として経済学上のこの理論は、軍事科学と国際政治にだけでなく社会心理学にも適用されていた。しかしながらゲーム理論は後の局面になると、研究領域を広げたり新しい研究の展望を切り拓くような理論的もしくは方法論的発展にはつながらなかったのである。前者の局面は、新しい研究の最先端に向けて外的に広がるという理由で進化と呼び、後者の局面は、発展のプロセスが境界内の領域に限定されることから退化と呼んで、両者を区別するものとする。

　70年代の「行動科学革命」という事例を考察するに、一般的傾向は退化へ向かっており、素人が科学的言説を理解するのが困難になっていた。と言うのもその特徴が、理論と方法論を精緻化することにあったからである。その時期の一般的傾向はまた、実証的な研究結果の蓄積によっても特徴付けられた。その中でもかなりの数の研究成果には興味深い量的情報が含まれてはいたものの、理論的知識に関し飛躍的な進歩を遂げ新しい研究の最前線を切り拓く可能性を示したわけではなかった[23]。多くの場合、量的情報は意味を持つことさえなかった。と言うのも、多くの研究者達は単に自動的に既存の理論・方法論、そしてしばしばコンピュータ・プログラムさえをも、彼等が集めた新しいデータを処理することに適用しさえすれば、それをそのまま厳格で実証的な研究とする安易な方法を発見したために、量的情報は益々瑣末なものとなり、益々不適切になる傾

第 2 章　創造性と学際性　61

向があったからである。実際彼等の多くは、理論的に瑣末でなくかつ社会的に適切な発見をする、との社会科学研究の真の目的には何の関心も払わなかった[24]。

　行動政策科学におけるこの退化傾向は、学際的な動きの内部と外部で、一層の停滞を引き起こした。その内側ではポスト行動主義革命をめぐって展開された自己批判論争には、科学的なパラダイムと解釈学についてそれまでより深い疑問が含まれていた[25]。厳密性と実証性を超えた適切性に対する探求により、結局、根源で「憂慮する」社会科学を含む多様な立場へと導かれた。この動きの外側では、行動科学によって採用されている基本的仮定への批判が、他の学派に属する社会科学者達によって展開された。その批判は、操作主義、機能主義だけでなく、時に機械主義もしくは技術官僚的パラダイムと呼ばれるものにまで及んでいた[26]。

　こうした内的・外的批判は、行動政策科学の退化傾向を進化傾向に転換する手助けにはならなかった。そうした批判が創造性を取り戻すことに失敗したのはおそらく、1970 年代に行動政策科学の進化的プロセスにとって好都合な素地を提供していたその諸条件が、1970 年代初頭の世界的危機以降、激しく変化した故である。多くの要素が社会的・科学的環境にとって次第に適切ではなくなり、次第に退化の方向に傾くにつれて、その諸条件は転換してしまったのである[27]。

　本章第 1 節で触れた四つの要因に戻ると、新しい歴史的な環境、とりわけ 70 年代の世界的危機が、科学・社会の諸問題・政策・技術の前提条件そのものを変更させる新たな潮流をもたらしていることが分かる。70 年代に現れた二つの潮流は、厳密科学は社会科学の「モデル」であるべきという信条、即ち、50 年代の行動政策科学の先駆者達に定着していた信条と矛盾するように思われる。

第一の潮流は次の事実と関係している。即ち「厳密」科学それ自体は、ニュートン的科学の公式論理が唯一のものとする論理体系の中にでさえ、多様な形態が存在するという結論に達した[28]。ファジー集合理論のような試みは、何人かの社会科学者の注目を引いた。彼等は、量的データへの操作主義的アプローチに基づいて現実を機械的に処理するということにおよそ満足できなくなっていたのである[29]。

その具体例として先ず、科学の最前線は遺伝学や他の生物学のような分野、もしくは情報が主要な研究対象になっている次世代コンピューター科学、へと変遷する傾向がある[30]。このことが量的なもの以上に、質的なものをより一層重要にしている。例えば言語学は、遺伝情報の解読者である生物学者と、神話を研究する人類学者の両方の注目を集める様なモデルを提起している。

社会システムの複雑性に関して、50年代と60年代には変数が増加してもモデルが単純であったため選択によってその対処が可能となっていた。しかしそれは増幅して、行動政策科学のモデルでは適合困難となったいくつかの複雑な諸要因が現れる地点にまで到達した。

第1に、モデル設計者個人の恣意的選択に任されていたモデル構築の方法論に内在したいくつかの方法論的問題は、例えば変数の選択・集計のレベルや様式、といった社会システム分析により重要な要因として現れた。

第2に、政策選択による環境汚染やその他類似の予想外の負の効果がより深刻になるにつれ、外部性の諸帰結が重要になってくることが解った。

第3に、複雑な社会システムが、異なる関心・権力の基礎・文化を持った増殖する行為者達を制御していたので、行為者間の権力的要

求 (power petition) の問題をこれ以上無視することはできなくなった。これまでのモデルは想像上の「政治的意志」の存在を予想することはできなかったのである。南北の複数の行為体を含む非対称的状況では、東西紛争におけるゲームの合理性を仮定することは不可能であった[31]。世界的危機の状況における問題連結の複雑性により、国内と国際の両レベルで公的・私的意志決定者達の計画管理能力が厄介な問題となった。

最後に、国際システムの経済的、政治的、制度的システム変容の方向性を考慮する新興システム理論を除けば、システムの持つホメオスタシス能力（本来の安定に回帰する能力）はもはや自明ではなくなっており、システム変容の方向性を考慮する点で、カタストロフ理論等の新興のそれらを除けば、あらゆる理論は提案力を持たなくなっていた[32]。

外部性の問題は、行動政策科学が発達させてきた、決定の際の理論的道具立てに対して深刻な方法論的問題を提起していた。というのも、そうした道具立ては「ケテリス・パリブス（その他の条件が同じと仮定して）」との仮定に基づいていたからである。つまり最適化公式が変数と目的関数を選択すると言う観点から、計画決定がなされる予定の閉鎖体系内部での目的関数に対して他の（外部の）複数の物事が影響を与えないのであれば、それらの物事を無視することができると仮定して、決定を下すことができたからである[33]。

計画と管理の方法論は、決定に関する問題を提起するという点で、本質的に技術官僚的であり、その計画と管理の方法論に、すべての問題に対して技術的解決が見出せると保証していた。計画立案者と他の行為者の間に発生しうる権力競合の衝撃は完全に無視された。異なる社会階層によって高じる決定参加への要求もしくは異議は、しばしばシステム内では雑音 (noise) として処理された[34]。この傾

向は、いわゆる「産業型民主主義」の管理能力の喪失を含む、異なる複数の社会システムの管理能力が失われつつあることと無関係ではなかった。

コンピュータは、分析・計画立案・管理における情報処理のための道具として、それが標準化されたデータの利用可能性を前提しているという事実から、いくつかの非生産的な結果が生み出された。例えばモデル構築の際、より容易に量化可能な変数が選択され、モデル上でデータ計算が単に困難であるという理由だけで、社会的現実の主要な側面を除外してしまったのである。国内問題と国際問題に関するデータの収集とデータベースの準備に関しては、人々と世界に対するより効果的な管理を実施するという目的で彼等からデータを集めたのであり、そうした人々と世界を操作するという感覚が生み出された[35]。

前記の諸要因とその他多くがすべて組み合わさった結果、「行動科学革命」の本来の推進力の維持がより困難になった。新たにより適切な理論と方法論を発展させようとしても、この科学的運動内ですでに発達し尽くした理論と方法論を基礎にしては、それは初期に持っていたほどの魅力を持つことはなかった。初期には、複合的な環境をコンピュータによるデータ処理を通して科学的に管理し、新しい理論と方法の発展を目指すということについて人々は楽観的であったのである。

3　社会科学における二つの創造性の源

前節2では1950年代・60年代を通して、学際的な社会科学——行動政策科学——の発展において創造的なプロセスが存在していたことを見てきた。しかしながらこの創造的プロセスは、70年代には

退化局面へと転換し、学際的運動の本来の推進力は失われたのである。これは内部の傾向が、不適切さと瑣末へのこだわりがより増幅されるという方向に向かっていたことによるものであった。さらにこの傾向は、変化しつつある社会環境によって先鋭化された。その社会環境とは、初期には進化的潮流に好都合な条件を有していたものが、危機に陥っている複雑な社会システムに取って代わっていたのである。

80年代の現在（英原書執筆時）、学際的社会科学の創造性を復活させるためにわれわれがその諸条件を探索しなければならないのは、この新しい環境においてなのである。この「ルネサンス」は行動政策科学の内部での覚醒として達成可能なのだろうか、それともパラダイム・シフトが起こるべきなのだろうか。この問題に答えるためには、社会科学における創造性に関する二つの源を区別する必要がある。即ち一つは、行動政策科学の登場であり、「技術官僚的」と呼ぶことができるものである。もう一つは、「人間主義的」と呼ぶことができるもので、危機的状況においてさらに重要になっている[36]。ここでは双方の用語を使用することとする。それは、科学的研究の未開拓分野を切り拓くために創造的努力を傾注する研究者達の背後に潜む特徴を表現するためである。われわれの基本的仮定によれば、研究者の根本的な動機が、社会的現実をどのように認識するか、また科学的原型として何を選ぶか、さらに理論的枠組みや方法論としてそれぞれ何を使うか、を決定してしまうのである。

技術官僚的動機は、社会的に直接関連する問題を解決するために、有用なやり方で社会理論と方法論を発展させたいという欲求に基づいている。手段―目的合理性が金科玉条となっており、社会的現実は操作の対象としてみなされる。

他方、人間主義的動機は人間知性が直面している現実を謎として

捉え、それをより適切に理解することへの関心を根底に置いている。社会科学者はこの謎の挑戦を受けており、科学的諸活動に乗り出すのは、人々を取り巻く世界に内在する構造を把握するために人間知性の能力を証明しようとするからなのである。人間主義的動機は、研究者にとって社会的現実全体が謎であり、その社会的現実に対して研究者に非操作的態度を取らせようとする傾向を持つ。また人間主義的動機によれば、人間の行為は少数の計画立案者によって操作されるものではなく、むしろ人間の中での相互行為によって形成される歴史的プロセスの一部として認識されるのである（そして他の事柄は時に自然と呼ばれた）[37]。

いくつかの事例で、人間主義的動機と技術官僚的動機が組み合わさり、後者が優勢な時期には主意主義的な世界観の基礎を提供し、前者が優勢な時期には構造的で歴史主義的な世界観のための基礎を提供する場合が見られた。この点でとりわけ重要なのは、二つの異種混交的な学派——マルクス主義と未来学——である[38]。

マルクス主義のパラダイムは、狭隘な手段—目的合理的な技術官僚的アプローチを拒否して、歴史の弁証法的趨勢に基づいた政治計画を提起しようとする。それはいわば応用指向の人間主義的思想学派とみなすことができる。一方未来学のパラダイムは、政策科学の技術官僚的な手段である目的合理性を、人間が自然の力と相互作用するひとつの場として思い描かれている「未来」へと拡張しようとする。このことを認識すること自体、すでにわれわれを取り巻く世界に向けての人間主義的態度に極めて近付いているのである。

創造的動機に関して、二つの理念型を組み合わせる学派が重要であるにもかかわらず、われわれがここで二つの理念型それぞれを独立して提起する理由は二つある。第1に、（程度の差はあるものの人間主義的動機を有している）参加者すべてにとって、技術官僚的

動機は「行動主義革命」の基礎と思われるが故。第2に、多くの学派が両方の動機を共有しているという正にその事実により、われわれはすべての学派を横断して、創造性の新たな閃きを刺激したり、また80年代の挑戦に応じる形で新たな創造的学際的プロセスを誘発し得る諸要素を探索することが可能になるが故、である[39]。

　実際のところそう促すためには、この新たな創造的科学的プロセスにおいては人間主義的動機が役割を果たさなければならならず、それは丁度「行動主義革命」における技術官僚的動機が果たした役割と比較できるものだ、というのが、われわれの主張である。批判される向きもいようが、技術官僚的な動機では、それが行動政策科学に新しい命を吹き込み、80年代に現れつつある地球規模の諸問題を解決するための創造的で学際的な努力の第二の波を始動できるとは望めない、と言っておきたい。

　2節ですでに触れた理由は、行動政策科学の過去の退化についてだけではなく、例え進化への復旧が成し遂げられた場合でも、その新たな科学から期待されるものにも当てはまる。復活した行動政策科学の進化論的な趨勢から多くを期待できない理由には、社会科学者達に対して第二次世界大戦直近の世界とは全く異なる多くの謎を提起している現在の世界的危機に関する、次のような考察が挙げられる

　現代の世界的危機が多くの現行制度に投げかける疑問は、その正統性に対して、また時にはその実行可能な能力に対しても向けられている[40]。政策科学が意味を持つのは、権力関係の安定性により、技術官僚的な諸制度が疑問の余地のないほどの能力を備え、それら諸制度が最適な政策決定を下し、しかもその決定がかなり高い確率で実施されることを前提としている時だけである。第二次世界大戦後に構築された安定的な権力構造は、この安定性を二つのレベル両

方で獲得できた。一つには、先進資本主義諸国（とりわけアングロ・サクソン諸国）間の内で、もう一つは、「二極ルール」の下で米国が疑問の余地なく優越していた国際場面で、である。現在の世界状況では民主主義の管理能力の欠如と相俟って、超大国によるグローバルな管理能力の決定的欠如とが絡み合っているため、それら条件には当てはまらない。

　これは次のことを意味している、即ち、われわれが必要としているものは政策科学ではなく、政治学（political sciences）である。政策科学は自分の勧告が実施されない時には、とかく政治的意思が欠如していると嘆く。一方政治学の方は、地球規模から地域レベルまでの覇権条件そのものにまで、その洞察力が及ぶのである。こうした政治学は「政治科学」とは区別され、「政治科学」ならば自分達の問題を歴史的文脈の中で公式化することを好むのだが、そのようなやり方で公式化することはできない[41]。変容しつつある世界の全体性は、何よりも先ず構造的に把握されなければならない。そうして初めて、技術官僚や計画立案者によってだけでなく、種々の人間集団や組み込まれている社会勢力によっても操作可能な諸要素の機能的な評価が、意味を持つようになりうる。

　世界の問題は、現実全体とは切り離すことはできないものである。世界の問題を一連の選択された変数として扱う場合は、「ケテリス・パリブス（その他の条件が同じと仮定して）」と言う仮定の下で変数間の相互作用が研究されるが、その仮定自体、危機と変動のただ中にある世界では通用しない仮定なのである。言い換えれば、われわれが必要としている学問は政策科学ではなく、世界の諸問題を歴史的文脈に沿い非連続性や著しい変動をも受け入れながら把握できる、との新しい形の政治学である。政策科学では、非歴史的な文脈の中で技術官僚的な政策決定者により、連続性・安定性・制御可能

性という仮定の下で諸問題が対処されており、それに対峙するための学問なのだ[42]。

　矛盾していると思われるかもしれないが、これらが現代の切迫するグローバルな諸問題に対処する際に、必要な政策立案のための洞察力を得る手段として、最早政策科学に依存することができない所以である。

　われわれには次のような研究者をさらに多く必要としている。第1に、この危機と大転換の世界が提起している謎に敏感である者。第2に、諸政策はこの現実全体の一部にしか過ぎないとみなしている者。つまり言い換えればわれわれには、明確で強固な人間主義的動機を持つ研究者が必要なのである[43]。

　同様に重要な追加の論点がある。現代の世界的危機がどれほどグローバルであったとしても、一連の普遍的に有効な仮説を通して把握すると言うことはできない。世界は危機に陥っている、と言うのも、西洋型の普遍主義は文化と生態系における多元主義的な世界、そして経済的・政治的・技術的表現で言う所の不平等と言ったことに対してコントロールを確立できなかったからである。これが新しい政治学が普遍主義よりも特殊性を強調しなければならない理由である[44]。

　政治の領域における地域特有の複数の現実は、地域的差異を無視する集約データの中の統計的な関係性から推論された普遍的記述によっては、説明不可能な状況を生み出す。ここが、現在の世界的危機に立ち向かう政治学が複合的問題を把握する際に、行動機能主義的アプローチのみに頼ることができない理由である。これからの政治学は、危機に陥っている世界の構造的諸側面を、より深く分析する必要があるであろう。即ち、歴史的プロセスの中で、地域特有の複数の現実を相互につないでいる基礎的諸条件をである。またこの

歴史的プロセスにおいては、異なる諸勢力が一方ではグローバル化へと、また他方ではローカルな断片化へと向かい、それらが脱構造化と再構造化という複合的なプロセスを生み出しているのである[45]。

ここでまた技術官僚的動機は、人間主義的動機よりも明らかに劣ってくる。前者は、機能主義的アプローチを奨励しており、それは技術官僚的な政策立案者によって操作された諸変数を特定するのにより適している。後者は、諸構造によってもたらされている謎への関心を持つように促し、技術官僚的動機よりも明らかに優れている。その諸構造とは、歴史的文脈における社会的な複数の現実に対する深い批判的洞察なくしては知覚することのできないものであり、異なる人間集団同士が相互に交流して、社会的現実全体をまるごと再構築しない限り、感知・解決不可能なものである。そこが、新たな創造的で学際的なプロセスが行動主義志向・政策志向ではなく、構造的・政治的志向にならなければならない理由である。それが可能となるのは、技術官僚的動機よりも人間主義的動機が広く行き渡った時のみである。

4　政策科学を超えた科学政策

かつての行動政策科学「革命」への推進力と比較しうるような革新的に創造的かつ学際的なプロセスを開始できるほど充分強力であり、しかも危機と推移の中にある社会的な複数の現実への構造的で政治的な批判分析を指向する人間主義的な動機付けまで、今日の社会科学者に期待することは可能であろうか[46]。ここでは現在の政策科学の内部と外部にある 2, 3 の例に言及しておこう。それにより、こうした動機が存在している、という希望が持てる理由になる。

すでに見てきたように将来の研究パラダイムは、技術官僚的動機だけに基づくのではない。将来世界の全体像を見て、この全体性の内部で人間と自然の相互作用に関して世界の複合的問題に決着を付けようとする点で、それは人間主義的傾向を有している[47]。この傾向は、無視できないものである。例えそれが、将来のモデル化の際に取り扱うことができる変数が限定されている理屈を踏まえ、方法論上、不完全なものであるにせよ[48]。

さらに現代の世界的危機の構造的政治的な諸側面に対処するために、構造政策思想科学の学派内部では、多くの試みがある。中心への周縁の依存を分析する世界システムの構造的非対称性に対する量的研究が、この趨勢の適切な例である[49]。例えば、統計的推論と多変数解析の限界に対処するための新たな数学理論を、開発しようとする試みを無視することはできない。ファジー集合論・カタストロフ理論・超準解析などがそれに当たり、いくつかの数学分野において、さまざまな程度の成功を伴いつつ、こうした努力がおこなわれている[50]。

より一般的に言えば、前に見たように「ポスト行動主義革命」は自己批判のプロセスを始めている。その点で新たなパラダイムが探求されつつあることは、余りに偏狭な技術官僚的動機が、高まる人間主義的動機傾向によって徐々に修正されている良い徴候である[51]。つまり行動政策科学の外側では、新しい型の学際性を目指すさまざまな社会科学分野で、かなり多くの人間主義的「再生」の徴候があるのだ。この潮流のほんの一例を引いてみるだけでも、はっきりと現在の世界的危機により適した経済学と政治学を扱おうとする多くの試みが見て取れる。

例えば、「ラディカル経済学」への移行傾向が高まりつつあること、またより一般的な政治経済学の普及等が、政治的構造的な諸側面を

最前線に押し出すことになった。経済学に人類学と生態学の次元を付け加えることは、貨幣経済を超えて経済学の枠を広げようとする試みであり、それは人間主義的な意味で明らかに学際的である。と言うのも、それは政策的関心によってではなく、経済人としての人間（ホモ・エコノミクス）の謎に対して、より適切に、そしてより良く、より批判的に解答しなければならないと言う必要性によって動機付けられているからである[52]。また政治学におけるポスト行動主義的な試みは、文化的表現で権力の性質を研究し、それを相対化するようになされている。社会人類学から言語学・霊長類学に至るまで、学際的な努力は普遍的な法則を発見するためではなく、むしろ政治における特殊性の優位を証明するためにおこなわれている。行動科学によって非常に発展した量的分析に対するオルタナティブ・アプローチも試みられている。それは、代数の法則による方法では、未だに説明できない独自なもの、もしくは現れつつある潮流を研究することが目指されている[53]。

　こうした試みの中で最も特筆すべきは、対話の使用である。それは理論的に受身的で「客観的な」参与観察アプローチに代えて、社会的行為者と相互に作用し合い、彼等に挑戦して立ち位置を定めるようにと迫る[54]。しかし新しい潮流の中で、前記の例以上に興味深く最も重要なのは、これまで受身的にアングロ－サクソン型の行動主義的政策科学を模倣していた世界の複数の地域、即ち第三世界や日本において、新しい社会理論とアプローチが登場したことである[55]。

　こうした潮流の中で最も顕著なのは、ラテンアメリカを起源とする従属論の発展である。それらの社会への西欧型の理論とモデルの単なる押し付けを拒否し、それぞれの社会と地域の特殊な諸側面を表象するのにより適したオルタナティブの理論を公式化しようとす

るかなりの数の自律的な学派が非西欧世界で現れつつある。この傾向は、さまざまな第三世界学派が登場し始めている開発学の分野で最も盛んである。歴史記述・社会学・その他の社会科学分野でも見受けられる。

　こうした社会科学の新しい潮流の例を、もっと挙げることは可能だ。それは動機において人間主義的で、現代世界の多元性と変容のプロセスにあって、より深い分析を提起することを目的とするものである。しかしながら、われわれはこうした試みが散乱しており、相互に関連していないという事実を認識しなければならない。したがって、こうした科学的なイニシアティブが行動科学「革命」に匹敵する、目的を持った運動が組織されない限り、推進力を集めて創造的な科学的プロセスを始動可能にすることはありそうにない。この情報化社会においては、大量かつ加速した選択的な科学的情報がいくつかの支配的パラダイムに有利に働き、他を孤立させている。また公共と民間の研究機関と研究支援期間による現在の支配的な科学政策は、明らかに行動政策科学に有利に働き、構造的政治的な学問に不利に働く。

　こうしてわれわれは次の結論に至る——新たな科学政策が採用されない限り、80年代（＊原著当時）に創造的で学際的なプロセスが成功裏に開始される可能性を期待することは難しい。危機に陥っている現在世界の社会的に複雑な諸現実を学際的なプロセスが把握しない限り、現代の切迫するグローバルな諸問題に効果的に対処することは不可能である[56]。もしわれわれが、今日の世界的危機の現実全体への基本的な洞察が欠けている政策科学に頼り続けるならば、状況はより一層絶望的になるだろう。

　こうした新しい科学政策が設計されるべき理由は、新しい人間主義的動機が現在の支配的な技術官僚的な動機に取って代わり、新し

いタイプの創造的で学際的なプロセスを促進する機会を最大化するためである。同様に重要なことは学際的研究を組織することである。その際の組織の方法は、このプロセスが効果的に多様な社会科学分野の研究者を動員し、さらに研究者の創造性が世界の異なる諸地域において、新しい理論と方法論の自己充足的な進化へとつながるようなやり方でなされることが大事である。このことは、政策科学を普及するよう目論まれている現在支配的な科学政策からの根源的な転換を意味している。

　それには研究と開発、また支援と資金提供における優先順位を変更する必要がある。この変更は次のようになされるべきである。即ち、

　ａ）複合的問題群　個別の諸問題の断片化した研究から、社会的現実全体の中での複合的問題の研究への変更。

　ｂ）歴史性　連続性と安定性を前提とした共時的（もしくは短期的）分析から、不連続性やシステム変動を考慮した歴史的性質の通時的分析への変更。

　ｃ）コーポラティズム　普遍（もしくは一般）法則や傾向性の発見から、より広い構造の内部での地域特有の複数の現実の比較への変更。

　ｄ）解釈学／発見的問題解決法　仮説（それは、表面的に選択された諸変数を頻繁に扱う）の検証から、社会的現実に関連する諸要因を批判的に評価し定義して、社会的現実に関する理論的構築物を再概念化する努力への変更。

　新しい科学政策は人間主義的な学際性を奨励するよう心掛けるべきであり、即ち体系的努力は、所与の政策上の問題を解決するために学際的研究チームが集中的な努力を目指すことを目的とするのではなく、異なる学問分野出身の研究者達が、共通の謎に対処する際、

彼らの関心を共有するのに相互に自由な影響を与えることを促すような集合的省察に基づき、多様な広がりを見せる創造的なプロセスを始動させる構造にすべきである。具体的に言えば、これは政策指向のプロジェクトチーム・アプローチよりも、高等研究機関方式の方を優先する、と言うことになる。言い換えれば、新しい科学政策は学際的であるだけでなく、パラダイム間的かつ国際的でもあるべきである。それは一つのフォーラムを提供しなければならない。そこでは、種々のパラダイムの間で人間主義的関心を共有するが「謎」の定義については異なっていて、批判的な対話が実現しうる場である。それが国際的でなければならないのは、ひとつの文化的な知覚に由来したり特定の国益に役立ったりするような研究デザインを押し付けるべきではない、との観点からなのである。

　新しい科学政策は、第三世界でイメージされたパラダイムが持つ創造性と、非西欧型の科学的な概念と典型例の豊かな遺産をも考慮して、第三世界学派の動員と相互交流を強調すべきである[57]。世界の異なる文化圏の間での相互交流のプロセスが、「行動主義革命」を特徴付けるアングロ・サクソン・パラダイムの普及に取って代るべきである。こうした学際的で国際的な研究を促進するためには、計画・設計・実施・評価を含むプロジェクト管理に関して、全く新しいアプローチが必要となる。もしこの新しい科学政策が、現代世界危機の複合問題に効果的に対処するために創造的で学際的プロセスを支援するよう期待されているならば、参加型のプロセスを経て予期せぬ発見をする幸運に恵まれた才能や革新性を奨励する、柔軟な実施や評価といったものすべてが不可欠となる。

結　論

　本章では駆け足で、現在の世界的危機に対処するよう社会科学を適切な形になすために何が必要不可欠かについて、われわれが考える見取り図を書き記してきた。われわれはかつての創造的で学際的な運動、いわゆる行動政策科学「革命」が、第二次大戦後の環境において計画立案者達のために社会的科学的道具立てを提供するという目標をどのように達成したのか、を見た。次にわれわれは、なぜこの運動が70年代に退化の局面に入り、その10年間の世界的危機の中から生まれた新しい政策問題への適切な解答を提供できなかったのか、またこの運動がなぜ80年代には年を追うごとに益々深刻になる傾向にあるのか、を論じた。

　この省察によって、われわれは創造的で学際的な研究プロセスの根底にある二つの基本的な動機である、「技術官僚的動機」と「人間主義的動機」、を比較することが可能になった。われわれは技術官僚的動機が行動主義的政策「革命」を支援するのに対して、人間主義的動機は、変容プロセスを経験しつつある現代世界からの要求に応じて、構造的で政治的な研究に力点を置いた創造的科学的プロセスを開始する際に、不可欠であることに気付いた。

　異なる学派に所属する研究者達が、こうした新しいアプローチを求めていることが解る。数多くの徴候が存在しているにもかかわらず、現代の科学機関と支援機関の現代の科学政策は、創造的科学的運動の形成を妨げていることが解った。そして一連の指導原理が、新たな創造的多分野横断的なプロセスを支援するのに役立つ新しい科学政策のために提起された。

　この簡潔な報告では、われわれにとって作り上げることが極めて

重要であると思われるいくつかの点を強調するために、現実の状況を過度に単純化しなければならなかった。「行動主義革命」の進化段階の間に発展した、厳密に公式化された社会理論と実証研究の方法論が、世界の社会科学共同体の貴重な獲得物であることをわれわれは充分に自覚している。われわれは、構造的で政治的な面に力点を置く新しい学際的で創造的な運動を立ち上げようと試みる際にも、厳格で実証的であることを、それ以上良くとまではいかなくとも、それと同程度に目指さなければならないことは確かである。行動科学によって生み出された政治的プロセスに関する機能的省察には、新しい理論的構造物を築く際に、有益に再解釈可能なものが数多く存在するのである[58]。

しかしながら、もし現在の世界的危機の環境の中で人類の生存に貢献するような形で社会科学がそれに対応可能であることをわれわれが強く望むのであれば、本章で示してきたような大胆なパラダイム・シフトの達成が不可欠であるように思われる。

第3章　1980年代における社会科学の発展

序　論

本章は、80年代における政治学の発展と世界政治学会（IPSA）の役割に関する議論のためのノートである。これは、研究領域のすべての局面を捉えるような本格的な報告ではなく、1970年代・80年代の学会に関する所見に基づいたある一つの見方を代表する指針を示すことを目指している。われわれは、今、グローバル化と危機の時代に生きており、そこでは、諸地域に特有の諸要因が引き続き国際的・国内的な現実に影響を及ぼし続けている。政治学はこの事実を考察しなければならず、またよりグローバルにならなければいけないだけではなく、諸地域においてもより妥当性を持つものでならなければならない。これが政治の現実を分析し、政治学の発展をたどることによって得られた結論である。世界政治学会（IPSA）の科学政策は、この要請を無視することはできない。

1　70年代・80年代における政治的現実の諸特徴

1970年代に出現し始めた現実は、三つの見出しの下に分類することができる。
　a）グローバル化の過程
　b）世界システムの危機
　c）a）b）二つの潮流の中から今正に出現しつつある、複雑で、

不確かで、多元化された現実に関わるもの

　第一の潮流について、カール・ドイッチュは五つの表題にうまく要約している。これは、1979年8月12日、モスクワで開かれた世界政治学会（IPSA）第11回世界大会の会長演説で彼が述べた8項目の中で、とりわけ重要と考えられる5項目である。具体的には、（a）人口増加、（b）新たな技術力、（c）情報量の豊かな時代の到来、（d）新しい知的能力、（e）社会動員、である。現在、高度に相互依存的で複雑な国際システムが出現し始めており、そこでは、国家システムのそれぞれの内部の政治構造は、微妙な転換を経験することになる[1]。

　このような転換の過程では危機を避けて通ることはできず、これこそが、世界システムとそれを構成する諸国家が危機にあることの一つの理由である。ドイッチュは、こうした深刻な潮流の原因は次にあるとみなしている。（ア）社会秩序の複数性、（イ）変化に気付くことの遅れ、（ウ）権力格差の縮小、である。本章の目的は世界システムと国家の二重の危機の結果として70年代・80年代に現れた三つの主要な潮流を指摘する中で、この三点を詳細にたどりその再公式化を試みることである。

　第1は、権力構造に関わっている。第2は、イデオロギー的、シンボル的な表象（representation）に関わっており、第3は、国家間システムの技術官僚的な管理能力の低下に関わっている。

2　危機にある国家間システム

　この潮流はグローバルなレベルで、世界システムの中の覇権的な権力形態の変化として理解することができる[2]。これは、ドイッチュが述べるように、権力格差の縮小と社会秩序の多様化の両方の直接

的な結果として起こったものである。これによって、国際システムの行動は、予測し難いものになった。この予測困難性には、諸レベルでの衝突可能性の増加が伴うが、これは超大国の危機管理能力の低下の直接的・間接的な結果なのである。またこの潮流は、現在進行形で進むトランスナショナル化の過程の中で、諸国家と国家間システムの管理能力の低下が進むことによって、さらに強化される[3]。

この潮流が政治学研究の各分野に及ぼしている影響がどれほどのものなのかについて、事例を挙げるのはそれほど難しくはない。明白なのは、国際政治学の研究者の中で、世界システム論が著しく注目を浴びたことと、覇権的権力の継続的な変化を管理する方法（つまり"覇権国交代法則"）を見付けようと言う試みが盛んになったことである。他にもアプローチがある中で特にこの事例に言及するのは、1950年代・60年代には、多数が非歴史的なシステム・アプローチこそがその答えであると信じていた学問分野において、専門家集団の注目をマクロ歴史的な分析に集めるに至ったのは、今日の危機が彼等に著しい作用を及ぼした故である[4]。

1960年代には、何人かのより「急進的な」行動科学主義者が国家を非科学的な「具象化」と呼んだほどであったが、この国家システムの危機の結果、研究の焦点は再度国家へ戻ることとなった。今日では、異なる学派の政治学者達が、国家をその構成要素の一つ、例えば政府、へと還元することは、世界危機の本当の性質を理解するのに何の役にも立たない、と認める状況になってきている。世界危機はある意味で国家の危機であり、国家間システムの危機なのである。福祉国家に言及することなしに福祉について語ることは不可能であるし、交戦国・軍事国家に言及することなしに交戦状態や軍事化について語ることは不可能である。階級同盟、覇権、ネイション建設のすべてが、危機の分析には不可欠な概念なのだ。

第三世界や北の「産業民主主義国」、さらに「社会主義国」に至るまで政治構造や政治体制に対しての関心が高まってきているが、それぞれの地域での関心の持たれ方が極めて異なる条件において強調点もさまざまなのは、ひょっとするとそれ故なのかも知れない[5]。

3 イデオロギーの危機

イデオロギーとシンボルの話題に移ろう。今となってみると、予想されていたイデオロギーの終焉というものが、70年代にも80年代にも起こらなかったことは、明白である（*執筆当時のこと。しかし結局それは90年代とともに訪れた*）。しかしながら、かつて大胆に打ち出された、望ましい社会モデルには完膚なきまでの幻滅がもたらされていることもまた、明らかである。社会主義社会にしろ、東と西の福祉国家にしろ、あるいは南のオルターナティブな発展の探求にしろ、厳しい現実に直面し、理想的な社会への道としてこれらのモデルに寄せられた希望は当てが外れたように見える。現代の世界危機は新しいユートピアを作り出す代わりに、過去の経験が物語っているように知的な創造力を妨げ、逆に原理主義から大国の狂信的愛国主義にまで至る、保守的なイデオロギーの拡大に拍車を掛けているように見える[6]。

こうしたイデオロギーの全体的危機によって、政治学は「思想」に対してより鋭敏になることが必要とされている。政治思想と政治哲学の歴史は、50年代・60年代の「行動革命」ほど顕著に表出しているとは言えないかもしれないが、それでもそれは現代の世界危機の分析と非常に密接に関係していると考えられるようになった。現代のイデオロギー的危機は、それが啓蒙主義批判としてにせよ、北の西洋リベラリズムの源への回帰としてにせよ、南におけるイスラ

ム主義政治思想の再来としてにせよ、(その表出形態は異なっても いずれも) 政治学に対して、政治的現実に関する実証主義的・経験的研究を超えて、イデオロギーとシンボルの解釈学を研究せよと命じ、そうすれば政治的現実に目標と方向性が政治学に提供されるはずである、と迫るのである[7]。

4　政治の復活

今日的な世界危機の三つ目の局面は、システムの自己再生能力の低下であり、これは(前述した)構造的危機とイデオロギー的危機の両方の原因にもなっている。このシステムの自己再生産は、技術官僚主義的な管理に見られるように、確立された規則を単に機械的に応用することだけで実施される。しかしこうした管理は、危機に伴い敵対する権力や権益の間での競争が激化し、それに直面せざるをえなくなり、ますます難しなる。こうした状況が引き起こすのは、政治そのものの復活に他ならない。非常に複雑な過程を単純化して言うと、50年代と60年代は、第二次世界大戦後の経済成長と技術的な発展の結果、「政治の上に政策を置く」と言う技術官僚優先主義が助長された時代、と特徴付けることができるだろう。それはあたかも、事物の管理が、人民の政治に取って代わった時代がついに到来したかのように思われた。計量経済学とオペレーション・リサーチ(OR)に基づいた企画のため種々の方法論が開発され、政治学者達は政治学をこのように発展させることで、社会的な認知を求めた。

一方70年代・80年代の危機は、計画立案者や技術官僚に飼いならされたり、支配されたりすることを好まない、政治的現実の側からのある意味で復讐の様相を呈する。こうした状況が技術官僚達に

「産業民主主義の管理可能性」を問い糾すきっかけとなった。技術官僚エリートが当初外見上システムノイズだとみなした第三世界の「不合理な」リーダーシップは、どうやら攪乱能力を増強させて、大国の危機管理能力を徐々に蝕み始めたようだった。世界中のあらゆる地域で、制度の外にある社会・政治的な運動（『緑の党』から『連帯』まで、また『赤い旅団』から『トゥパカマロス』まで）が、それぞれの政治的な所属に関わりなく、技術官僚的なエリートによって支配される国家の正統性に疑問を突き付けたのである。

　国際的、国内的な技術官僚主義による危機をこうした文脈で捉えてこそ、相互に作用し合う諸権力と諸利害の複雑なゲームとしての政治が、危機のさまざまな局面（それが経済・社会・文明のいずれに関わるものであれ）を有効に分析するための重要な鍵に再びなれるのである。だからこそ政治学者達は、危機の結果政治化した現代世界において、より妥当でより高度の分析力を身に付けることを念頭に、他の研究領域での権力要因に対する鈍感さ、といった技術官僚的なバイアスを乗り越える術を示すという点で、自らの知的なリーダーシップを行使することが重要なのである。

　GLOBUSモデルのような、政治的な変数をコンピューター・モデルに組み込もうとする努力や、あるいは、純粋な政治経済学を、経済的な現実を扱う政治学として発展させようとする試みなどは、専門家達の間で、政治学が脱領域的な部門にも責任を負っているという意識が高まりつつあることを示すものである[8]。

5　問われる普遍主義と伝播主義について

　もしも第二次世界大戦後に始まったグローバル化の過程が、1970年代や80年代にも世界危機を引き起こすことなしに続いていたな

らば、グローバル政策科学や計画策定の方法論などそれ以前の二十年間に発展した理論や方法論により、その危機を分析できたであろう。

残念ながら世界危機は、その展開の過程でグローバル・システムの安定的な成長の時代に発展した諸理論の、最も基本的な前提を無効にしてしまった。しばしば無意識に抱かれていたその前提とは、次のようなものであった。先ず、西と東で異なって定義されてはいたが、国際システムを形成する複数の国内社会は、単線的な発展をたどっているという前提があった。またそれらの発展に、均質性の高い国際システムの方向へと向かっている。つまり南北の経済格差は縮小し、近代化は社会システムが一カ所に収斂することで達成される、と考えられていた。

一方で政治文化の多様性にも関わらず、異なる世界の諸地域は、単一の規則と単一のシステム維持の仕組みを有する一つの国際システムのサブシステムに過ぎなかった。この国際システムは、軍事的には核の二極化によって支配され、経済的には一極的経済成長軸を持つ国際労働分業によって支配されていた。世界危機の結果、このシステム支配型で収斂型の国際的な背景設定が、サブシステム支配型で分散型の状況へと変化し、そこでは最早、地域特有の動向を単なるノイズとして無視することはできなくなった。この変化の結果、国際政治において(それまでの)統一的な「法的秩序」に代わって、レジームについて語ることが必要となった。発展途上社会の国内政治の分析においてかつて流行だった政治発展の諸理論は、「見直され」、修正を施されなければならなかった[9]。

諸国家や国内社会における政治発展は、疑いようもなく国際システムやグローバル・システムに影響を受けていた。これは世界危機の時代にあって、とりわけ真実であった。しかし同じ危機でも、そ

の衝撃はそれぞれの世界地域の国内システムに異なった結果をもたらした。そのような状況の中に置かれた政治学は、グローバルな潮流とともに各国国民に固有の真実をも、つまり両方学ばなければならなくなったのである。

　これらを再度公式化し、要約すると次のようになる。50年代・60年代に一般に受け入れられていた二つの前提——即ち「普遍主義」と「伝播主義」——は、現代の世界危機の政治的現実を考慮すると当然、疑問に付されなければならい、と言うことである。70年代や80年代には、それ以前の20年間には可能であった次のようなことは、望めようもない。

　a）国際システムの成長軸や覇権極を研究して、そこからひと揃いの普遍的な命題という形で政治学を確立しようとすること。b）国際システムの周縁に位置する政治文化や制度は、現在は中心部と異なったものであるが、これはやがて変化して、後者とそっくり似てきてそれと結びつくようになると予想すること——言い換えれば、中心から周縁部への文化と制度の移転と伝播の過程が、同質性の高い世界システムをもたらすと信じることだ[10]。

　現代世界の政治的現実は、普遍的に受け入れ可能なグローバルな傾向は別としても、多くの個別的あるいは地域に特有の特徴や「政治勢力」や「社会範疇」、また「価値」や「制度」を有している。危機のサブシステム支配型の条件下で、こうしたものの固有の機能は無視できないことは言うまでもなく、過小評価されてもならないものである。そこにこそ、政治学者が答えを模索しなければならない危機への最大の挑戦があるのだ。

6　政治学の国際化

　ここまでわれわれは、70年代・80年代に表出した政治的現実の諸特徴を理解しようと試みてきた。それによりわれわれは、グローバル化と危機という二つの絡まり合う潮流に特徴付けられた世界に生きていることが明らかになった。またこれらの条件の下で、こうした事態の複雑な性質を理解すること、それを形作っている構造と制度を学ぶこと、堅固な政治哲学に根差した解釈学的な視点を育てること、危機を解く鍵となる要素として「政治学」を学ぶこと、といった項目の実行が必要とされることが理解された。これらの所見は、政治的現実から引き出された結論であり、政治学者たる者は無視することはできない。政治学者は、研究の対象とする変容しつつある現実に敏感である場合にのみ、「有効な」研究を発展させることができる。さてここで、この研究領域の発展の「主観的な」側面に話を戻そう。それに関しては、政治学の　a）パラダイム的な発展、b）地球科学的な発展、c）制度的な発展、との三つの相互に密接に関連した発展の側面を挙げることができる。

　パラダイム的な発展、という用語は、研究対象・概念的枠組み・方法論・関連する基準、等の選択を含む政治学の発展を意味する。

　地球科学的な発展、という用語は、異なった地域にいる異なったパラダイムの傾向を持った政治学者のコミュニティーの広がりを意味する。

　制度的な発展、という用語は、公的・私的な行為主体によっておこなわれる研究・教育・普及を担う、専門知識増進のための国際的・地域的・国内的な活動の総体を意味する。

　これら政治学の発展の三つの側面は、密接に関連している。した

がって、異なった国で発展してきた多種多様な趨勢や、どのような分類図式にも組み込み難い個々の研究者の革新的な研究について、それらを完全に正当に取り扱うことは困難である。

しかしあえて 50 年代以降のこの研究領域の発展を、図式的に描いてみよう。この全体像は、議論の出発点として提起されるものの明らかに過度に単純化された像なので、第二次世界大戦後の政治学の歴史的な研究としてではなく、われわれの現在の立場を確認するための学習目的の道具として理解された時にのみ役立つと言えよう。

時代区分についてだが、ここでは過去を捉えるために三つの段階に分類する。1950 年代以前、50 年代・60 年代、そして 70 年代・80 年代である。パラダイムに関してわれわれは、構成要素となっているパラダイムの系統に応じて三つの広い学派に分類することが可能だ——それは、法-制度学派、弁証法-構造主義学派、行動科学主義／機能主義学派、である（言うまでもないが、これら三つは理念型であり、分類試案ではない——研究者の多くは、前述の諸学派の中の異なる二つ、ないしは三つを取り交ぜて使っている）。

7 　世界危機局面以前の国際化

1950 年代以前の最初の局面は、西ヨーロッパの法-制度学派の隆盛によって特徴付けられる。これには、ドイツの国家学や社会歴史的な伝統、フランスの法制度主義の伝統や地理人口学的な伝統、英国の経験主義論に根差した政治学の伝統、などの変形が伴った[11]。米国では、行動機能主義学派が立ち現れようとしていた。それ以前には、シカゴ学派などの数例の先駆的研究がある。ソビエト連邦や資本主義ヨーロッパ世界では、マルクス主義に影響を受けた弁証法

－構造主義学派が鋭い政治的な分析を展開していたが、それを政治学と称することはなかった。

この時期政治学は、主にヨーロッパや米国の大学で教えられていた。数えるほどの国内学会しかなく、学会といっても政治学者はしばしば隣接学問領域の学会に包含されていた。どの国際的な学会も、そして現実にはどの財団も、国際的な影響力を及ぼすことはなかった。

第二の時期は、50年代・60年代における専門的職業の国際的な制度化の時期である。二つの潮流が現れ、政治学者達の国際的なコミュニティーの設立に収斂している。潮流の一つ目は、ヨーロッパ——より正確に言うと東ヨーロッパと西ヨーロッパの両方に起源を持つ。そこでは、法－制度主義とマルクス主義－構造主義とをつなぎ合わせようとする試みがなされた。具体的には、西と東の政治学者たちの間でおこなわれた対話が特に世界政治学会（IPSA）によって制度化されたのであり、これは当時の冷戦状況を考慮すると、とりわけ重要であった。

もう一つの潮流とは、北大西洋に起源を持つ米国の「行動科学革命」である。これは、特に30年代・40年代に北大西洋を越えた数多くのヨーロッパの政治学者によって率いられている[12]。この「革命」は新しいパラダイムの母型として非常に生産性が高かった。比較政治学のような政治学の新たな支流を作り出し、システム理論のような新しい諸理論を領域横断的な方法で発展させ、そして多変量分析やコンピューターを活用した将来のモデル設計などを含む、新たな方法論を発明した。50年代・60年代において政治学は発展を遂げる。それもこの「革命」により、北米が発展のための主要な基軸となったお蔭なのである。

「行動科学革命」は一定の条件の下で、政治分析の発展に以下の

ような多大な貢献をした。

  a）概念の操作化において、仮説の定式化をより精緻なものにした。
  b）データに関して、質が管理され、標準化されたものを収集し、またそれをシステム化して保存するという点で、この学問を蓄積可能なものにした。
  c）複雑な変数の相互作用を扱うシステム・モデルの精緻化を可能にした。
  d）非常に利用価値の高いコンピューターを使った方法論の基礎を開発した。
  e）「政策科学」の発展を通し、政治学および頭角を現した計画立案のための方法論との架橋を可能にした。

しかしこれら発展はすべて、50年代・60年代の成長期間すべてにおいて実現可能であった特定の条件と特定の環境背景においてのみ、高い妥当性と効率的な適応性を持つものであったが、実はそれは一連の前提に基づいていたのである。それらの条件とは、以下の三点である。

  ア）研究の対象となっている現実に均質性がある、もしくは最低限の収斂が見られること
  イ）システムのノイズが小さいこと、ならびに標準化された高品質のデータが集めやすいこと
  ウ）システムを維持しかつ質的な変化の可能性を最小に抑えるフィードバックの存在を保証するに充分なほど、システムの状態が平衡状態に近いこと

前述のe）で触れた政策科学の登場は、種々の社会的・自然的な環境背景の中で、計画・管理・命令・監督をおこなうための方法論の発展に寄与した。その結果として政治学は、支配的だった権力闘

争のモデルから、地球的な問題の解決を志向するようになった。しかしその登場は一方で、技術官僚的なアプローチが有効となる上記で示した三つの条件が揃っている状況に関しては（言い換えれば、権力要因の間での複雑で不確かな相互作用の介入が最小限に抑えられている非危機的な理想状態について）、妥当性の幅と分析能力を実際に制限することになったのである。

その制限が何であったにせよ、政治学の国際化は50年代・60年代に、行動科学「革命」の副産物として起こった。「行動」科学を伝播させようとする米国の国民を挙げての努力の一端として、研究者集団だけではなく、米国政府や私的な財団までもが、政治学の輸出に尽力するという事態が生じたのである[13]。

社会科学一般、特に政治学の国際化を図ろうとするヨーロッパの人々の努力は50年代以前から始められてはいたが、その努力は専ら自らの植民地に集中しており、また大学システムを通じておこなわれるものだった。それに対して米国人による社会科学とりわけ政治学の国際化への取り組みは、そのグローバルな性質と、大学を超えた広い制度的な基礎に基づいておこなわれたこと、の二点に特徴がある。

この時期、世界政治学会（IPSA）は、東と西に分かれたヨーロッパの政治学者達の諸コミュニティーを、また北米の研究者達をまとめるという、二方面の橋渡し役として機能した。しかしＩＰＳＡは、第三世界における政治学の発展という仕事を主要には北米の伝播主義的な主導に任せ、東西のヨーロッパに対しては非常に限られた程度にしか影響力を持たせなかった。

8　世界危機と北米政治学

　国際政治学の世界危機的局面は、アメリカ政治学のパラダイム的な発展における転換とともに幕を開けた[14]。「政治学の新たな革命」に言及したＩＰＳＡ代表デイビッド・イーストンの挨拶に象徴されるように、70年代の米国には、修正主義の傾向が現れた。それは操作化と数量化を超えて、社会的に「有効性のある」政治学の発展を目指すものであった。この新たな傾向は、次の三つの方向性によって特徴付けられる。

　　ａ）ある因数集合を、社会的に非常に高い妥当性を持つ問題群を最も良く代表するものと判断し、それに基づいた厳密な方法の使用を手段とする、政治的現実の批判的分析によって実証主義を超えようとする試み。これには、提起された変数集合について適切な質問をするような、「政策科学」を超えようとする試みをも含む。

　　ｂ）より複雑で有効性の高い理論の構築を目指す、他のパラダイムや学問領域との対話の試み。これは例えば、「帝国主義論」に言及することや、「従属論」を統計的に検証すること、といった米国の国際政治学者達による試みも含む。

　　ｃ）より広範囲かつより適合性のある理論的・方法論的基礎に根差した経験的な研究を構築しようと試みる、政治分析の根本それ自体に関する理論的で方法論的な探求。これには例えば、国際研究の弁証法的なアプローチの妥当性と可能性を探った試みの一つとしての、Ｈ・アルカーの『ツキュディディスの弁証法的論理学』が含まれる[15]。

9　世界危機と西欧政治学

　他の地域では行動科学主義が普及し、その支持者と他の学派のメンバー達との間で討議がおこなわれた後、70年代・80年代には新たな段階に達したと見受けられた。つまり新しい北米パラダイムの一方方向の拡散・普及に取って代わり、前述した三学派による多様なパラダイム間でのより多面的な相互作用と横断的知的豊饒化とがもたらされるようになった。弁証法−構造主義が行動科学主義的−機能主義に与えた影響についてはすでに触れたので、ここではこの後者が前者によって吸収された、とする正反対の事例を取り上げる。とりわけ、ブラトスキーの『レーニン、国家、そして政治』の真正にマルクス主義的な政治分析に中に、「政治システム」と「文化」への言及を見ることができるのである[16]。

　制度的な点について言えば、三つの主要な学派間の交流と融合を可能にし、かつそれを促進させた功績に関し、世界政治学会（IPSA）が担った役割を強調すべきであろう。同団体はすでに50年代からこうした役割を担っていたのであった。しかしながら三つの学派が、ポスト行動科学主義の文脈での単なる論戦において各々の学派を補完することに終始していた状況を超えて、相互間の実りある交流と融合が始まるのは、20年間という長い準備期間を経た後のことであった[17]。

10　世界危機と非西欧政治学

　70年代と80年代のもう一つ重要な側面は、第三世界の政治学の登場である。世界中枢極、つまり北米からの政治学パラダイムの受

容と吸収を超えた、相互に強化し合うような二つの潮流が南から生まれつつある。一つは、北で訓練を受けた政治学者達による試みであり、中心からの知的な習得を超えてより内発的で地域的妥当性を持つパラダイムを確立する試みである。もう一つは、多くの第三世界の経済学者や他の社会科学者達に起きていることだが、世界危機やそれが各社会へ及ぼす大きな影響の経済的局面および社会文化的局面を分析する際に、政治的権力が如何に重要な役割を果たすのかを彼らは強調するので、本人達が意図せずとも政治学者になってしまう傾向である。

それぞれについて一つだけ例を挙げるとすれば、国際政治学の伝播と受容の過程を乗り越えようとする政治学者たちの努力として、国民的現実に基づいた新しい民主主義の理論を確立しようとした、ランドルフ・デイビッド（Randolf David）と東南アジアの彼の同僚達がいる[18]。またサミール・アミン（Samir Amin）のネイション建設またはトランスナショナル化についてのプロジェクトは、国家の役割と種々の社会的カテゴリーの間での権力関係の役割を、アフリカの経済的危機に関する地域的な研究の中心に据えている[19]。

11　70年代・80年代における政治学の制度的側面

制度的見地から見ると、各種財団が概して拡散・普及アプローチを支援し続けている一方で、ユネスコや国連大学といった国際機関は、第三世界の政治学者による各々の出身地域に関する内発的な研究と考察の発展のために、体系的な支援を提供している。世界政治学会（IPSA）もまた、地域的な政治学会を設立しようと積極的な役割を果たしている。しかしながらこうした制度的な活動が、南に対して政治学を普及し伝達するという、50年代と60年代のパターン

をなぞっているのか、それとも世界危機の地域特有の含意に直面した研究者達が党派を超えた体系的な対話のネットワーク構築しているのか、が明確にされるべきである[20]。

これらの点をまとめ、70年代・80年代の「政治学専門職」の状態について制度的な局面を強調するために、次の点を指摘したい。

  a）行動科学主義政治学が世界中に広がった成長の二十年に続いて、70年代・80年代は三つの学派の間での活発な対話によって特徴付けられる。これら対話は、世界危機の研究をおこなうためのより妥当な理論と方法論を求めた、と言える。

  b）この探求のために、第三世界もしくはより広く非西欧の政治学者は、（意識的に政治学という専門領域に属しているかどうかには関わりなく）自らの国内の特有な状況により適合的かつ内発的なパラダイムを次第に求めるようになっていった[21]。

  c）しかし北米には、いまだ伝播主義（普及主義）への強い傾向が残っている。対話の傾向は、いまだ弱い。世界政治学会（IPSA）はこの文脈の中で自らの役割を見つけなければならない。

12　ＩＰＳＡの役割

これまで見てきたように、第二次世界大戦後の政治学の発展は、種々の組織による政治学への制度的な支援の広がりによって特徴付けられてきた。大学は今なお研究者を再生産する主要な機関であり続けているにせよ、それに加えて、諸政府や諸財団、国際組織や国際的な学会がそれぞれ明確な目的を持ち、自らの役割を果たしてい

ることが分かった。

　諸政府や諸財団（そして時として大学も）が、特定の国民的利益あるいは脱国民的な利益を代表しているのに対して、これらの機関によって組織された国際的な学会やネットワークでは、特定の利益を超えようとしている。

　これまでの検討で、われわれは危機の時代において、地域特有の現実が特に重要な意味を持つということを理解した。そのような文脈において政治学者は、世界の異なった地域で特有の価値観に敏感であるべきで、しかもこうした利益を近視眼的に捉えるのではなく、グローバル・システムの利益との関係で捉えることが必要である。危機の時代にあって、すべての政治学者が「価値中立」であると考えるのは現実的ではないし、またそれはおそらく妥当性を欠くことにもなるかもしれない。もしも世界政治学会（IPSA）が考え方だけではなく、政治的な行動についても異なる学派の研究者達の参加を受け入れるべきであるとすれば、全体が共通に同意できる一連の規則が是非とも必要になるだろう。

　現在の世界危機を考慮すると、次の三つの原則（一つの大前提規則と二つの応用的なもの）が基本的に重要であるように思われる。

　　　a）一方で、（自己のデータベースやパラダイムの選択に関して開かれていることを含めて）科学的探究の規範にたいして普遍的に介入することと、他方で、そのことを基盤として自らのパラダイムのすべての局面に関する多様性を受け入れること（すなわち研究対象・概念枠組み・方法論・妥当性の基準の容認）、の両方を併せ持つことが必要である。

　　　b）これはとりわけ多元主義を意味している。その多元主義とは、一方でありうるかもしれないパラダイム転換に開

かれている革新的なアプローチを拒絶しないものである。他方で研究者達の共同体として、共通の財産である特定のパラダイムを受け入れて作業を進める専門家達の努力が積み重なって生み出される研究成果を尊重するものである。

c）これもまた多元主義を意味している。つまり研究者の多様性である。研究者の中には、資金提供者や所属団体からの影響力には関知せず、自己の研究に没頭する者もいれば、既存の組織から共同研究のためのチームを自由に組む者もいる。さらに、共有する価値観・問題意識・研究関心に基づいて、諸機関と共同で研究する研究者も出てくるであろう——そんな様相である。

世界政治学会（IPSA）は、過去の研究成果に基づいて研究活動をおこなえるような中心部では、研究者の自由な連携を促進し、他方周縁部では、国際的な機関との共同研究を促進することの両方ができる必要がある。これにより、中心部で蓄積された一般的な科学の研究結果の応用のみでは解決が困難な地域特有の問題に、独り直面している研究者達の間での対話を促すことが可能になる。

世界政治学会（IPSA）は、北と南・東と西と言った世界の異なる地域間の国際的で協調的な（伝播主義的でない）研究プログラムを立ち上げるべきである。それは、グローバリズムへ向かう特定の価値に関与するためではなく、世界危機に直面している今、国際的な共同研究こそが、グローバルな潮流と地域特有の現実とを関連付ける総合的な視野を得るための、唯一の方法だからである。

このパラダイム的、地理科学的、制度的な表現に沿ってこのプログラムをどのように構築するかは、この問いかけにいかに答えるかに掛かっていると言えよう。

危機とは「危険」と「機会」の両方である、という中国の定義を受け入れるべきである。世界政治学会(IPSA)は「危険な」状況の被害者としてではなく、「機会」を有効に活用するために、世界「危機」と社会科学の「危機」に立ち向かわなければならない。これは、より良い政策を練り上げることや危機を超えたところに存在するより良い世界を築くことに貢献したい、と願い危惧しながらも参加する研究者達の共同体に対して、危機が与えてくれた機会である。政治学の貢献は、相当に強力なものでなければならない。なぜなら、危機は政治学の好機("koiros")であり、政治的な過程によってのみ乗り越えることができるからである。正にこの意味で、世界危機は政治学者が自らの役割を果たし、研究者としての使命を全うする絶好の「機会」なのだ。

第4章　政治発展の比較学と比較政治学の発展

序　論

本章では、次の二つの単純な問いを提示することから始めたい。

　[第1の問い]もともと西欧社会における政治発展に対する観察の結果から抽出された概念や範疇、理論的構成概念などを使う比較の枠組みを用いることによって、非西欧社会における複雑な政治発展を理解することは可能であろうか？

　[第2の問い]前記第1の問いに対する回答が「否」となる場合、それでは非西欧社会における政治発展の現実について正当な説明をするためにより適した概念や、範疇・理論的構成概念を伴う比較分析の枠組みは、どのように構築できるのであろうか？

　これら二つの問いに対しては、日本の政治学者達の業績のいくつかの例によって、部分的には回答が与えられることになるであろう。日本の政治学者達は、日本の政治発展についてより良く理解するためには、西欧式に代替する概念や範疇、理論的構成を新たに提起することが必要であることは理解していた。筆者としては、こうした例を挙げて論及したい。もとよりそれがそのまま前記の二つの問いに対して、とりわけ第2の問いに対して最終的な回答になるとまでは主張する気はない。とは言えそうすることが、比較のためには非単一的な文化的枠組みが必要であるという点に比較政治理論家達の

注意を向けさせるには、有用ではないかと考える。西欧中心的な論理の枠組みは、現在、益々その重要性を失いつつあるのだ。

　本章の実質的な議論に入る前に、「比較主義」について理論的・方法論的要点をいくつか確認しておくことが必要であろう。

　先ず、先ほど発した第1の問いを有意義なものにするには、そこでの「比較」の意味を、次のように理解することが前提になる。つまりその場合の「比較」とは、比較をする対象の間（われわれの事例では、西欧と非西欧の政治発展）に存在する類似性と差異を比較する試みのことであり、その際、各対象——つまり各社会——を特徴付けているなるべく多くの側面を考慮しながらおこなわれるべきだ。

　仮に「比較」と言う用語が、ただ一つの対象物を他のすべての対象物の尺度とするという意味でしか定義されないとすれば、第1の問いそれ自体が無意味になってしまう。尺度として用いられたその対象が完全に普遍的に有意味な性質を持ってこそ初めて、比較に対するこのようなアプローチは有効となる。そのような性質すべてを持たない限り、比較はもはや普遍性を持つとは主張するべきではない。その場合の比較とは、その尺度と他の対象との距離を測定するだけのものになると認識すべきである。

　この明白な点を筆者が強調するのは、多くの比較政治研究が無意識的にこのような単一尺度的アプローチに基づいておこなわれてきたからである。例えるなら、厳密な量的比較研究は西欧社会を近代性の尺度として用いることによって、「近代化」と言う用語を「西欧化」と同義語としてしまう目的にのみ奉仕してきた、と言えよう。このような尺度が、近代化に伴う非西欧的特徴を制度的に排除してきたのである。本章では、この主題に関する日本の研究に論及することにより、この点を明らかにしていく。

学問科学の世界では、ある普遍的な命題に対し命題に背く反例をたった一つでも挙げさえすれば、その命題の無効を証明することになると言われている。そこで次にそのいくつかの例を提示してみたい。その意味は、もし非西欧的概念・範疇・理論的構成概念を採用することによって論議領域がより豊かに広がれば、多次元的な尺度を用いることが可能となり、それによって西欧社会と非西欧社会の政治経験に関して遥かに意味のある比較が可能になると言うことなのだ。

個々の社会で使われる政治言語は実際には普遍的ではないにもかかわらず、単一尺度的アプローチの基本をなしているものは、政治分析において使われるメタ言語は普遍的な言説であるという無意識的な前提である。この主張は形式的には充分根拠を持つとは言え、現実には政治学において使われるメタ言語は、歴史的に西欧の政治的言説から進化を遂げてきたものである。われわれが主張したいのは、非西欧の政治的伝統も同様に概念・範疇・理論的構成概念を提供できるし、さらにこうしたものがメタ言語の語彙に融合されるならば、とりわけ比較政治学における政治分析をより豊かでより意味深いものにすることができるであろう、と言う点である。

1　発展、進化、拡散・宣布【Development, Evolution and Diffusion】

1945年の敗戦に続く日本の急速な経済発展は、近代化と発展に関する論争のための豊かな土壌を提供した。日本の政治学者達に課せられた最も困難な課題の一つは、日本の政治発展の定義であった。それは、事例としてそれ自体が興味深いものであることにとどまら

ず、事例としてその特徴が近代化の比較に関して普遍的な枠組みになりうるものとの評価を受けることが望ましかったのである。

　実際、日本で1950年代から1970年代までの30年間を生きた研究者の多くが、日本の発展と近代化の複雑性と両義性に関してより充分に説明しうる理論的概念枠組みを構築しようと努力を傾注し、それは特に政治的側面で顕著だった。こうした試みは、日本の発展に関する「成功物語」を謳うためと言うよりも、外国の研究者達の論争を超えて、この経験が現実にどのようなものであったのかをありのままに分析するためになされた。

　1960年代と70年代の日本において西欧の近代化理論に対する批判が発展してきたのは、このような知的環境においてであった。こうした批判の典型的な例としては、鶴見和子による比較研究〈西欧的近代化論と柳田國男のアプローチの比較〉を挙げることができる[1]。柳田は、内発的近代化論を構築しようとした日本の民俗学者である。鶴見によれば、柳田と西欧パラダイムとの間には相違点が七つある[2]。

　第1に、西欧の通常科学パラダイムと柳田のアプローチの間には、科学的調査研究に関してそれぞれが認識している目的が根本的に相違している。西欧の社会科学においては、科学的調査研究は価値中立的であるとされる。それに対して柳田は、科学が社会に役に立つ必要性を強調する。科学はより良き社会を構築し、個々人の安寧を促進するのに有用なものであるべきだとするのである。

　第2に、歴史を非連続と見るか、連続と見るかの対立に関しては、西欧の通常科学は19世紀の"段階理論（stufentheorie）"に忠実であり、その非連続性を前提にしている。それとは対称的に柳田は、発展過程における過去との連続性を強調する。柳田によれば、社会面・心理面の両方のレベルにおいて、原始・古代・中世・近代は、

それぞれを互いに明確に分離することはできない。それらは、同じ社会において並存し、共存さえしている。例えば近代社会においても、中世や古代、あるいは原始のものがいまだ優勢であるような具体的な分野を見出すことができる。

　第3に、近代化に関する西欧の支配的な社会理論の多くが先述の段階理論、つまりすべての社会は予め定められた段階をたどっていくと仮定している発展の単一路モデルを引き継いでいるのに対して、柳田國男はそれぞれの社会における特定の文化的遺産が「社会変容」の推進力であると考えており、それらが同じように発展すると言う主張を受け入れない。それゆえ柳田は、径路が複数あることを前提としている。

　第4に、西欧の理論によれば近代化は外発的な要因によって引き起こされると仮定されているのに対して、柳田は内発的な要因が近代性へと至る社会変動を決定するものだと考えている。言い換えれば、柳田にとっての「近代化」は伝統の刷新であり、それ故「西欧化」とは全く異なるものなのである。なぜならばそれは、「民衆の伝統」が民衆自身の中で硬直化してしまったものを拒否し、伝統文化の中にそれまで隠されていた核となる中心的特徴を意図的に再評価する過程であるからだ。要するに、「近代化」は「内発的」でしかありえない。

　第5に、柳田にとって近代化をもたらす社会的な力は、「常民」（西欧化にほとんど晒されることのない庶民で口承伝統の語り部）であり、西欧理論に登場する近代化や産業化のエリートではない。柳田によって用いられたこの「常民」と言う概念が、インケルスの「平民」【common man】概念と異なるのは、「常民」が「平民」のようにエリートによって変化の対象にされ、近代人へと進化を遂げると言うものではないからである。それはむしろ、トップダウンの操作を

拒否する社会過程の「主体」である。常民は、例え西欧文化に晒された近代化エリート達の知識を持たないとしても、知恵を持ち、彼自身の道を見付け出すことができる。それこそが、民衆の伝統なのである。

第6に、西欧の近代化理論が知的認識の制度として「イデオロギー」を強調するのに対して、柳田國男は人々の実質的変化や、集合的な感覚や動機に影響を与える精神生活パターンの変化が重要であると強調する。柳田によれば、民俗学は研究材料として「視覚文化」・「口頭（オーラル）芸術」・「精神現象」を使う。初めの二つは、民族学研究の究極の対象である三つ目をより良く理解するための手段でしかない。「精神現象」には、「認識」や「感覚」・「信条」・「知識」も含まれる。

第7に、西欧の近代化理論が、伝統社会に見られる「共同体」志向に対抗する「個人」の独立性を近代化の指標として強調するのに対して、柳田は「共同体」を「個人」と対立するものとしていない。柳田にとって、「共同体」はすべて「個性化」"individuation"の過程をたどるものである。「共同体」がその「個人」に対して抑圧的になりうることは確かであるが、しかしそこではさまざまな人間の相互作用が起こり、個人の社会的「役割」を豊かにする場にもなりうる。このことが、柳田としてはテンニエスからパーソンズに至るまでの西欧で一般的になされてきたような「共同体」（ゲマインシャフト）と近代「利益社会」（ゲゼルシャフト）の対置を受け入れない理由となっている。

西欧の通常科学に対して柳田と鶴見和子が上記七点に亘っておこなった解釈の範囲を広げる問題提起は、西欧の近代化理論に対する安直な拒否に過ぎないものとみなすべきではない。非西欧諸国の近代化は徹頭徹尾「内発的」であった試しはないとか、「近代化エリー

第4章　政治発展の比較学と比較政治学の発展　105

ト」が担った役割が何もなければどんな発展もなかった、などの反批判を含む議論を展開するのはいとも簡単であろう。しかし柳田國男と鶴見和子による批判から引き出すべき重要なことは、両人が多次元的な空間を押し広げたと言う事実であり、その空間内では、それぞれに異なる「近代化」を達成しつつある社会の位置を定める際に、経験的証拠に基づいてそれがなされなければならないという点である。

　一方で、科学は価値中立的であるべきということが正に前提とされてきたのだが、非西欧の多くの学問的伝統において見出される近代化に関する価値明示的な研究は拒絶されるべきではない。

　西欧においては発展の径路は単一であると仮定されてきたのに対し、今や所与の社会が西欧的な径路をたどるのか否かを明らかにすることこそが、経験的に検証すべき問題となっている。

　非連続性と（発展の）諸段階が西欧の観察者の注意を引いたのに対し、今や非連続性と連続性の両方を明らかにし、それぞれの社会において異なる側面に対応するそれぞれ異なる段階を特定することが提起されている。

　西欧の理論においては外発的要因のみが考慮されていたのに対し、今や近代化の外発的要因と内発的要因の両方を、特定の歴史的状況によって両者の混合の程度が明らかに異なることをも含めて、明確にすることが不可欠であると考えられている。

　近代化は近代化エリートの指導力の結果であると仮定されてきたのに対し、今や一般庶民"the common people"の指導力の可能性をも否定することなく、全社会階層の役割を経験的に明らかにすることが提起されている。

　知的偏向により情動の重要性が過小評価されてきたのに対し、それぞれの具体的な場面において、認識的傾向・情動的傾向の両方の

影響力を明らかにすることが不可欠と判明した。

近代化は個人を共同体との紐帯から切り離すものと仮定されていたのに対し、それぞれの事例において近代化の過程で起こる共同体と個人の複雑な相互作用を明確にすることが必須であることが明らかになった。

要するに、柳田と鶴見による批判は、近代化理論の論議領域を広げたものとして理解されるべきなのである。こうしてこれまでより広い分析空間が定められ、その中で近代化する諸社会のさまざまな経験を、情報をあまり失わずに位置付けることが可能となった。

2 「非西欧」における「政治学」と決定

前節で言及した七点は、二つの問題系へとまとめることができる。一つは、近代政治の誕生とともに開始された政治発展の過程に関するものであり、もう一つは、意思決定における近代的合理性に関するものである。

よく知られているように西欧の啓蒙主義が説く進歩の概念は、ダーウィンの進化論主義とドイツ歴史主義の段階理論を介して近代化と「発展」の理論へと至り、それに基づいて「政治発展」の理論が作られたのである。

柳田と彼に続く鶴見は、西欧の近代化理論の基本的前提である（a）単一径路と言う前提、（b）非連続性の強調、（c）拡散説、と言う三つに疑問を投げかけた。ある意味で、それらの前提は相互に密接に関連している。もし社会の進歩が適者生存の権力闘争によってもたらされるものならば、歴史とは、前の段階における最適者が後続のそれによって取って代わられる非連続的な段階によって作られていることになる。地理的には、このような適者生存のルールは

西欧から非西欧へと拡張し、そして世界の低開発地域を次第に取り込むこととなった。

仮に、これらの前提がすべて充分な根拠に裏付けられた時に初めて、本章導入部で提起した第1の問いが普遍的に正しいものとしてまかり通るとしてみよう。実際問題として、もしこれらの前提が真実であれば、近代政治システムは西欧から発する「拡散／宣布過程」によって構築され発展したことになり、その過程とは、より近代的な社会的範疇である近代化推進エリートが権力をめぐる競争に指導権を発揮し、政治発展と近代化（つまりは西欧化）という唯一可能な方向へと導くものと定義できる。

さてこうして、導入部での第1の問いに肯定的に答えようとする際、考慮すべきもう一組の議論がある。それは政治発展と近代化は、近代的官僚制の登場、つまり近代的手段—目的合理性の適用を通じて社会的・経済的・政治的過程を管理し制御する一連の組織の登場、を意味すると言うものである[3]。仮にこれが真実であるとすれば、西欧は発展過程のモデルかつ目標となりうることができ、その過程で非西欧の非合理的な制度が合理的な制度に入れ替わることになる。しかしながら、もともとの「非西欧」と「西欧」の官僚制度は、両者ともにおしなべてゲームのルール、即ち「近代的合理性」に基づいて機能しなければならない筈なので、それらの違いと言っても本質的なものではないと言うことになるであろう。

上述の前提は多くの西欧（そして非西欧）の研究者達によって、普通本人達が意識しないまま作り上げられてきた。それらは一般的に、西欧の理論に広く行き渡った次のような信条に基づいている。

　　a）鍵となる決定的な役割は、近代化エリートによって演じられる。
　　b）近代化エリート達は個人の集団であり、その「イデオロ

ギー」は価値中立的であるとされる。
  c）これらの近代化エリートは西欧の「知識」を力として用いて、新しい型の支配、即ち近代的手段―目的合理性をその組織・運営・管理の基礎とする官僚制を深化させる。このような官僚制は産業革命が進展していく際に、技術官僚制支配となる。

 これらの条件への反例を考察すると、もし近代社会における「合理性」がそれぞれの社会で同じ論法に従わず、官僚制や技術官僚制が異なった決定ルールに従うならば、その場合もまた、官僚制や技術官僚制が近代性に近付くに従って西欧の両方の制度に似るに違いないと仮定することは誤りとなる。こうしてわれわれ自身が発した最初の問いには、再び否定的に答えねばならないであろう[4]。

 こうした理由故に、本章の次の二つの節3、4では日本の政治学における次のａ）、ｂ）の研究例に焦点を当ててみることにする。
  ａ）西欧の「適者生存」権力闘争モデルに基づかない、日本における代替的な政治過程理論の労作
  ｂ）西欧の「近代的」手段―目的合理性モデルに基づかない、日本における代替的な意思決定理論と決定理論の労作

 これら二組の一揃いの理論を提示することにより、われわれは本章の導入部で示した第２の問いにどのように答えられるのか、つまり代替的な分析枠組みの可能性についていくつかの例を示すことができればよいとも願う。

3　西欧の制度と非西欧の宇宙論

 日本では政治発展に日本特有の状況があるため、西欧の政治学者達にとっては自明とされる問題について日本の政治学者達はしばし

ば問わなければならなくなる。日本は明治維新以来、西欧から導入された外発的政治制度が日本の内発的政治文化と共存しているという事実から、政治分析の際にはこれら二者間を横断し、一方から他方へと絶えず参照することを余儀なくされる。

1945年の敗戦後間もなくの丸山眞男による日本の「ファシズム」に関する研究は、日本の「ファシズム」の特殊性を鮮明に描写し、近代日本社会の特徴を村落共同体から天皇に至るまで分析した[5]。法社会学においては、川島武宜が日本社会の「家族構造」を強調している[6]。もう一つの研究動向は、上山春平のように中国から輸入された制度として日本の伝統的国家を振り返ることによって[7]、あるいは丸山のように、18世紀の日本の政治思想に近代性の起源を探ることによって、日本の「近代国家」の起源を探求するものであった[8]。丸山の場合、18世紀に荻生徂徠が政治的秩序を人間によって作り出された虚構として見るべきだ、と提起した点に注目したのである。

これら二つの事例において、上山と丸山は「近代国家」の内発的な起源を探っている。その近代国家という制度の法的構造や行政機構は、西欧から導入されたものである。

われわれは京極純一の著作の中に、日本政治のモデルを構築しようとする試みを見て取れる。それは先に言及したような、一方で「西欧から輸入されたもの（西洋舶来）」であり、もう一方で極めて「日本的なもの」であるとして、その二重の性質を捉えている[9]。

京極による図式は、日本人の政治生活に関する京極自身の観察に基づいている。その内容は（1）一方では西欧から得られた一連の政治的制度と政治知識であり、そして他方では（2）日本人の「意味の宇宙」あるいは「宇宙論」であり、（1）（2）は連結している。後者のイメージは「秩序」あるいは「ノモス」のそれである。そうし

たものの正当性の根拠は、日本社会に長い間続いてきた伝統——その起源は時に日本人のアニミズム的な世界観にまでたどることができる——にあるとする。

一つの典型的な例は、アニミスティックな「宇宙論」である。そこでは人類がその位置に応じて宇宙的生命の発展に参加するのである。京極は日本の政治において用いられるさまざまな民衆的概念が、この宇宙論の一部に連なるものとして考えている。京極によればこの民衆概念は、二つの組に類別可能である。具体的には、（ア）内集団の調和に関するもの、（イ）外集団との危険を冒す可能性のある競争を表現するもの、である[10]。

同様の思考の延長線上で、石田雄は日本の政治文化を「同調」と「競争」の共存という観点から研究している。この二つの概念は、ともに生命宇宙エネルギーを崇拝していたという共通の起源を持つのである[11]。宇宙的生命の生成に参加するということが意味するものは、一方では、自己の生命の充実のために他者よりも抜きん出ようとすること、つまり「競争」である。また一方でそれは、自分の外で生まれるものに順応させること、つまりは「同調」をも意味する。

京極も石田も、閉鎖的な村落共同体では長い間このような「宇宙論」が村落内部の調和の維持に大いに関係してきた、とする一方で、現在においては近代都市中枢ではそれが新しい機能を果たしつつある、という見方を共有している。つまり伝統的な村落共同体においては、「同調はこの宇宙論によって保障されていた」のであるが、都市化の傾向は新たな競争への参加を強いる。巨大な都市中枢、とりわけ東京においては、疑似家族や疑似村落がさまざまな分派を形成する。例えば複数の内集団は同調主義を通じて内部の結束を強化するが、同時に相互には非常に競争的である。また他の分派は外集団を形成し、そこでは競争が規則になっていた。これは中根千枝が「タ

テ社会」と呼んだものの根本要因である。つまり「ヨコ社会」では、階級内やカスト（身分制区分）内でのより激しい水平的流動性が存在するのに対して、「タテ社会」では疑似家族と疑似村落内において上下の移動がより振幅の広い垂直的流動性が存在している。

実際、日本は重要な社会変動を数多く経験してきた。社会的結合の伝統的単位である家族と村落は、「近代化」と「都市化」という押し寄せる潮流に直面してそれぞれの伝統的な結束を保持することはできなかった。とは言え、大都市における激しい競争は西欧の場合とは異なり、個人を巻き込んで共同体的紐帯から個人を引き離すということにはならなかった。むしろ競争したのは疑似家族や疑似村落の方であり、しかもそうした競争が共同体的紐帯を崩壊する要因には至らなかった。次節では、日本の社会と政治体制がなぜ「近代化」と「都市化」の強い影響下にあってさえも共同体的結合を保持できたのかを、神島二郎に従って見ていく。

4　政治体制形成の類型[12]

神島によれば、社会は「分散的」（divergent）社会と「収斂的」（convergent）社会の二つの類型に分類することが出来る[13]。この区別は言語の分類と一致する。つまり分散的言語の典型例である近代の西欧言語は、共通のインド・アーリア語から派生し、イタリア・ケルト語やドイツ語へと多様化する過程で進化し、さらには一方でラテン語やブリタニック語（英語）、もう一方では、西・北・東ドイツ語へと多様化していった。

収斂的言語の典型例である日本言語の例について言えば、言語学者の間で日本語の起源に関してこれまで意見の一致は見られなかった。種々の仮説のどれであれ、決定的な主張を提起できた者は一人

もいなかった。北に目を向けて日本語をウラル・アルタイ語族に結び付ける者もいるし、中国南部に目を向けるものもいるし、またある者はマレー・ポリネシア語族や、さらに南インドのドラヴィダ諸語にさえ目を向ける。神島の論点は、日本語は異なる起源を持つ多様な言語の収斂によって形成された言語であり、それに対して単一の起源を求めることに意味はない、と言うことである。

　分散的言語の社会的な背景にあるのは、「適者生存」原則に基づいた言語選択の過程である。それはつまり、征服者の言語を被征服者に押し付け、支配者が被支配者に対して彼ら自身の現地語をどの程度保持してよいかを決定すると言うものである。

　収斂的言語は、支配者と被支配者の間の対立が不鮮明で、被征服者の文化が征服者の文化に統合されるような社会において形成される。

　これが、神島が権力闘争（万人の万人に対する戦い）［bellum omnium contra omnes］の原則に基づいた西欧的な政体形成のパターンと彼が帰響と呼ぶ日本的な政体形成のパターンとの区別を提起する理由、である。帰響とは、収斂に基づく一原則であり、社会全体の「生」、つまり社会全体の「生成」へ共同で参加するというアニミズム的態度、のことである。帰響を大ざっぱに翻訳すると、「支配者と被支配者の間で共有された情動による支配」と言う意味である。

　これは、権力闘争と適者生存の思想に「正反対に」対立する一原則である。その意味において、神島の政治哲学は日本の進化論に非常に近い。この進化論は、異なる種の間で相互に他の種を絶滅させることを最小限に抑え共棲することを可能にする「棲み分け」を強調した今西錦司が発展させた理論である[14]。

　神島二郎は政体形成についての他の諸原則も提案している。その諸原則は、「ハードな」原則から「ソフトな」原則へと至る連続体の

途上のどこかに位置付けられるのである。その最もハードなものは、西欧の「権力闘争」の原則であり、その最もソフトなものは日本の帰嚮原則である。神島はそのような他の原則を、「自治」「統合」「カルマ」と呼んでいる。しかしこの分類の詳細については、ここでは立ち入らない[15]。

ここでは、丸山から神島に至るまで、日本の数多くの政治学者が、西欧の政治制度と日本の政治的宇宙論との間でおこなわれる複雑で繊細な相互作用を理解しようとして、より妥当な分析枠組みを探し続けてきた状況を述べるにとどめたい。

その過程において、多くの西欧の政治学の基本的前提が再考され、それに限定が設けられてきた。また今までヨーロッパ中心であった政治学の論議領域は、日本の研究者が提起した概念・範疇・理論的構成概念によってより豊かにされた。

日本の研究者が政治学の発展に果たした理論的・方法論的貢献について詳細な説明をするには、紙幅が足りない。むしろわれわれは、研究の根源にある動機が何であったのかを明らかにしていくつもりである。

第1に、そこには非西欧世界の伝統的な政治文化の複雑な影響を研究することの必要性が強く感じられていた。とりわけ近代化の過程を通じて修正されたものとしての「宇宙論」や「政体形成のパターン」の重要性が強調された。

第2にそしてより根本的には、「権力」政治の役割について再考する必要性がある、との強い確信があった。日本の研究者達の多くは、非西欧世界における「政治体制形成」の過程に対してより現実的な分析をするためには、権力政治の重要性を否定することなく、「政治体制形成」に関わるその他の要素も明らかにされるべきだと感じていた。

多くの日本人研究者によってなされた上記二つの考察は、本章序論で提起された第2の問いにどのように答えることができるかを示している。その内の第1の考察による含意を汲み取るならば、比較分析枠組みは、すべてその外発的制度と内発的文化（そこでは「宇宙論」が強調される）との間で繰り広げられる複雑な相互作用を捉えようと努めるべきなのである。

第2の考察が示すものは、「人間社会」がどのようにそれ自体を「政体」へと組織化するかについて、政治学は性急に一般化すべきではないという、より根本的な提言である。権力は疑いもなく重要な要素である。しかしながらそれは、唯一の要素というわけではないし、あるいは最も重要な要素でさえないのかもしれないのである。

5　西欧と非西欧における決定と合理性

17世紀以来、ヨーロッパは合理性の本家本元であった。アイザック・ニュートンによって公式に表明された近代科学は、「絶対君主制の時代に全知全能の神の思し召しの下、合理性と言う『至上なる賜物』」であった。「『自然法』と言う西欧の概念は、それが醸し出す司法的・宗教的余韻から画然と切り離すことはできない。つまり知識は、神聖なる支配者たる神に帰しうる全知に倣って整理されるのである」[16]。

マックス・ウェーバーがいみじくも明らかにしたように、西欧的・近代的合理性は、特定の目的、即ち創造主による神聖な特権を満たすため手段の最適な選択を基礎としている。非手段的だが実質的であった伝統的合理性に代わり、近代的ヨーロッパの合理性が価値合理性【Wertrationalitat】と呼ばれる所与の価値の集合に言及しつつ、手段―目的合理性【Zweckrationalitat】【means-end rationality】と

して定義された。近代的官僚制は、政治によって決定された目的を満たすための最適な手段としてのシステムとなるように設計された「組織」である。この合理性が仮定するのは、ちょうど時計職人が正確な時計を作ろうとする場合、時計の働き方を決定する操作を加えるのと同様、いくつかの内発的な要因を操作することで世界は運営しうると言うものである。

ウォルター・A・ワイスコップを引用するならば、「古典経済学と新古典派の経済学の基調を成すニュートン信奉者のパラダイムは、古典派物理学や機械学において発展を遂げたパターンに従って経済を解釈した。それは惑星系・機械・時計仕掛けとの類推によるものである。つまりそれは閉じた自律的システムであり、その内部は高度に選択的な性質を持つ内発的要因によって支配されており、自己調節的であり、かつ限定された予測可能な平衡点へと移動する。」[17]

このような宇宙論を土台にして、近代西欧の合理性からは官僚制の技術的洗練化、すなわち技術官僚制がもたらされた。すでに他の箇所で指摘したようにこの近代合理性による支配形態は、次のような一連の仮定に基づき特徴付けられる。

  a）自然および社会は操作可能とする（実用主義的）。
  b）世界は分割可能とし、またその一部分のみの相互作用を規定し、他のすべての要素は等しいものとみなす（機械論的）。
  c）基礎的価値として、目的―手段合理性が卓越する（合理主義的）。
  d）科学的・技術的方法論を継続的に標準化する必要がある（均一化）。
  e）中央集権化された研究および技術官僚による、発展のための投資を通じて実現される科学と技術の永続的な成長

(中央集権化)[18]

　西欧から発した官僚制と技術官僚制は、今や非西欧世界に広がっており、近代化とか行政上の発展などと言えば、必ず「近代合理性による支配」が付随して想起されるようになった。

　この傾向は、政治発展の一部として現象的レベルにとどまるものではない。分析的レベルにおいても、政策科学が「計画」に対して及ぼす影響力は益々増強されており、それは「決定理論」によって保証されている。この理論は、ニュートン信奉者の絶対主義的・一神教的宇宙観を公式化するメタ言語を用いて、「決定」に関しての厳密な科学的処理方法を発達させてきたのである。例えばゲーム理論は、ミニマックス的合理性を備えており、この理論の典型例である。意思決定とは、上述の合理性へのアプローチによれば、前近代社会においては非合理的で恣意的であったものが、社会が近代化し、官僚制がそれ自体の役割遂行を向上させるに従い、益々合理的なものとなっていく筈である。それ故技術官僚制は、すべての問題を解決するには合理的な制度である筈だ。非西欧社会はそうした合理性を獲得することによって、発展し近代性への道を切り拓くことになるだろう。

　合理性に関するこの前述の単一理論は、現在世界中で疑問に晒されている。それは、この合理性へのアプローチでは解決されないままの問題、また解決不可能な問題が山ほど増えたためである。

　日本では、合理性と合理的意思決定の代替的な定義の模索は、遅くとも1950年代には政治学や他の社会科学の関心となってきており、それは西欧の政治学者・社会科学者がその問題に関心を向けるようになる時期より遥かに早かった。

　ファシズムに関してはさまざまな著者がいる中で、日本のファシズムに対する丸山眞男による古典的なファシズム研究は、1950年代

前半においてこれらの問題群を理解するための理想的な入門となった。丸山は日本のファシズムにおける意思決定制度を、「無責任の体系」と定義した。天皇という存在は、最高の意思決定者であるにもかかわらず、実際には決定を下すものとは位置付けされておらず、単に総体的意思の方向性を示すのみという矛盾した存在であり、それ故どのレベルの意思決定者であれ、自分には責任を感じられないようになってしまっているのである[19]。例えば巣鴨裁判においては、日本の戦犯達は誰一人として、中国の侵攻等の1930年代と1940年代に彼ら自身が下したどの決定についても責任があるとは思っていなかった。これは、ニュルンベルク裁判においてナチの指導者のほとんどが彼らの参加した主な決定について責任はあるものの、それらの決定は正当化されると考えていたのとは対称的である。

日本の指導者達は無責任であったとの見解を持てば、「決定は下されるもの」と言う西欧的前提が日本の政治においては必ずしも通用するわけではない、という理解に至ることはそれほど困難ではない。これが、細谷千博のような歴史家達が、日本においては一般的に決定は中級役員の指導力によって「形成される」、という事実を認識するに至った理由である。こうして細谷は日本における決定形成について、最上部が切り落とされたピラミッド・システムモデルを提起した。そこでは責任を持つ筈の最終決定者が一人もいないのである[20]。

このようなモデルが提起されれば、その後次のような問いが、当然生じてきた。即ち、最終決定者がいないのは、日本政治の特異な性格なのであろうか。西欧を比較の参照とする限り、日本は明らかに例外事例となる。非西欧世界においても、遊牧社会や田園社会、大規模の水上・(かつ、あるいは) 大規模の一神教的社会では、西欧と同じように、重大な決定を下すというリスクを負う最終的な決定

者が存在する可能性がある。しかし、水上生活をする小規模アニミズム社会においては、それら諸社会とは異なり、重大な決定を下す必要もない。そのような田舎の小共同体においては、強力な支配者が統治をおこなうことはない。毎年繰り返される季節労働では、不確実性の高い環境の下での重大な決定をおこなうような支配者ではなく、調停をおこなうことができる支配者が必要となる。つまり集約的耕作のためにすべての成員の協力と結束が必要とされる共同体であるので、集団的合意形成によって、調和を維持し社会的な不安定性を小さくすることができる支配者ということである。

　実地調査を待たずして結論を出すことはできないが、仮説として、稲作地域においてまた他の熱帯雨林地帯の一部において、日本社会に類似した社会が存在することを提起することができるであろう。これらの社会においての決定は、近代西欧の決定理論で仮定されているような、それぞれ異なる効用を持ち、明確に区別できる選択肢の中から選択する、との形式を採らない。

　この点に関連して、著者は西欧の接近方法と日本のそれとの際立つ違いを明確に表現しようとして、それぞれ「選び」あるいは「合わせ」による決定という二つの概念を提起した[21]。後者の場合「決定する」ということには、その共同体の集団的合意がどの辺りにありそうなのかを慎重に探し出すことが含意されている。そこには明らかに代替的選択があるが、それ自体が有益であったり無益であったりはしない。重要なのは、共同体の成員達の（特に主要な成員達の）しばしば曖昧で、あまりはっきりとしない好みである。政治の指導者たる者は誰であろうと、その（主要な）成員達と交流し、好みが異なる複数の選択肢を調整し、共同体全体が目指す「決定」の方向にじわりじわりと近付いていき、遂に「決定」それ自体を見定めなければならない。

著者は、実験的なゲーム状況を観察して、日米の大学生が採用する決定ルールには重要な差異があることを発見した[22]。

そこから得られたことで気付いた諸点のみを述べれば、

　　a）米国人学生は日本人学生に比べて、より頻繁にミニマックス・ゲーム合理性に基づいてその決定を下していることが明らかになった。

　　b）米国人学生とは反対に日本人学生の選択は、自分自身の選択よりもむしろ相手の選択に対して一貫していたことが明らかになった。つまり米国人学生が自己一貫的であり、相手の選択に反応することがより少ないのに対して、日本人学生は相手の選択に反応してそれに合わせて決定をしていた。

　　c）交渉状況において、日本人学生が双方の役割期待を確かめることに熱心なのに対して、米国人学生は交渉下の問題点を特定化することにより関心を持った。

このような実験は西欧と非西欧の文化的な差異を主張するには十分な証拠とはならないかもしれないが、それは少なくとも「決定」や「合理性」に対して異なる接近方法を文化横断的に研究する必要性を指摘している。

決定スタイルと決定ルールが複数存在することは、比較行政学や比較決定理論・国際関係論において、いくつかの新たな展望を切り拓くものである。

比較行政学において、異なる官僚システムにおける意思決定過程は、充分な目配りをしながら分析しなければならない。すでに細谷千博による「最上部が切り落とされたピラミッド・システム」モデルについて言及したが、このモデルは、日本の行政の中での決定過程を分析する際に有用であるのはもちろんのこと、さらに日本が西

欧から継承した形式的なピラミッド型の階層的意思決定システムを用いると、実際の意思決定において働いているのは、そのピラミッドのより低階層部分のみであると指摘することができるという、より一般的な利点をも持つ。その制度設計の前提としている西欧的な「合理的」決定スタイルの代わりに日本の決定スタイルが作動する際には西欧の制度がどのように機能するのかに関して、細谷千博は仮説的な解釈を与えている。

特定の決定ルールを伴う外発的制度と、非西欧文化に特有の内発的な行動パターンとの違いにより、関係するアクターがその時々の便宜が命ずるままに二組の論理を使い分けるという意思決定の状況が生み出されるのである。日本においては、このような「二枚舌」は建前（原則）と本音（本当の意図）・表と裏、あるいは顕教と密教として表される[23]。

より一般的な用語を用いるならば、非西欧的官僚制度はすべて、西欧的制度と内発的決定ルールとの間で同じような方向性をもって運用されている。比較行政学は、異なる複数の決定ルールを体系的に研究することにより、官僚制度についてより多元的な理解ができるに至ると言う大きな成果を得られるかもしれない。このような接近方法は、近代化とは西欧的な「合理性」の真似を学ぶことである、とする現在支配的になっている前提よりも明らかに好ましいものとなるであろう。

比較決定論において伝統的な「合理性」という概念は今や深刻な批判の対象となっており、それは単にいわゆる近代の「手段—目的合理性」とは異なる非西欧的な決定ルールが存在するという事実を考慮するからばかりではないことを記しておくことは重要である。実際、イリヤ・プリゴジンは熱力学の研究により、伝統的な西欧的合理性の向こうにある「合理性の新たな概念」を提起した[24]。それ

は単線的な手段—目的合理性を乗り越えているのである。このような合理性は、前述の「ケテリス・パリブス」もしくは「および／または」といった単線関係性といった前提を適用するのではなく、むしろシステムの平衡状態からかけ離れた不確定的で複雑な状態における決定ルールを定義しようとしている。

非西欧の決定ルールに関する比較研究が、「決定」を定式化する前に経過する発見に至る過程を、経験的方法で構造として捉まえてみようと試みるならば、それは恐らくこの新たな合理性が持つ豊かさを発見することに繋がるであろう。

多元的な「決定ルール」と「決定スタイル」が含意するものに関しては、文化摩擦に関する体系的な研究による衛藤瀋吉と共著者達の業績に言及できる[25]。

文化摩擦を定義するに当たって、衛藤はエドワード・タイラーの定義に言及するものの、それは歴史が進み人類がより文明化するに従い文化も進化していくと仮定する「進化論」パラダイムに基づくものとして退ける。衛藤と仲間の研究者達は、文化と文化摩擦に関する多元主義的な定義を採用する。これらの摩擦は国家間レベルだけでなく、異なった文化単位内における地域や個人レベルにも見られるのである[26]。

鈴木光男によれば、摩擦は三つのレベルで存在している[27]。第1のレベルはそれが最も一般的に感じられるものであり、決定ルールが共通しているアクター間での摩擦である。第2のレベルの摩擦は、決定ルールが両者間で一致していない場合である。この場合、それらのルールは双方によって明確に知覚されているのであり、そうした際の摩擦の解決のためには、（1）二組のルールの内のどちらかを選ぶ、（2）第3のルールを決める、のいずれかを方法を採ればよい。

ところが文化摩擦となると、その二つの状況レベルのいずれにも当てはまらないのである。それが第3のレベルの摩擦である。この場合、両者間の概念・信条・価値観のいずれにも共通するものがないため、互いに相手の決定ルールが理解できないでいるのである。国際関係においては、このような摩擦は国家アクター間でも非国家アクター間でも、しばしば起こっている。西欧的決定ルールを押し付けることが時として有用ではあるものの、そうするとほとんどの場合、ひどい混乱過程を経る必要があり、そうした過程を経てようやく第2のレベル(対立集団同士、双方が提案した決定ルールを明確に理解することが可能になる)にたどり付けるようになるのである。

このように文化摩擦の対処が可能になるのも、また文化交流が促進されるのも、異なる決定ルールについての充分な理解が得られてこそ初めて実現するのである。この異なる決定ルールが現れてくるのは、通常、西欧社会と非西欧社会との間で起こるさまざまな衝突の過程の中からである。「比較決定理論」は、この意味で国際関係論におけるより多元主義的な理論を発展させるためにも、果たすべき役割を持っているのだ。

6 もう一つのコーポラティズムに向かって

直前のいくつかの節では、日本の政治学者(あるいはより広く社会科学者)達が日本社会の政治発展や政治過程、意思決定メカニズムについて充分深く理解するために創出する必要があった討議領域の例を、複数示した。

そこに挙げた討議領域は、主に西欧を中心とした通常の討議領域に取って代わろうと主張するものではない。さらにまた、これらが

西欧の討議領域よりも効果的であると主張するものでもない。これは単に、日本の政治を十全に捉えることができるのは、こうして討議領域を広げることによってのみ可能になる、と主張するに過ぎない。

しかしながらこのような主張は、特定地域の具体的な現実を分析する場合、内発的概念の優越性を強調するような反普遍主義的な立場からのものとしてなされるべきではない。

この点について、再び丸山眞男を引用しよう。「近代日本の知識人」[28]に関する論文の中で、丸山は、西欧において作り出されたブルジョア普遍主義に対してジャン＝ポール・サルトルを含む過激な思想家達が向けた批判に言及している。丸山は、日本に関する限りブルジョア的であれ何であれ、真正の普遍主義というものは存在してこなかったという事実を指摘している。日本の知識人に普遍主義を西欧の中（しばしば特定の西欧の国の中）に求めてきた。西欧は普遍主義のモデルと考えられ、内発性を再評価するどのような主張も反普遍主義的な立場からなされていた。このように、外国志向の普遍主義者と国内志向の内発的知識人との間で悪循環が増幅されていった。丸山によれば、偽の普遍主義や狭隘な地域主義の間に生じる不毛な対立を超えて、対内的にも対外的にも、日本でも西欧でも適合するような真正の普遍主義が構築されるべきであると言う。

この章でのいくつかの節において示した例はすべて、日本のケースが西欧の普遍主義に対抗する単なる具体例として主張するだけの状況を超えようとした試みである。そこでは、西欧の通常科学によって打ち立てられたものと同程度の一般レベルに立つ概念・範疇・理論的枠組みが提起可能な様を見た。

しかしながら、そこで紹介した日本人研究者達は誰一人として、日本が非西欧の代表であるなどと主張しようと意図しているわけで

はない。実際、例えば神島二郎が日本社会を特徴付けるものとして「献身」（帰嚮）の原理を提起する一方で、他の場所として例えばインドの政体において機能している業（karma）のような、政体を形成する際の他の原理についても提起している[29]。

　比較政治における「普遍主義」は、西欧と非西欧の概念・範疇・理論的枠組みが同等の関係で比較された時にのみ進展する。比較は、所与の社会について最も良く説明できる理論的構成が、他の社会に適用された際にどの程度に意味深く、妥当なものになるかを経験的に決定するための手段とするべきである。

　このような作業は、一見すると複雑過ぎて実践的ではないように見えるかもしれない。しかしながら政体の類型が複数あるとはいえ、それは世界にある国家の実数から類推される程には、実際には複雑ではない、と予見できるのである。

　最後に、日本の研究者達による研究を参照し、政体と政治発展に関する種々の類型を区別するための二つの方法を明らかにしたい。一つ目は内発的な方法で、その宗教的な起源を含む「宇宙論」であり、また先に見たように正統性・権威・社会関係・政治的秩序の起源となる社会的な宇宙論でもある。大雑把に言えば、一神教とアニミズムは、重要な境界線となりそうである。しかしながら、異なる複数の「宇宙論」を分類するためには、より多様化した分類法を発展させる必要があるかも知れない。一例を挙げるまでもなく日本の政治文化では、多くの社会的宇宙論が共存している。そこには、シャーマニズム・仏教・儒教の層が見えるが、それには一神教的・無神論的な西欧の宇宙論が重なっているのである。「アニミズム」の混合的な性質により、とりわけ日本のアニミズムにおいては先に見たように、生体エネルギーへの崇拝こそがそこでの支配的な宇宙論であると考えることが可能となる。しかしながら、他の研究対象

が政治生活の具体的側面に触れるようになると、他の複数の「宇宙論」を強調することが必要になる。例えば、東アジアの新興工業国と日本について扱う際には、研究者の中には儒教的伝統を共有する「宇宙論」を好んで強調する者が何人かいる。

政体の分類のもう一つの基準は、外発の「制度」と、「政治構造」である。前者は、一定の地理的歴史的状況の中に導入されてきたものである。後者は、外発的・内発的の双方の社会政治的潮流が作用し合って、政体・国家・さまざまな装置を構築するという複雑な過程の中から進化を遂げてきたものである[30]。

日本と他の非西欧社会は、西欧の支配する「世界システム」に組み込まれていく地理的・歴史的状況が互いに異なる。異なる非西欧社会において、発展に関する政治過程で見られる制度的・構造的側面の特徴をいくつかの類型として特定しようとすれば、その体系が構築できる。

こうして一方では「ノモス」と「宇宙論」を、そしてもう一方では、「制度」と「構造」という、政治の分類のための二組の基準を提起しうるのである。この二つの基準を組み合わせることで、われわれは西欧と非西欧に関してより良く適合する比較主義のための枠組みを構築しうるのである。

このような試みによって、さまざまな社会の複雑さを首尾よく捉えることができるようになるには、政治発展に関する地域固有の特徴を敏感に反映する内発的概念枠組みに基づく多くの事例研究が積み重ねられなければならない。

相互の討議領域を豊かにするためにも、これらの事例研究と並行して「文化間」そして「パラダイム間」の対話が活発化されるべきである[31]。

このような困難な道のりを通過することによってこそ、比較政治

学は発展することが可能となり、また比較政治発展論はより意味深い「コーポラティズム」を構築することができるのである。

　以上が、本章の序論で提示した第1の問いに関しては、否定的に答えることを提案する理由である。最後に、西欧と非西欧の政治学者の努力が結び合って第2の問いに関して満足のいく答えが一層磨かれることになるよう希望を表明したい。

第 2 部
現代の世界危機に対峙する科学と科学交流

第5章　世界における個人の平等と連帯の役割

1　平等・連帯の複合問題

　本章は、脱ヨーロッパ中心主義の段階に入りつつある現在の世界の、精神的危機に関する一連の問題提起の試みである。ここで平等・連帯の複合問題と言うのは、異なる伝統を持つ複数の社会が相互に豊かになることを基礎として、その上に多元的文明を人類が構築しうる可能性があるか否かを、科学技術および社会倫理の双方の面において考察する際の出発点にしようとするものである[1]。

　著者の目的は討論や議論を促すことにあるので、ここでは従来にない方法による多くの概念を用いながら、この複合問題に対して一つの接近方法を提示するつもりである。と言うのも本章の目的は、従来にはない新しい概念の枠組みを提供することにより、既成の知的領域の絡み合いをほぐす一助として、新しい展望を拓くことなのである。著者は、これから使用する鍵概念となる一つひとつをできる限り厳密に定義するつもりである。しかしその概念を、異なる宗教思想史の文脈の中に位置付ける意図はないことをお断りする[2]。

　先ず、「平等・連帯の複合問題」と言うものを定義しよう。一言で言えば、「平等」と「連帯」は、理論上は相補的な概念である。それらは、実際には両立不可能であると言う点で、ときおり困難な決定の問題を引き起こす。「平等」の定義は、同語反復（トートロジー）

の場合を除いて、自己と他者の間の望ましい状態のことである。「連帯」の定義は「私達」の間、即ち私と私より広い自己との間の望ましい状況のことである。

両概念についてこの様に自己中心的とも映る定義をしたのは、初めから普遍的な定義を設けることを避けるためであった。普遍的な定義を与えてしまうと、二つの概念の「実質的な」応用と、その「形相的な」定義とがいかに異なっているかに関する今後の議論に、ある種の先入観を植え付ける恐れがあるのである。

平等と言うのは、近代ヨーロッパの解釈においてさえも、「実質的には異なる現実がある」ことを意味している。機会の平等とは、結果として獲得しうる財と言う点では実際に自分がどれほど「不平等な」状態に置かれることになるとしても結果として有利な立場を確立できる者に、自由競争それ自体の中では予め不利な条件を付けるべきではないことを意味する。したがってあなたが貧しいのは、怠けていて与えられた機会を充分に生かさなかったからだ、と言われるかもしれない。

法の下の平等と言うのもまた、近代ヨーロッパ文明が成し遂げた形式上非常に重要な大原則である。しかしそれは、訴訟を起こすことが共同体の調和ならびに連帯を破るものと考えられている状況においては、実質的な「平等」を保証することはない。実際、（日本のような）非ヨーロッパ文化圏において、あなたは平等であるとは言われる。しかし平等を主張すること自体が、自分と他者を比較することになる。つまりそこでの共同体と言うのは、自己を拡張したものと考えられているため、その内部で自己と他者を比較し平等を要求すると言うことは、その共同体の調和と連帯に対立することになる、と考えるのである。

半世紀前であればそれは、平等と連帯と言うヨーロッパ的な定義

を採用することによって克服されるべき前近代的な考え方である、と主張できたかもしれない。現在では物事はそれほど旦純ではない、と人々は少しずつ気付き始めている。とりわけ個人間における「利益社会」（ゲゼルシャフト）の関係を築く上で非常に効率的な西欧個人主義は、連帯を実現するために不可欠な「共同社会」（ゲマインシャフト）の意識を高めることはない。近代西欧文明は、フランス革命の三つの標語のうち、連帯のもう一つの名称である「友愛」よりも、「自由」と「平等」を一層実現させてきた。友愛・連帯と自由・平等との間の矛盾の中に困難な状況があるのではない。三つの価値のすべては、私達がそれらを個人で構成される人類を表す普遍的な価値であるとみなす限り、矛盾なく存立できるはずである。

現実に困難が起こるのは、個人が自らの自由や「他者」との平等を主張するべく期待される実質的な（ほとんど『実存的な』とも言えるかもしれない）状況においてである。現実の個人のレベルでは通常の人間にとって、利己的になることなく自分自身を主張することは非常に難しい。また、平等に扱ってほしいと要求する相手に対して友愛もしくは連帯を感じることも難しい。

社会のレベルでは、自由や平等を目指す個人が基盤となる社会を築こうとした近代西欧の試み（それ自体は、正当化されるもの）は、国家・市民社会側と個人の側との間に介在していた「共司社会」（ゲマインシャフト）型の自然的制度を破壊してしまうことで、初めて可能となった。現にこのような「共同社会」こそが正に特権的な制度だったのである。その中で「連帯」が基本的価値として、育まれていたのだ。

平等・連帯の複合問題を研究する際、これらの価値が非西欧社会にどのように適合され取り入れられることになるのかを見極めるべく、注意が払われなければならない[3]。さらにそれは、近代西欧社会

の基本的な原子としての個人の出現と言うこの歴史的な文脈の中でこそ、研究されなければならない。この考え方を問いの形にして、簡潔に次のように表現できるかもしれない。つまり「平等」とは、「誰と誰との間の？」と言う問いに答えられない限り、それ自体は曖昧な価値にとどまる。平等が、近代の西欧化された諸社会において目標価値として提唱された「普遍的かつ正式な原則」となるのは、それが個々の人間の間に存在する時だけである。「連帯」もまた曖昧なものだ。多くの伝統社会では、「連帯」のために「平等」が犠牲にされている。連帯は「誰と誰との間の？」と言う問いに対し、「平等である人類すべての人々の間である」と答えることで初めて、西欧社会によって提唱される「普遍的で正式な原則」になるのである。

平等と言う正式な普遍的原則の陰で不平等が執拗に存続し、「人類の名において」と説く「連帯」が、しばしば体制順応主義を支え、恵まれない人々の集団の疎外を助長する。そこで問題を絞ると、「実質的平等」と「実質的連帯」を築くための、より堅固な土台は何かを見出すことが肝要になる。

この形相的・実質的問題は、歴史上のある時期を捉えて検討されなければならないが、その際、西欧の事例に当てはまるに過ぎない安易な答えでは不充分である。世界は今や深刻な文明の危機にあり、ヨーロッパ中心主義では捉え切れない多極文明が形成されつつある。私達はこれらの複合問題を研究するために、巨視的な視点に立つ歴史的参照枠組みを採用しなければならない。

2　ヨーロッパにおける近代世界システムの出現が知識と信条体系に与えた影響

私達は、次の事実を認識することから、巨視的な歴史的省察を始

めようと思う。近代ヨーロッパとは、一方では近代科学技術を、他方では後に個人主義や自由主義、さらには民主主義の発展を伴うことになるイデオロギーの多元主義と言う、新しい二つの特徴を持つ文明誕生の場所であった。

　形相的・実質的な平等と連帯と言う課題に取り組むために、私達は近代西欧文明が新たに作り出した論理について、大胆な解釈を提起することにする。この文明は、いくつかある特徴の中でもとりわけ、（1）形式を実質と切り離すこと、また（2）「虚構の制度」を用いて再び両者を結びつけること、の両方に成功した特異な方法を生み出したと言う点で、先行するあらゆる文明と異なっていた。[4]

　より詳細にこの主張を説明しよう。これまでより複雑な現実を図式化するため、大きく分けて三つの巨視的・歴史的時期の中に、形相・実質と言う二分法が出現した跡をたどることが有効であろう。比較的閉鎖的で自立した口承伝統を基礎とする文化においては、日常の体験・技術・儀式は、可視的現実に関する経験的な知識を扱っているが、実はそれらは、目に見えないものの中に目に見える現実を埋め込んでいる信条を提供する「神話」と密接に絡み合っている。「神話」のおかげで今は目に見えないものであっても、過去には見えた場合や、あるいは未来には見えるようになる場合もあるかもしれない、と考えることができる。つまりそうした文化は、死者や生者、または自然や超自然的現実と、自己との共感関係を包含している。目に見えるものに関する日常の知識と目に見えないものに対する確信は、倫理的かつ規範的な知識や信条によって結び合わされ、それらは分化されずに、可視的現実と不可視的現実の両方の一部として認識されるのである。

　このように世界が未分化状態であった時代には、「平等」と「連帯」は、露骨な不平等や連帯の断絶が生じない限り、具体的な価値とし

ては認識されない筈である。例えば、もしそのような共同体のメンバーの一人が、共同体では許されていないことを他者におこなえば、他者との差異が明確になるので、その人物は不平等を生み出し、連帯を壊すことになる。それ故口承伝統の社会では、過去だけでなく現在においても、すべての概念が徳または悪行でさえ、（それが何を指すかと言う）実質的な対象を持たないならば無意味である。その結果、すべてのものが実質的なのである。

　近代西欧のコスモロジーは、正反対の傾向を持っている。即ち純粋に形相的な知識・信条の体系の創造によって、特徴付けられる。非西欧文明の場合は、世界帝国が統一的コスモロジーとしての主要諸宗教を採り入れたことから生じた普遍的な信条体系を、非西欧文明自体が発達させてきたにもかかわらず、そこでの信条は、口承伝統共同体から完全に切り離されたわけではなかったのである。例えば「平等」や「連帯」は、「隣人」との関係の中であてはまる徳であり、抽象的な個人または人類との関係としては適用されなかった。確かにこれらの信条は、普遍的である複数の体系を構成するようにはなったが、それでもそれ以前に存在していて、世界帝国に統合された口承伝統共同体の個別的な信条や知識との関係をなお持ち続けていたのである。

　例えば、ローマ・カトリック教会の普遍的な教えでさえ、その昔から各地域で土地の聖者を敬うそれぞれの地方特有の共同体の信条に、聖人への崇敬を取り込んでいった。仏教は、その昔は無学な人々に彼等の流儀で教えを説く必要としての「方便」を常に認識していた。前近代的西欧のコスモロジーにおいてはすべて、その統一の契機となるものが普遍的な宗教の押し付けのみによる信念体系であったのに対し、知識体系に関してはいくつかの段階が認められていたことがとりわけ興味深い。具体的には、先ず（ａ）口承伝統社会の

地域特有の共有された知識［口承］、中間的には（b）職人や医者、その他の専門職の間での口承および成文による伝統［口承及び成文］、最終的には（c）自らの信条体系の名において普遍的な学者や法律家・聖職者・その他知識階級による成文化の伝統［成文］、へと変化するに至ったのである。

非西欧世界の場合例えばイスラム世界の小さな町においても、健康や病に関する地方特有の日常の経験的知識が、その町の薬局でイブン・シーナーの普遍的な医学理論と結び付けられると言うことがあるだろう[5]。このことは、口承伝統社会特有の経験主義とも、また自らの信条に由来する知識を有する医者の普遍的な科学とも矛盾しない形で渾然一体化した認識空間が確立していた。実際、信条や知識と言うものは、一つの分割されない体系を構成するものであり、この信条と知識により、普遍的な予言のメッセージが口承伝統社会固有の信条／知識の体系に次第に浸透していくことができた、と言えるのである。

この例とは対称をなす近代西欧のコスモロジーは、信条体系と知識体系と言う二つの部分に明確に区分される。前近代ヨーロッパにおいてはすでに「信条」＝「信仰」と「知識」は明確に分離されていたが、その分離を土台とした上層部にさらに独立した形式的な信条と知識の層を築いたのである。

補遺で触れているように「形相的（形式的）な」知識と信条は、その妥当性の資格を実質的な現実における指示対象から引き出すことはない。つまり個人と人類のそれぞれに適用される「平等」と「連帯」の概念は、実質的な現実の中の自覚された自己としての個人や人類の存在に関し、どのような経験的テストをも必要としないのである。「平等」と「連帯」とはそれ自体、妥当性を有する価値であり、その妥当性は、たとえ仮に社会学的に自らの「自己認識」を、自身

の個人性ないしは可能な限りの広い「自己」としての人類に結び付ける人間が一人もいないとしても、依然として有効なのである。なぜなら近代西欧のコスモロジーは、実質的な現実においていかなる変化形態があろうとも、それには攪乱されない領域において諸価値を分類するからである。

「個人は皆平等である」と言う言明は、実質的な現実には当てはまらないかもしれない。それでもそれは形相的な言明として、定義においては真実なのである。そして、その真実性はフィクションとしての虚構の「選挙」などのような制度が個々人に一票を与え、それによって形式的な平等を制度化すると言うことも真実である。

「連帯」もまた、信条体系の形相的な層の中にある概念である。実質的な現実とのつながりは、虚構の制度である国民国家が仲介することで生み出されている。この結び付きは、個人によって構成される人類を、国民国家によって構成される国際的な共同体と同一視することによって可能になる。したがって、個人を最大に拡張した自己である人類=「国際共同体」へと直接拡張される際、それは虚構としての国民国家（および市民社会）によって仲介されるのである。

経済の領域においては貨幣単位を有する市場が、経済取引と称する実質的世界を経済市場と言う形相的世界に結び付ける虚構の制度となる。この世界では、仮説上の「ホモ・エコノミクス（homo economics）」があらゆる種類の実質的な財とサービスを交換することによって自らの利益を最大化する。形相的な経済の世界においては、それらすべてのものが「商品」へと変容される。こうして、技術がこの形相的（形式的）な宇宙の「生産要素」となり、実質的な影響や結果をすべて無視する。つまりこれら影響や結果は形式化されることはなく、それ故このコスモスの外にあるものとみなされる。

第5章　世界における個人の平等と連帯の役割　137

そして経済学によって正式に「外部性」と呼ばれるものになるのである。

　（実質的世界である）自然現象を扱う上で「実験」は虚構の制度であり、複数の自然現象を「生体内の（in vivo）」実質的世界と関係付けるために、それらを「試験管内（in vitro）」で検証することによって仮説と言う形相的宇宙と結び付け、自然科学の「科学的」であることを保証しているのである。

　今やそのような形相主義は、信条・知識の両体系において普遍主義を保証するものとなっている。「平等」は、社会の原子——即ち個人——の間の均質性を表す。「連帯」は、これらの原子によって構成された最大の社会、即ち人類の国際的共同体と言う観点から定義される。知識体系において可視的宇宙は、デカルトの三次元空間に配置されている。そこでは、リンゴであろうと地球であろうといかなる物体であっても、デカルトの座標がその位置や動きを規定する一点として形式化されうる。これこそ測量体系や関連する器具によって創られる虚構の制度が、形相的（形式的）なものと実体的なものをどのように仲介するか、を表すものである。

　こうして近代西欧のコスモロジーは、自由民主主義社会および科学技術の両方が発展するための好条件を生み出すことに成功してきた。しかし、その近代西欧文明の今日までの発展を可能にしたこうした好条件による見事な貢献を分析することは、本章の目的ではない。とは言え、西欧文明が基本的パラダイムとして採り入れた「原子論的形相主義（形式主義）」が、一方では、可視的世界に関して均一的かつ統一された取り扱いを可能にしたこと、他方では個々人が自身のイデオロギーを自由に選択できる社会を築き上げた、と言う事実を明確に認識することは重要である。

　このことが、近代以前の既存のコスモロジーの構造をひっくり返

したのである。つまり世界帝国の前近代的コスモロジーにおいては、信条体系は不可視なものに関する一連の共有された信条によって統一されており、また知識体系は地方固有の知識に基づいていたため、複数存在していた。それが近代西欧のコスモロジーになると、可視的世界は統一された形相的知識の対象となり、「個人」は、目に見えないさまざまなものを自由に信じても良いことになった。こうして、一方では個人主義や自由主義・民主主義が、他方では近代科学技術が出現するに至ったのである。

　ところで仮の話として、もしも形相的なものと実質的なものの間に、また虚構の制度と自然的制度（家族・村落共同体等）の間に何らの隔たりも矛盾もなかったとしたなら、現在われわれが直面している文明の危機は起こっていなかったかもしれない。不運にも、形式的平等は実質的な「平等」を予想し、それへの期待を生み出している。虚構の制度は、ある程度は平等をもたらすことに成功した。しかしながら国家は、国内においてはより大きな平等のために行動を取るかもしれないが、対外的にはパワーを得ようと競うことで不平等を目指している。別の領域で言うならば、経済制度は自由競争のために機能するが、国内市場の内外でより大きな不平等を生み出すのである。

　このような理由で、連帯を形式的に扱うと、実質的な連帯と衝突するのである。家族制度や地域で自然に生まれた制度は、国民国家に対抗して排他的な連帯を求める。

　国民国家は、他の国民国家に対抗して連帯を要請する。貧しい人々は、より多くの平等を求める闘いの中で連帯を求める。裕福な人々は、彼等の「権利と財産」を「守る」ために自分達の間での連帯を求める。

　技術が発展すると、それは形相的経済によって無視されてしまう

外部不経済を引き起こす原因となる。技術発展は他の有害な副次的影響も生み出すが、とりわけ環境悪化や文化の破壊をもたらすことが多い。科学の領域では宇宙の均一性と言う仮定は、大災害や動乱を前にすると危ういものになる。原子論的形相主義（形式主義）を推し進めると、いずれは生命は、捉えることのできない機械論的知識体系につながっていく。形相化されえないもの達は、復讐の如く反科学やオカルト主義さえも生み出す[6]。

　今は正に、真実を見出せる巨視的な歴史の時期にある。私達は進退が窮まった状況の中で、進むべき狭い道を見出さなければならない。私達は、近代西欧文明を介して人類が獲得できた有益なものを失ってはならない。しかしながら私達は、この文明が現在経験している単なるグローバル化を超えていかなければならない。今日私達は、西欧が他の文明と影響し合っていることを目撃している。そうした多極的世界が形成中であり、そこでは多様な文明が共通のコスモロジーを有する広範な地域において世界を分極化している。多文明のこの遭遇を、形相的なものと実質的なものとの乖離に橋を架けると言う点で、いかにしたら実り多いものにできるであろうか。具体的にはとりわけ実質的な平等と連帯を保証すると言う点から、いかにしたらそれは達成しうるのであろうか。

3　形相・実質の二分法を超えるコスモロジー

　平等と連帯に関して実質的な取り扱いができるようにするために最も望ましい基本原則があるとすれば、それは次のようなものになろう。諸個人は重なり合う複数の「共同体」（その一つひとつに個人が向けるアイデンティティ［同一性意識］の強さは異なる）の中で生きているという事実を考慮してみよう。すると判明するのは、彼

等諸個人の「平等」というのが、「共同体」内および「共同体」間における、異なる複数の自己の間の平等を意味することである。「連帯」は、すべての「共同体」内および「共同体」間において確立されるべきである。その場合の共同体は特定の個人の自己を含み、また人類の枠を超え、生きとし生けるものすべての共同体をも包含するものである。

　しかしながらそのような理想的な処方は、数多くの矛盾によって実現不可能なものとなってしまう。こうした矛盾は実質的現実の中に、また異なる文化や人間集団の複数の概念枠組みの中に埋め込まれているのである。

　実質的な現実において、不平等の状況や連帯の欠如がもたらされるのは、虚構の制度——例えば国家や市場によってである。このことは、すでに説明した通りである。競合する人間集団が存在する限り、実質的でグローバルな連帯は存在しないであろう。グローバルな連帯が平等な世界を築こうという意思を固めるに至るには、「他の個人や集団よりもそれ以上に平等」な個人や人間集団が絶対的に存在せざるをえない。したがって実質的な平等は、永続する不平等に対して集団となって反対の意向を表明する人々にとっての、目標価値となる。

　「連帯」もまた内集団に関してだけでなく、現状では、自意識という点でお互いを排除し合う人間集団によって特に目指される目標価値となる、と考えるべきである。

　さて、近代西欧文明とその他の文明が世界を分極化している時期にある今、次の複雑な要因を無視することはできない。それは「平等と連帯」というものは、異なる「コスモロジー」においては同じようには理解されないという事実である。

　機会の「平等」は、法の下の「平等」とは異なり、さらに神の下

の「平等」とも異なる。自然状態における「平等」（領主も物乞いも裸になれば相違はない、と東洋の諺にある）もやはり同じ概念をもう一つの観点から見たものである。

　「連帯」は、時に友愛を意味する。また調和をも意味するが、この両者は必ずしも同じものではない。なぜなら、前者に他者の尊重を含意するが、後者は、他者があなたに合わせてくれるようにと期待することを含意するからである。宗教的な同胞の連帯は、同胞同士でかなり寛容になることが可能であり、それがグローバルな連帯につながっている。しかしそれはまた、他の人間の共同体に対して排他的で攻撃的になる可能性もあり、そうした他の共同体の連帯を「有害」で「邪悪」であるとみなし、よって破壊すべきものと判断してしまう。

　形式的に定義された「平等」と「連帯」という安全な立場を離れると直ぐに、われわれは矛盾した曖昧な領域に足を踏み入れることになる。問題は、形相主義の確実な土台と、不安定で不明瞭な実質的現実の領域、という二者で異なる「コスモロジー」に関して、それぞれの内部と両者間に存在する隔たりをどのように架橋するかという点にある。

　西欧では、近代ヨーロッパのコスモロジーにおいて支配的な原子的形式主義に代替する接近法によると、形式的な「平等」と「連帯」は「歴史的プロセス」が目指すべき目標であると規定している。そのプロセスは、運動（例えば、マルクス主義や解放の神学）によって促進される筈とされる。コスモゴニー（cosmogony）とは、そのようなプロセス指向のコスモロジーが変形した形を取ったものとみなせば良いであろう[7]。

　私達は、これまで「コスモロジー（宇宙論：本来は宇宙生成論や神話など多様な意味を含意）」という概念を従来にないやり方で

使用してきた。そしてこれからまた従来にはない意味合いを持つもう一つの概念、即ち「コスモゴニー」を導入しようとする際、その危険性に充分気付いている。私達がこの用語を使用するのは、（ａ）ある「知識および信条体系＝時間を超越したコスモス"cosmos"の中に自己を埋め込むもの」ともうひとつ別の（ｂ）「知識および信条体系＝生成中のコスモスにおいて自己を行為者とする」とを区別するためである。「イデオロギー」と「ユートピア」との間には現状変更か現状維持かの相違しか存在しない。これに対して「コスモゴニー」と「コスモロジー」とを対比する場合は、「ユートピア」の場合のように目標としての理想社会ではなく、むしろそのような目標に向けた歴史的なプロセスの自覚や、このようなプロセスへの参加に必要とされる「実践（praxis）」や「情動（pathos）」が強調される。

　マルクス主義および解放の神学は、近代西欧文明の中で発展してきたそのようなコスモゴニーの二つの実例であり、「平等」と「連帯」を目指すべき目標とみなしている。この二つの「信条体系」は、歴史的プロセスの意味の解釈に根本的な相違があるにもかかわらず、両者とも非形相主義的立場、ないしは反形相主義的立場に立つとさえみなすことができる。「平等」と「連帯」は、形相的な形では「自動的には」与えられはしないものの、「虚構の制度」によって保証されるのである。この「平等」と「連帯」は、慎重な実践・運動を通して、実質的に具体化されるべきものとされる。つまりマルクス主義も解放の神学も、形相的なものが実質的なものと一致する場所で、理想的な社会を築くことを試みるのである。

　このような試みは有意義なものではあるが、必ずや失敗することになるであろう。なぜなら「形相的な」ものは制度的な虚構（例えば議会制民主主義）を通してのみ具現化されるものであり、「虚構」はしばしば「実質的な」現実とは矛盾するからである。

虚構と実質的現実は、一旦成功すると歴史的過程としてのコスモゴニーが歴史性を失って時間を越えたコスモロジーへと変わってしまう故に、矛盾するのである。実践・運動は虚構の制度、例えば組織に盲目的に尽くす役人を有する官僚制度になるのである。

近代西欧文明では、原子論的形相主義（形式主義）を乗り越えて自然的制度に戻ることを主張することによって、形相的・実質的という二分法を廃棄するようにと求める運動も存在する。「血と土地（Blut und Boden）」や「家族と祖国（la famille et patrie）」は、このような運動の標語であり、そうした運動が目指すものに、排他的な連帯や他者に対する自己の優越、つまり不平等なのである。これは、近代西欧のコスモロジーから派生したコスモゴニーが危険な変形へと転じたものである[8]。

問題は、形相的なものを具体化するか、または形相的なものを拒否し、実質的なものによってそれに取って代わるかということではない。それは形相的なものと実質的なものがお互いに、いかにして形相的（形式的）および実質的な「平等」と「連帯」を同時に強化できるか、という問題である[9]。この点についてこそ、別の接近方法によって、形相性／実質性をめぐるこの問題が検討される必要性が生じてくる。と言うよりもむしろこの誤った問題設定を避けるための糸口を、前近代的な非西欧文明のコスモロジーとコスモゴニーに、求めざるをえないということになる。

他の代替的方法を提起するコスモロジーには、二つの主要な型がある。この二つは、それぞれ内部に矛盾を抱え込んでいるとはいえ、原子論的形相主義の欠陥を克服することに貢献するかもしれない。

アニミズム・多神論的コスモロジーは、さまざまな口承伝統共同体が持ち続けているいる固有の「信条」を吸収し、世界帝国の形相的なコスモロジーの中に、さまざまな共同体の実質的な現実を取り

込んでいる[10]。アニミズム・多神論的コスモロジーは、可視的世界からも、不可視的世界からも個人を切り離さない。そこでは、目に見えないもの（神など）に対しても、あるいは可視的な力（技術など）に対しても、人が助けを求める際に最も実用的なものを選択できる知識・信条として、実利的な多元主義が優先的に働くのである。個人は、より大きな自己である「アニミズム的な生命の流れ」に参加しており、その流れの中で個人はその一構成員であるに過ぎない。「自己」内部においては「実質的な平等と連帯」が実在できるように「自己達」が「われわれ」として並置されるのであり、その「われわれ」に対抗する「他者達」と言う図式が、人と人の関係の基礎になるのである。

　このように、このコスモロジーのおかげで個人を基礎にした原子論的形相主義（形式主義）の持つ問題点は克服可能になる。しかしながらアニミズムと多神論コスモロジーにも、二つの根本的な問題が残る。一つは、制度が虚構であるとは認識されず、人間によって造られたものでさえ、「自然発生的な制度」にされてしまう傾向があることである。例えば、このコスモロジーが広く行き渡っている国の政党は、自然的制度である党派や派閥の連合体になりがちである。第2のより深刻な問題が、「他者」との信頼関係に存在している。自己の仲間の間における実質的な平等と連帯への傾向が、「われわれ」として選ばれた「仲間」集団となり、その「仲間」以外の「他者」を集団の外側に除外することを前提としてしまうことだ。

　その場合「彼等」との関係では、「われわれ」は不断の対立と競争の中で、生命の流れを求める際にそこから「彼等」よりもむしろ「われわれ」の方が利益を得るべきである、としてしまうのである。

　多神論的コスモロジーの内部におけるオルタナティブなコスモゴニーは、未来に（または過去に）ユートピアを投影させようと試み

る。そこでは、平等と連帯は、共同体の属性であると考えられており、必ずしも個人を共同体の原子とは位置付けず、自己を他者に対立させない。ユートピアでは、自己の仲間は全世界を自己の中に取り込み、すべての者は平等で連帯している。

　このオルタナティブな「コスモゴニー」は、多神論の運動を支持するが、ユートピアとは現在の実質的な現実を否定するものであるため、現存する複数共同体の内部にまたは複数共同体間に「平等」や「連帯」の原則を提供することはできない。

　これに対し第2の類型である無神論・汎神論（例えば大乗仏教）は、コスモロジーの三番目のタイプである。そこでは、すべての存在が「無」の中で超越される。このコスモロジーによれば、西欧近代・前近代のアニミズム多神論に対して形相的なものと実質的なものの間の矛盾は、正にこの対比それ自体を否定することによって解決される。個人は原子ではなく、宇宙そのものなのである。共同体の中へ個人を埋め込むことは、錯覚に基づく迷いであるということ自体が、実質的な世界の真の姿である。したがって、例えば国家は、虚構の制度というよりもむしろ架空の共同体である。このことは、現実を見る方法に応じて脆さにもなり、また実質的な理解にもなる、という両方の意味が同時に成立している。

　この型のコスモロジーによれば、個人は共同体を去ることによって、初めて自己をはっきりと理解する。その時こそ真の平等が達成されるのである。この否定的な超越論的コスモロジーは、より高次の「個人主義」と「平等」に到達する。しかしながら、この「平等」は純粋に形而上学的であり、架空の・実質的世界において、実質的な「平等」をもたらす動機付けが存在しない。ところがこの型のコスモロジーは、「実質的なもの」が「否定の道（via negativa）」を経由するものの、実態がそのまま「形式化される」という意味で、「形

相主義」に対する有意義なオルタナティブを提起している。このことは、宇宙的なもの（the universal）は法則を超越するので、不規則や変則でさえ形相的な知識と信条の体系の一部として受け入れられる、ということを意味している。それ故、大災害や動乱は通常のことであるとみなされる。混沌はもはや怪しいものではなく、秩序こそが常に不確かなのである。こうした理由により、無神論・汎神論の中に見出されるオルタナティブな可能性を検討することは興味深い試みなのである。

唯一問題となるのは、実際上深刻な障害となる内容であり、それは架空の世界の外側で自分自身の個別化を達成することで満足してしまわないようにと「自己」を説得すること（の困難さ）である。無神論・汎神論の「コスモゴニー的」変形によれば、生きとし生けるものすべて（死者や回生したものを含む）の共同体は、悟りを求める過程に居ることが強調される。しかしながら形而上学的な「平等」と「連帯」は、すでに悟りを開いたもの（例えば菩薩）によって具体化されなければならないのである。

菩薩は他の存在が個別化を達成することを助けるため、固く決意して架空の世界に戻ってくる。こうして無神論・汎神論に特有の実践・運動志向のコスモゴニーは、コスモスの変容のための基礎を提供でき、そこに「平等」と「連帯」をもたらすのである。前述の考察をした上で認識する必要があるのは、このような無神論・汎神論のコスモロジーの解釈では、「平等」と「連帯」が実質的な現実の部分になった途端にそれらは架空のものとして否定されてしまうので、やはりその解釈を制度化するわけにはいかない、ということである。

これまでアニミズム的多神教と無神論的汎神論を比較してきた。ここで、今再び一神教に戻ってみよう。前記の検討では、近代西欧

のコスモロジーは、それを生み出した一神教的文明とどの点で異なるのか、ということについての議論を省いてきた。

要するに、カント哲学の純粋理性と実践理性の二分法へと導くことになった知識と信条の体系の二分法は、キリスト教神学の中にある一つの傾向から派生したものである。しかしながら、他のキリスト教の伝統には、世界を形式的なものと実質的なものに二分しない「存在の類比（analogia entis）」のような観念が存在している。それは、「形相（forma）」と「実質（materia）」の多様なグラデーションを有する一つの存在論を提起するものである[11]。

イスラム教には人間の上にあるもの（神）からではなく、実質的な人間の努力を通して平等と連帯を達成することを求める認識論が存在する。科学に対するイスラム教の認識論は同時に、実質的、かつ形式的であり、その知識体系は信念体系に対立するものではなく、むしろそれを拡張したものである。

以上私達は、近代西欧のものとは異なる上記三つの型のコスモロジーを比較し、形相的で実質的な「平等」と「連帯」への接近方法に関して、多様な答えがあることを理解したのである。

4 ロゴス（logos）からレンマ（lemma）へ：
対話的接近法

ここまでの論証を基にして本節では、一神論者とアニミズム的多神論者、無神論的汎神論者の三者間で執りおこなわれるべきコスモロジー間対話を提示しよう。対話は、これら三者全体と近代西欧のコスモロジーの間だけではなく、これら三者間でもおこなわれるべきなのである。

一神論は、形相的な層をその知識体系・信条体系から必ずしも切

り離していないこと、また二つの体系の間に連続性を築けることを、われわれはここまで検証してきた。

アニミズム的多神論が多元主義と、また重なり合う自己の間に調和、の両方を、共に提起し得る方法を持つことも分かった。また無神論的汎神論のコスモロジーは、形式的なものと実質的なものの間の対立を否定する方法を有し、大災害や動乱に対応することが可能であることも理解した。

そこで次に「平等」と「連帯」を実質的に扱う際に、次の諸点を考慮に入れることが前提として必要になる。

1　実質的な現実において、西欧近代で言われているように「個人」は孤立しているのではなく、より大きな自己の一部となっているという事実については、アニミズム的多神論は、この重なり合う「複数の自己」に関しての対話に貢献できる。
2　科学とイデオロギー、知識と信条は、実質的な現実の中で相互に密接に関係しているという事実については、一神教のコスモロジーは、知識と信条の対立を強調する人々と、この二つを連続したものとみなす人々との間に生じる内的対立を解決しなければならないことについて、対話する必要がある。
3　形式的なものと実質的なものを明確に分割するべきではないという事実に関する対話において、無神論・汎神論コスモロジーはこの難問のより詳しい説明を可能にするものである。

このように、異なる複数のコスモロジーが「平等」と「連帯」の複合問題を克服するために、近代西欧のコスモロジーを補完する別の接近法を提起する貢献ができることは明らかである。「平等」と

「連帯」へのそれらの接近法は相補的なものである。しかしながら、それらの個々のロジックそれ自体は相入れないものである。

それらのコスモロジーが普遍的に収斂する地点に私達が速やかに達したいと願っている限り、そうすることに失敗することになるであろう。そうならないとしても、これらの異なる文明のどれにおいても妥当性も正当性もない折衷主義（シンクレティズム）に至ることになるかもしれない。

そうであるからこそ、本章ではダイナミックな過程をたどる接近法——即ち、複数のコスモロジーとコスモゴニーの間の対話を通して収斂を目指すこと——を採用する必要が生じるのである。

この対話は、単に論理的で理論的であれば良いというものではなく、危機の渦中にある現在の世界に実質的な平等と連帯をもたらしたいという真摯な関心に基づくべきである。

二項対立的な形式論理に基づくという近代西欧コスモロジーの性質のために、対話は二極構造の下で進められていた傾向にある。その結果「連帯」を支持するものは、「平等」を擁護するものと対立する。そして科学者はイデオロギー信奉者に反対する。虚構の制度と自然的制度は社会制度を二つに分極化させる。形相的なものと実質的なものもまた、社会を分極化させる。それ故コスモロジー間の対話はどうしても、特にこれらの分極化を克服しなければいき詰まってしまうことになる。

そこで従来の方法に捉われず、「平等」と「連帯」の複合問題に関するこの対話の中に、第1章で説明したようにレンマ的な (lemmic) 手法を採用してみよう。レンマは様式（手順）に関係しており、レンマに従うならば、人間の知性が現実をいかに論理的に説明するかが問題となるというよりも、むしろ人間の心 (mind) が現実を把握する手掛かりになるのである。論法 (reasoning) は、矛盾を許さず、

中間を排除する法則に強固に基づいているが、仏教論理における「四句分別（四刀論法［tetralemma］）」は、非肯定／非否定と肯定／否定の議論を許容する。これは超越のレンマ（paramartha）である。実質的な「平等」と「連帯」の複合問題に上手く取り組むことを望むのであれば、今や前述したすべての両極性の間において、形相的論理を超えることが決定的に重要になってくる[12]。

　第1章で指摘したように、どんな対話であれそれが有益なものになりうるのは、テトラレンマ的な「非論理性」を導入する第三極が出現することにより、それぞれの極を占める二者の間で展開される議論の二極性が破られる時のみである。

　そこで、第1章で触れたように、コスモロジー間の対話でもそのプロセスに第三の極を導入する必要が生じる。そうすることの意味は、二つのパラダイムがグローバルな知的共同体を二つの対立する極に分割することで、この二つのパラダイム間にそれまで保たれていた知的均衡を、この第3極が不安定化させることなのである。その際、第三の極は調停の極ではなく、むしろ新規の極であり、創造的混沌の極なのである。つまり二つの極に対して新しい問いを投げかけて、その両方にそれぞれの基本的前提を否応なく再考させるのである。

　対話において「A 対非 A」のアプローチを取る場合、コスモロジー間の対話プロセスにおいて第三の「混沌の」極が果たす役割が存在するとは想像し難いかもしれない。二極のコスモスと混沌の第三の要素との間の関係について象徴的寓話を利用してみよう。それは私達の精神を、形式的論理の二元性の呪縛から解放してくれるであろう。

　第1章でもすでに紹介した神話をここでもう一度思い出そう。荘子の三人の王の物語によれば、南海の王と北海の王が、両国の中間

第5章　世界における個人の平等と連帯の役割　151

にあって和睦に貢献した混沌王の王国で出会った。二つの海の王は、彼等を歓待し和議してくれた混沌の王に感謝の意を表するため、知覚器官のない混沌王に二つの目と二つの耳、二つの鼻孔、一つの口を贈ることに決めた。彼らは毎日一つずつ器官を刻み込み、一週間の後、混沌王が七つの器官のすべてを得た時、彼は死んでしまった。この神話は、論法を基礎とするコスモスと、知覚認知に反応せず、二項対立の論理的制約から自由な混沌との間の対立を象徴している。知覚情報と形式論理学の支配下に入らなければならなくなった時、混沌は死ぬ。

　この神話的な表現を通して、コスモロジー間の対話における第三の極の機能がより明確になる。第三の極は、他の二つによる厳格なパラダイムによる拘束に縛り付けられてはいない極なのである。そのような極の役割は、プラグマティズムの範囲外にある考慮すべき事柄を導入し、議論に革新的なアイディアをもたらすことで二項対立的立論を壊すのだ。

　「平等」と「連帯」に関する対話においても、そのような第三の極は「コスモゴニー」の形式を採用することになる。実際、二つの価値に対する実質的な接近法に役立とうとする限り、三つのコスモゴニー間にある顕著な親近性を手掛かりに対話を進める必要がある。

　しかしながら、実質的なレベルに関して共通性が見られるからといって、それだけでは共通のコスモゴニーを作り上げるための助けにはならない。それらが体現しているコスモロジーが、お互いに両立しえない以上、それらすべてが同じ目標を目指しているという議論は正しくない、と言える。複数の「コスモゴニー」が第三の極の役割を演じることを可能にするのは、それらが理論的に収斂する可能性があるからというよりも、むしろ社会的実践を通じ複数のコス

モゴニーがそれぞれ発生の源であるコスモロジーと互いに一致しないことについて、事実上同意するからなのであろう。第二次世界大戦中、ファシズムと闘う中でキリスト教徒とマルクス主義者の間に存在した共通性の一つは、おそらく、ユダヤ人の大量殺戮に反対する戦いへの参加という点であったであろう。これは「平等」と「連帯」への実質的な参加なのであり、そのことが、コスモロジーの不一致を理由にしてお互いに対立することを許さなかったのである。

　もう一つ、今度はアジアの中から引用しよう。諸宗教間に意識化や参加型開発のための協力の例である。さまざまなアジア諸国の村落共同体において実質的な「平等」と「連帯」を促進する目的で、仏教徒やヒンドゥー教徒・イスラム教徒・キリスト教徒の活動家達が緊密に協力できるようになっている[13]。それぞれの活動家は、自分の協力者達とは異なる自らのコスモゴニーによって強く動機付けられているにもかかわらず、彼らは皆、村々の口承伝統共同体の同じような実質的現実に身を置いているのであり、またその共同体から影響を受けているのである。彼らが皆対話の相手となる村人達は、信条を知識と区別するようなことはせず、また一般法則を議論するような人達ではない実質的な「平等」連帯という大義に深い関心を持ち、またそれに身を投じる人達なのである。

　実際にこうした現象は、発展途上にある口承伝統社会に限って起こるわけではない。近代西欧文明の中心地域であっても、さまざまな大衆運動の一神論的コスモゴニーが、その社会の非公式セクターに接している。口承伝統は共同体においても家族においても見出される。若者の文化は、ポストモダンの口承伝統を求めている。こうした傾向はすべて、確立したコスモロジーの極を不安定化する第三の極を構成する。

　そのような第三の極が、実質的な「平等」と「連帯」を求める宗

教間の対話を活性化するようになることを期待しよう。また同様の第三極が、科学とイデオロギーの間などに見られる、その他の分極化を混乱させることに役立つであろう。

　本章は、現代文明の危機に関心を持つ人々すべてへの呼びかけであり、この危機を超えて新しい普遍主義を目指す対話への参加を求めるものである[14]。

　補遺
　【定義】
　本章では、通常とは異なる方法で特定の概念を使用している。それ故誤解を避けるために、使用した特定の主要概念の定義を以下に記す。ここで定義される概念は、本文中では「」で示した。

　a）**平等・連帯の複合問題**（the equality-solidarity problematique）：「平等」と「連帯」についてのさまざまな解釈に関わる一連の問題。特に、実質的なものと形相的なものとの間の隔たりが益々拡大している点に注意が払われている。

　b）**知識体系**（knowledge systems）：人間集団（最小単位の家族から、共同体、民族集団、国民、宗教団体、帝国、そして文明に至るまで）によって、可視的現実に関して一般に抱かれる観念（概念、理論、仮説、意見など）の体系。

　c）**信条体系**（belief systems）：可視的および不可視的な現実（過去と未来、内的意識について、また「当為」に関しておよび「コスモス（cosmos）」における到達不可能な場所とさらなる遠方に関して、一般に抱かれる観念［概念、理論、仮説、意見など］）の体系。

　d）**科学**（science）：可視的な客観的現実、もしくはその一部即ち、観察者として自己を位置付けて（見ている）現実に関する知識体系の下位体系。

　e）**コスモロジーとコスモゴニー**（cosmology and cosmogony）：可視的および不可視的なものの宇宙（universe）に自己を埋め込む信条体系と知識

体系の両方に共通する下位体系。この定義においては、自己（self）には自己を含むすべての共同体（複数の、われわれ［we's］家族）、国民、宗教、人類などが含まれており、個人（私［I］）はそれらと同一であるとみなす。例え神はコスモス（cosmos）を超越していようとも、一般的には宇宙（universe）は、最終的には神を包含するものとして了解されている。コスモゴニーは、コスモロジーの変形であり、「生成」またはプロセスというと言う観点から自己と宇宙（universe）との関係を規定する。それ故、自己（self）とコスモス（cosmos）の関係は、このプロセスに自己が参加することによって決められる。

　f）**実質的なものと形相的なもの（the substantive and the formal）**：「可視的現実における有形の指示対象を持つ信条体系ならびに（または）知識体系では、いかなる観念であろうともすべて実質的である」。有形の指示対象なしに妥当性という点で独立しうる観念は、「形相的」である。

　g）**虚構の制度と自然的制度（the fiction-institution and natural institution）**：制度とは、社会における一部の構成員が、結果について合理的な期待を持ち、特定の反復パターンに従って行動することを許容する社会構造のことである。「虚構の制度（fiction-institution）」とは、行為者の目的を持った活動によって生み出され、そのようなものとして認識される社会構造のことである。「自然的制度（natural institution）」とは、目的を持った人間の活動によっては生み出されてこなかった構造のことであり、この構造の内部または外側において人間行動に関する確かな事柄を自然発生的に生み出している。

　h）**世界帝国（world empires）**：大規模な統一性を持つ前近代的単位であり、それは最小限の規模を持つ複数の閉ざされた経済共同体を、政治的（行政的かつ軍事的）に支配する。（イマニュエル・ウォーラスタインの定義を大まかに適用したもの）。

　i）**世界システム（世界経済）（World Systems［World Economy］）**：一つの統一市場と多数の政治的単位に基づいた近代（現代）の大規模な統合体。

第6章 グローバル諸問題に対する近代科学研究

序　論

　開発問題、福祉問題、ひいては人類の存続それ自体の問題など、現在のグローバルな喫緊の課題に有効に対処できるよう私達が必要な知識を用いて支援をする際、現代の科学研究を最も効果的に活用する方法とは、どのようなものであろうか[1]。

　この疑問には、二つのレベルで答えることができよう。第1に科学的研究によってすでに得られた利用可能な知識を応用するレベル、第2に具体的にグローバル諸問題の研究に特定して、新たに科学研究をスタートさせるレベル、だ。

　ところで、グローバルな諸問題に対処するため関連する既存の知識を探り出して選定する作業は、そう簡単ではない。なぜなら科学界とは、著しく進化している理論と方法論に基づいて新しい知識を生み出す研究者のダイナミックな集団であり、加えてそのいくつかは「科学的通説」によって公式な認知を待たなければならないからだ。

　特に第2のレベルの課題に関しては、科学発展の歴史過程に関してさらに深い理解が不可欠である。つまり西欧科学が、グローバルな諸問題を研究するためどのような方向性を取りそれらを当てはめられるのか否かを見出すには、西欧科学史の過程全体を通してそれ

がいかに発展してきたかを充分に理解していることが不可欠となるわけだ。別の言い方をすれば、現在、科学界は喫緊の複雑なグローバル諸問題の研究へと舵を切って、知識の自律的な創造過程を開発しようと世界中で努力を傾注しているが、その内容を理解するには、現代科学研究の内でもとりわけ社会科学と認識論についての造詣が前提となる。具体的には、現代の科学界が自然と社会の研究のために組織されているのか否かを知ること、また科学界が生み出す知識が、グローバルな諸問題との関係で判断した場合にどのような種類の有益なあるいは無益な、はたまた有害な知識となっているのか、を知ることが肝要である。

実際、近代西欧科学に関して徹底的な歴史的評価が現在不可欠である理由は、近代科学こそ、新たに現れている地球規模問題に対峙する際の、最も強力で信頼できる知識ベースを提供するものであるから、と言うにとどまらない。その評価が必要なのは、近代科学と技術が自然と社会との相互作用のパターンを変える際に主要な役割を果たしてきた、との理由からでもある。それ故私達が現代のグローバルな諸問題を研究する場合、近代西欧科学に対する評価を無視することはできないのである。

それとの関連で、ヨーロッパを起源とする近代科学によって担われた役割を確定し、その特性を見極めることが重要になる。なぜなら、近代西欧科学が現在のグローバルな諸問題に関連した知識の主要な源となっているからである。近代西欧科学がこの点で肯定的もしくは否定的のいずれの役割を演じたかについては人によって見解は相違するかもしれないが、誰しもその影響力の優位性を否定することはできないであろう[2]。

第 6 章　グローバル諸問題に対する近代科学研究　157

1　新型知識システムとしての近代西欧科学

　近代科学（および技術）がヨーロッパの地でどのようにまたなぜ発祥したのかは、複雑な問題であり、一言で答えるのは難しい。明らかに、それはいくつかの傾向が組み合わさった結果であった。そのうちの支配的な要因をただ一つだけ挙げようとすれば、それは過度の単純化を冒すことになるであろう。要因を捜す代わりに、むしろ次の問いを発することができる。「人類史における知識システムとして、近代西欧科学をユニークなものにしているものは何か？」と言う問いである。この問いに対してもまた、近代西欧科学の特性を具体的にどう定義するかによって、さまざまな回答がありうる。だが本章では、（現在われわれが直面する）社会・自然関係のグローバルな危機を前にしての知識獲得のプロセスのみに注目したい。したがって私達の関心は、近代西欧科学の特性のうちでも、西欧科学が社会対自然関係および社会対社会関係に関する知識ベースを構築するに際して、その特性が及ぼした肯定的・否定的両方のインパクトに視点をあてることにしよう。

　この特性は、ダイナミックで多元主義的な科学研究過程に見出される。その過程は、自然と社会に関する社会知識が増え続けながら蓄積される道なのである。ここでの「社会知識」とは、社会的に共有され、社会の指導層から正統なものとしてお墨付きを得ている知識のことであり、それ故その時代の問題に対処する際、社会全体が使う知識を指している[3]。

　その過程において、社会およびその自然環境を統御するために科学知識が大規模に適用されるに至ったのである。またその過程では、自然対社会関係や社会対社会関係に対処するための知識基盤が

蓄積されることになった。科学技術と科学計画（または政策科学）を技術官僚的に組み合わせるという現在のやり方は、ヨーロッパの16世紀頃に端を発するもので、前記の長い歴史的潮流から編み出されたものである。

それ以来ヨーロッパでたて続けに起きた科学革命の特徴は、可視的世界、自然と社会が、一般的探究ならびに具体的探究の対象となった点にある。ところが一方、西欧以外の実質上すべての文明圏では、自然と社会というものは不可視的現象との関連で、あるいは不可視的現象という枠組み内でそれまでは扱われていた。その場合の不可視とは、さまざまな知識体系――宗教的・コスモロジー的知識体系――での中心的な関心事となっていたものであり、その体系を現代人のわれわれは"信仰（信条）"と呼ぶのである。

確かに近代西欧科学者であってさえ、不可視的なものが長い間、関心の対象になっていたことは言うまでもない。ニュートンは西欧の科学者として、可視的なものを通して不可視的なものを証明しようと試みた有名な一例である。けだしニュートンのこの試みは、前近代において不可視的なものに優越性を与えていた状況を逆転させた実例、として捉えるべきである。つまり前近代では、ニュートンの知的プロジェクトとは正反対に、不可視が可視に対してお墨付きを与えることになっていたからだ。おしなべて言えば、近代西欧科学は世俗化の道を選んだとも言える。その事実自体、可視的なものを益々強調するようになる、との道を選択したことになる。こうして近代西欧知識システムは、自然と社会に関する可視的現実の知識を頂点に置くことにより、近代以前の知識体系の構造（不可視なものが主導であったもの）に取って替わったのである。

近代科学は、知識システム構造の内部で担う主要な役割という観点からは、中世のキリスト教ならびにイスラム教の神学や、古代中

国における儒教の教義に準えることができる。

　この転換が、時代的に先行する世界帝国の中から世界経済が出現するという歴史的時期に起こった点が興味を引く。可視化への変容をもたらした社会状況に関して、概括的で大胆なひとつの仮説を立てて見ることにしよう。世界帝国では社会の統率力は政治権力が握っており、経済主体は各地に分散している閉鎖的な農村共同体であった。人々の触れ合いや財・サービスの交換は地域に限定されており、帝国のパワーは帝国全体に及ぶ一定の政治的・軍事的活動の指揮に関して統一的支配を揮っていた。こうした状況では、閉ざされた異なる共同体の間での相互交流や相互依存は極めて限られていたため、可視的自然と可視的社会に関する知識は必然的に地域的特性を表しており、（共同体や人により）異なるものであった。

　それらを統一する唯一の要素となったのが、宗教信条に基づく世界観であった。その世界観は識字エリートによって支持され、正統性を付与された。つまり識字エリートは、宇宙に関する普遍的な知識を「不可視の現実」への宗教的信仰に基づいて組み立てることにより、それぞれの帝国に正統性を与えるという重要な役割を担ったのである。

　（世界帝国と言う）普遍的システムは、地域の社会と自然に関する地域特有の知識の上に次第に重なり合い混じり合い、そのコスモロジーを豊かなものにしていった。とは言えこの普遍的システムは、自然および社会それ自体に関する普遍的な知識体系を構築するための系統的な試みを発展させたわけではなかった。

　近代西欧の世界経済は、それを前近代の世界帝国と対照的に区別してみると、統合機関となった世界市場によってそれが特徴付けられていたことが分かる。帝国による政治的統合の可能性は、近代化の過程を通じて排除されていき、独立国家からなる多元的で分散的

な政治制度が取って代わった。このように、世界帝国が政治的には統一されて経済的には分散したシステムであったのに対し、近代西欧の世界経済は経済的には統一されて政治パワーとしては分散したシステム、として成長したのである。

この歴史プロセスは、知識体系の社会的機能が変更されたことと相俟って可視と不可視のどちらを強調するかに関して、直接的かつ重要な変化を及ぼすことになった。政治的に多元的な世界では、宗教とイデオロギーの多様性は不可欠であった。こうして宗教による知識支配に対抗して展開された長い闘いの末、遂にイデオロギー的に中立的な世俗の知識体系が築かれるに至った。

現代世界経済はそれが必要とする「帝国」を正当化するために、不可視のものに関する統一的な信仰体系を必要としなかった。その代わりに現代世界経済が必要としたものは、可視のものに関する普遍的な知識基盤である。この知識基盤があれば、世界市場の異なる地域にいる人々が単一分業システムの一員になることを受け入れて、互いに通信し、交わり、組織化できるからである。

こうして生まれたのが、一方では各個人は自己のイデオロギーの主人であると信じる個人主義であり、他方では「科学」という名の普遍的知識システムであった。

西欧の「奇跡」とは、自然と社会に関するこの知識の塊が、世界システムの発展（ヨーロッパ中心主義的なその発生起源から現在のグローバルな段階に至るまで）に対して、技術的・政策形成上の基盤を提供し続けることができた、そうした知識の塊の発展の仕方を指して呼ぶものである。

近代西欧科学を一歴史過程として眺めると、その基本的特性のひとつとして、過去4世紀に亘ってその歴史過程に参加したほとんどの科学者達が抱き、かつ現在の科学者達の大部分が抱いている根源

的な「世界観」を、われわれは無視するわけにはいかない。その世界観によれば人類または人類の文明は、ダイナミックな視点からより良くより高度な段階に向かって、進化し続け、成長し続け、進歩し続けるものと見る。人類のこの「進歩」は、迷信と野蛮性に対する闘いである。科学には、啓蒙への障害を取り除くために反啓蒙主義と闘うという役割がある。科学は人間の生活条件を改善するための手段を提供するとともに、人間の理性を解放するイデオロギーをも提供するのである。

　近代西欧科学はこの方法で、進歩の二つの敵と闘うことを誓った。ひとつは世界帝国の知識システムだ。それは、ヨーロッパにおいて教会および教会による知識体系（神学の補助としての）への管理に代表される知識システムである。もうひとつは、民衆の知識体系である。それは、無教養ではあるが庶民の口頭伝承に満ち溢れていた農村共同体の中で維持されてきた文化である。一般に後者は、「迷信」として排除された。ネーション・ステイト（国民国家）が文化人の支持を受けてその国の標準語を開発するようになると、伝統的な方言は前近代文化の違法な遺物に成り下がった。こうした違法な言語で表現され蓄積されてきた知識も非合法化されたのである。これは、可視世界に関する普遍的知識の採用に向けて避けられない措置ではあった。しかし、実質的な現実に基づく豊かな口頭伝承を近代西欧科学からすべて排除し公式化の過程から外したことは、むしろ近代西欧科学の知的空間を狭く限定する結果を生んだのである。

　この考え方は科学的な世界観の核心を構成しており、長年に亘って数々の異なる装いを呈し、多くの異なる方法で公式化された。この世界観についての重要なひとつの事実は、それが「メタ・プロジェクト」を構成し、それによって背景・文化・イデオロギーなどの立場の異なる科学者達同士が、影響し合い、協力し合い、競争し合う

ことが可能になるという点である。それがおこなわれるのは、科学と呼ばれるより広い「知的空間」の内部においてであり、その空間内で科学者達は同意の上で、自分達の仮説・研究方法・研究結果を討議するのである[4]。

　進歩史観は、それが単に世界の概説にとどまらないという点で、一種のプロジェクトである。それは特定の価値を推進し特定の目標へと導く目的で、反啓蒙主義の反科学的な傾向と戦うことを科学者に促す。

　異なる思想や学派の科学者は、それぞれ特定のプロジェクトを持つ。聖職者の反啓蒙主義と戦うのが務めであると自負する者もいる。ある者は、医薬のような分野における迷信と戦っている。また他の者は、人間の自由・民主主義・解放として定義できる社会的進歩を促進させることを願って、社会と政治を研究している。彼ら科学者達による進歩の定義は、共有される価値としてはプロジェクトごとに異なっている。しかしながら、「進歩」と「科学」に関する一連の核となる価値観ならびに概念は各中心部で共通しており、それは現代の西欧科学のあらゆる分野で共有されているものなのである。

　メタ・プロジェクトは、可視的知識の獲得を求める誰に対しても、その人物が不可視に関するどのような信条を抱いているかにかかわらず、共通の目的として「進歩」を提案しており、現代社会の形成に二つの点で重要な役割を演じた。ひとつは、このメタ・プロジェクトが、現代社会に対してその社会にサービスを提供する現代科学技術の恩恵により物質的進歩を約束していることである。もうひとつは、このメタ・プロジェクトが、こうして科学の進歩と人間の進歩とが提携することにより、すべての市民に科学者達と科学的な諸価値や信条を共有して、無知と迷信に対する闘いに参加するように

第6章　グローバル諸問題に対する近代科学研究　163

奨励していることである。科学主義とは、（a）社会の主要な目的としても、また（b）社会構成員すべてにとっての個人的目標としても、広義には現代西欧科学のメタ・プロジェクトを提案するイデオロギーである、と定義されるであろう[5]。

またメタ・プロジェクトが科学界に及ぼす強大な影響力を、強調しなければなるまい。メタ・プロジェクトは、科学者を外的権威によるいかなる管理や誘導からも解放し、またその一人ひとりを科学研究の主要な実行者とすることにより、科学者にひとつの知的空間を提供する。その空間とは「科学」と呼ばれる総合的な枠組みの内部のことであり、そこで革新を目指しておこなわれる討議が新しいパラダイムを生むのである。

近代西欧科学における討論の有益性を保証している鍵となる要因とは、討論に参加する各行為者が不可視なものに関する各自の信条とは無関係に完全に等しい立場で他の個人と対峙していることであり、また議論がすべて集団それ自体のモノローグ（独白）の拡張にしか過ぎないもので終わってしまうような内集団内の議論ではない、という事実に内在している。個人が互いに他者に接触しようとするのは同じ学派に所属しているという感覚からではなく、むしろ個人として自立し共通の知的空間を形成することで互いの知識を豊かにするためなのである[6]。

前近代世界帝国における知的空間は、異端と正統とを、認識論的用語と社会的用語の両方を使って区別する堅い枠組みであった。研究者個人は、学派（の基準）に正統であるとの承認を受けた空間の中でのみ、研究に従事していた。

近代西欧科学の場合には、この空間は科学と呼ばれるゲームの一定の規則を順守することを条件に、各個人にその範囲内で自分自身の適所を開拓する自由が与えられる開放型自由空間と言える。正統

——つまり通常科学——の核心部分は、競い合う個人達のパラダイムの位置が、この知的空間の周辺・準周辺・中心の間を動くことにより、彼等の間で交わされる言わば弁証法的な相互作用によって絶えず修正されるのである[7]。

2 制度化されたプロセスとしての近代西欧科学

　近代西欧科学のこの共通の知的・科学的空間は、革新やダイナミズムや科学進歩の制度化されたプロセスの継続的な展開を促進する、という一定の特徴を持っている。このお膳立てが近代西欧文明にとって必要なのは、科学というものが人類の進歩を成し遂げる際に使用されるべきアイテムの一つとして見られているだけではなく、むしろ科学の進歩を通してのみ人類の進歩は遂げられると信じられているからである。したがって知的空間としての科学は、科学的進歩のプロセスの進行を保証する一定の社会的および認識論的な特徴を持つ必要があるのだ。

　社会的には近代西欧の世界観は、科学活動の中心に知的行為者として科学者を配置することによって、個人活動に圧力を加える反啓蒙主義的権威と闘う際に、その正統性を取得する。これは研究者の知的創造力を解放するものである。それは正説と異説との明確な境界線を廃止し、知的空間において支配的なパラダイムに対する反抗さえも合法化する。この個人主義は、知的空間に関する認識論的定義と緊密な合意関係にある。科学研究は、次の三組の関係で定義される。

　　（1）　研究者個人は「我想う」者として定義される「自己」
　　（2）　研究者の思索の対象としての「事象」
　　（3）　通常一組の論理・数学的声明といえる、思索の結果得ら

第6章　グローバル諸問題に対する近代科学研究　165

れた「知識」
の三組である[8]。

言うまでもなく、科学研究におけるこの三つの構成要素の関係は、多くの問題ならびに論争を引き起こした。しかし、個々の研究者が未知なるものを自己の責任において探求すること、またその知識が科学界の共通財産になるのは共有の形式化された論理数学的なコミュニケーションシステムを介してであること、の二点は共通の了解事項となっている。

外的・可視的な「事物」を扱う研究結果について、その「客観性」——あるいは「主観性間の妥当性」とより良く表現できる——は、一連の規則によって保証される。なぜなら研究者は、自らの観察を形式化する際に、あるいは「仮説」と呼ばれる「形式的な」提案を、経験的に実験する——つまり可視事象を参照する——際に、そうした規則を順守しなければならないからである。

このようにして近代西欧科学は、「実質的な」現実についての研究者自身の認識を正式なものとする方法に関して、一組の規則にしっかり基づいているのである。「見えない事象」は他の諸文明とは違い、もはや「信仰（信条）」の対象にはならなくなっている。それはひとつの虚構・制度であり、その妥当性いかんの判断は、共通に承認された規則に従う科学研究と呼ばれるゲームの実施にかかっている。

近代西欧科学のこの「形式主義」は、個々の研究者が自由に研究を実施するために重要な役割を果たす。この虚構・制変は、議会制民主主義の虚構・制度と比較できるものである。後者においても、議員の頭数を勘定する多数決ばかりをなし、決して頭を断つことはしないと言う意味で形式主義であるのだから。

しかしながらこの「形式主義」は、それ自身の問題を含んでおり、

近代西欧科学が前近代社会を圧迫した正統・異端のくびきを打ち壊すことに成功したのは、多大の代償を払ってのことなのである。

　一般的に、形式化するということは、実質的現実の内でも形式化される様式の一部になる特定の側面を選び出すということを意味する。それを既成の理論的用語に置き換えると、形式的様式は実質的現実の世界（universe）と論理的に対応するものであり、その方向に強引に対応づけられるのではない。一対一の対応が、実質的現実の一部との関係で存在する筈である。しかしながらこの形式的モデルは実質的現実の大部分を無視することになるが、それでも尚この実質的現実の一部との対応は、科学的演繹法および（ないしは）帰納法の規則に照らして充分に確立されたものとされるならば、その「科学的な価値」を失わない。

　即ち「形式主義」はこの方法で、可視的現象（即ち実質的な現実）の選定部分の間での厳しい相関関係を保証している。しかしこの形式主義は、この現実の全体像についてのより良い理解に結び付くとは言えない。近代西欧科学のこの基本的脆弱性は、近代西欧世界で特定の思想家の注意を引いてきた。そしてこの「難問（アポリア）」は、現代西欧科学の知的空間において益々迷惑千万なネックになっている。

　われわれは後に、実質的な現実である可視世界の全体をいかに理解するか、の質問に戻らねばならなくなるであろう。ここでは、現代西欧科学がこの世界の複数の部分に焦点を定めていること、しかもそうすることで人類の知識の基盤を増強することに多大の利益をもたらすことを強調しておきたい。近代西欧科学は、分析的処置の対象として可視事象の宇宙（universe）をそのコスモロジーとして選ぶが、その際その可視事象の宇宙の特定の側面を選び出すという、選択的な方法を使う。科学的進歩の測定は、かつて多くの前近代の

コスモロジーに見られたように、不可視のもの、ないしは全宇宙に関してどれほど多くの洞察力が得られるか、が基準ではない。その測定は宇宙を構成する「事象」のある特定の側面に関して、さらに新しい改善された知識が付け加えられたか否か、が基準となる。

　迷信と無知と戦うことが科学研究の目的であり、可視的存在であれば何であれ、科学的研究の潜在的な対象とならないものはない。

　近代西欧科学が生物学における植物や化学における成分など、さらには学問分野についても、系統的な分類を完成させたことは良く知られている。この特性はおそらくは、可視事象の種類に関して共通の側面を分析処理することへの前述の関心と関係ない筈はない。可視事象のすべてに関して分析的な知識に到達するためには、それらの間に存在する類似点と相違点とを決定する必要があり、そうして初めて普遍命題の異なる範疇という手段によってそれらを正式に扱うことができたのである。そのような分類を求める際に、異なる存在はその本質においてはいかに多様なものであるかという形而上学的問題に、近代西欧科学は注意を集中させなかったことが重要である。

　イスラム学者にあっては、「何性（mahiyah）」と「其性（huwiyah）」概念の助けを借りて、異なる複数の存在が集まった存在と至高の存在としての神とを比較することで、この形而上学的問題に注意を向けていた。またキリスト教学者にあっては、「存在の類比（analogica entis）」の概念を使って、同様にこの形而上学的問題に注意を向けていたのであった。ところが近代西欧科学においては全宇宙を個々の部分に区切り、「学問分野」と呼ばれる一定の分業体制を受け入れる学者コミュニティの研究に供するための手段として、分類法を考えたのである[9]。

　この形式主義的な分類法こそ、近代西欧科学の認識論を特徴付け

るものなのである。デカルトの『方法序説』には、たいそう巧みな定義が見られ、その第二準則では、論理的（即ち科学的）考察であるならば、一つひとつの問題を必要に応じて多くのより小さな問題に細分化することができ、そうすることでそれらをより良く解決できると提案している（『方法序説』）。ライプニッツもまた、実体概念を確定するという全く異なる文脈ではあるものの、現実を組み立てている単子をそこでも特定しようとするモナドの概念を考案した。この「原子論の形式」は、論理実証主義にとってだけでなく、近代西欧科学のあらゆる伝統ならびに思想や学派にとっても、認識論上の基礎となっていると言える。言うまでもないことであるが、前記の状況は、ウィトゲンシュタインの取る立場に見られるような可能な限り厳密な意味で然りと言うのではなく、近代西欧科学のすべての分野において、研究中の問題を形式化しようとする絶えざる努力がある、と言う意味で然りなのである。つまり問題を研究対象の最小単位にまで届くように分割することにより、その最小単位を把握しそれを他の複数の最小単位と比較し、それからこの原子的な基盤の上で現実を再構築しようとするのである[10]。

　近代西欧科学の認識論のもう一つの重要な特徴は、モナドとして単独で各自の科学研究に従事する複数の個人に、（個人同士をつなぐ）主体間の架け橋を架けようと試みる点である。近代西欧の科学的研究の基本的仮定は、その厳密な観測に基づく実験的な方法論の開発を可能にさせているものであり、要は同様の研究を同じ方法で実施する場合には同じ科学的な結論に達するという点で、個々の研究者には互換性がある。その論旨は明らかに、研究の対象となるものすべてを含む現実の最小単位はすべて均質であり、そして同じ性質の複数の最小単位を扱う場合には、それらの振る舞いは同じになる、という仮定に基づく。第2の同じように重要な仮定は、個々の

研究者に関するものである。すべての人間の知力は同様に機能すると仮定されており、したがって、一人の人間の知力による論理的な推論は人間全般の論理的な推論として普遍的に妥当すると考える。この考え方により、少なくとも近代西欧科学の初期段階においては、理論や方法論、また研究成果を討議したり築き上げたりする際に、研究中の個々の状況についてはすべて無視してしまうのである。結果近代西欧科学は、個人研究者達の間に円滑に普及することができた。つまり研究者達は、理論についての理解を益々多く共有し、また共有する観察と実験を益々多く再現することにより、研究に携わる理想的な「人物像」に自己を近付けることに努力を傾注したのである。

この「普遍的人物像」を仮定することは、実質的世界を「形式化」する際に決定的に重要なゲーム規則なのである。見えるものは、誰によってでも同様に見られるとされる。現代西欧科学のこのフィクションには、現実の一定の側面の選択はさまざまな思想や学派によって異なる方法でなされる、との事実を無視する根本的脆弱性がある。

可視世界では、ある分野が特定の研究者には他の研究者よりもはっきり「見える」ことがある。この「はっきり見える」か、あるいはそれほどでもないのかの違いは、研究者が実質的な現実のどの面にどれほどの注意を払うかの違いによる。この注意レベル（の強弱）は個人間で差異がある。しかしより重要で強調すべき点は、この注意の差異が複数の文化の間および複数の学派の間でより顕著になるという事実である。

近代西欧科学は、このようにして非西欧の伝統を引き継ぐ思想家や科学者によって作られた感性豊かで複雑な思想をそっくり犠牲にした。しかしそのことにより、すべての科学研究者は相互間で自由

に入れ替え可能とすべき、と規定するゲーム規則を通じて普遍性を獲得できたのである。

　近代西欧科学の偉業とも言うべき成功は、宇宙全域に亘る知識の蓄積に基づいている。そうした知識は、単子論的形式主義の異なる型を基盤として発達した方法論により、厳密に比較可能な測定装置を用いて、科学的分業による全学問分野で研究されてきたものである。知識のこの蓄積は、学問分野別の分業体制を持つ近代西欧科学界の社会科学的構造によって促進された。各学問分野は特定の理論と方法論を開発し、多くの場合、自らの学問研究分野がそれだけで独立の部門をなすものであることを証明することにより、自己の正統性を確立しなければならなかった。例えば、エミール・デュルケームが社会学をそれだけで独立の部門として打ち立てるために傾注した努力は、良く知られている。しかしながら、(近代西欧科学界の科学者達は) 科学的真実に関する主体間的な合意の基礎となる理論や方法論については、その核心的な部分で共通に合意していたのであり、またその際の科学的事実はもはや、かつての前近代の知識システムのように外的権威筋に由来するということはなくなっていたのである。

　われわれは、現代の西欧の科学界を担う研究者達の主体間的な合意が、知識に関する何らかの貴重な源とは実際断絶してしまったことを、忘れてはならない。前述のように、ローマカトリック教会の権威に対する戦いによって、不可視のものへの信仰に基づく前近代の普遍的知識体系をすべて拒絶することが不可欠となった。実質的現実と濃密な関連性を持つ民衆の知識も、迷信として拒絶された。オリエンタリズムと人類学のお蔭で、これら二つの知識の源 (カトリック教会の権威と民衆の知識) は、近代西欧知識体系の分業内で科学研究の対象として扱われるようになった。この二つの学問分野

は、ヨーロッパ中心主義であるとの批判を現在浴びてはいるが、過去においてはこうして、知的空間から前記二つの種類の知識を完全には除外しなかったという肯定的な役割を現実には果たしていたのである。しかしながらこの二つの学問は、(事象の)全体を把握するという東洋の方法を近代西欧科学に導入することができなかったし、またいわゆる「未開」社会の実質的現実との直接的接触を西欧科学に伝達することもできなかった。

近代西欧科学は、実質的現実の全体を把握することをこのように拒否したお蔭で、可視世界に関してはその全部門を扱う百科事典的知識体系を構築することに成功した。この事実を確認した上で、仮に近代西欧科学が単に記述に過ぎないものであって、宇宙メカニズムを説明できる理論を構築しなかったとしたならば、それは無味乾燥で非生産的な演習に終わったことであろう。(実際には近代西欧科学の成果により、われわれが理解しているのは)宇宙を構成する複数の異なる原子は、宇宙を時計仕掛として機能させるような方法で、互いに関係し合っていることである。しかし仮に近代西欧科学がただ宇宙の異なった領域に関する知識を蓄積するだけの受け身で静的な操作に過ぎないものであったならば、その最も顕著な特徴(求められている知識すべてに関して「より優れた」理論的定式化を見出せるよう、活発で動的な探索をするという要素)を逃していたことであろう。この特性のお蔭で近代西欧科学は、科学者に絶えずそのアプローチを改善し適正化することを強いて来ている。したがって現代科学にとっての知識は、科学研究における知識生成過程とは切り離すことができない。

科学者個人の間ではより良い理論とは何かについて意見の一致は見られず、ある者は優雅で簡潔な理論を求め、他の者は良く理解することを欲した。とは言えすべての研究者が、理論や方法論また研

究成果についての討論に参加したのである。と言うのも、皆より良い理論構築の意義を信じていたからである。彼らは宇宙の局所的な記述知識を蓄積するだけの静的な作業区分に、満足するわけにはいかなかった。

今まで見たように、科学の進歩を人の進歩と結び付けるようなメタ・プロジェクトは、16世紀以降に登場した多くの競争的プロジェクトによっても共有されているものである。

近代西欧科学の異なるプロジェクト間の競争は、いかなる前近代知識システムにも見出すことのできない、極めて独特のダイナミックなプロセスを生み出した。

その前近代知識システムにおいては、プロジェクトは一般的に「思想や学派」を構成しており、それぞれの学派は異なる世界観を持つとともに、不可視的現実・可視的現実の全体に関して幅のある解釈を持つシステムを提供する。例を挙げると、イスラム教の哲学・科学・法思想における、あるいは孔子の宇宙論・倫理学・政治思想における、異なる思想や学派である。

それとは全く異なる方法で、近代西欧のプロジェクトはパラダイム的であり、クーンのパラダイム概念を拡張し、それを認識論的かつ理論的・方法論的構成概念に仕立て特定分野で科学研究を遂行する際に、何が正統であり、何がそうでないかを規定する。そのようなパラダイムは、研究者および研究の対象と研究成果の関係について、重要な一揃いの概念を定めるのである。

このように近代西欧科学は、科学研究の学問分野別分業により各パラダイムの応用分野が指定されるという賢明に構造化された知的空間内のパラダイムを開発した。その区分けは時には狭義(例えば、ニュートン力学・非ユークリッド幾何学・新古典派経済学等)に、時には広義(例えば、マッハパラダイム・操作主義・構造主義)に

なされる。しかし常に参照されるのはより具体的に科学研究におけるゲーム規則であり、世界の「全体」像のようなものではない。もっとも後者に関しては、マルクス主義唯物論が際立つ例外である。それはヘーゲルの理想主義に従って全網羅的世界観を提示したものである。しかし正にその事実により、「現代」経済学や物理学、また他の学問分野も含めた本流のパラダイムからは、依然として疑わしいものとの評価を受けたままであった。

　パラダイムは演繹法または帰納法のどちらかの方法を通じて、どのように自身が物と関連するかについてのゲームの規則に関して一定のポジションを選択する。例えばパラダイムは、科学的観察または実験の正統的条件は何かを定義する。パラダイムはまた、正統な形式化および論理数学的な公式化の観点から、研究プロセス・出力関係をも定義する。これらの定義と公式化に互いに違いが表れるのは、宇宙（コスモス）を支配する不可視（世界の）原則を信じるか否かという点にではなく、むしろ宇宙（コスモス）の特定部位を研究対象として扱えるように、選択したり分離したりしてどのように「科学的」研究が遂行できるか、というその正統性の点にである。この科学研究の遂行の仕方は、さらに理論的構成概念を構築し、また研究者がその内の特定の理論的構成概念を採用することで研究成果を生み出すという作業を通して、結果理論的構成概念の扱い方を示すことでおこなわれる。

　こうしてパラダイム間の議論は、基本的な認識論的方向性に関するパラダイム間の相違によって発生する（例えば、ドイツの実証主義論争）。しかしそれは、「自己／もの／知識」の関係性の解釈の相違という形態を取る。またその解釈は漠然とした一般用語によるのではなく、科学研究の具体的かつ明確に定義された状況によるのである[11]。

異なる思想や学派の研究者の間で認識論上の立場が異なることに内在する緊張は、異なる学問分野での研究対象に内在する緊張と結び付く。例えば、「自然」と「社会」は、学問分野の違いで研究対象となるものが全く異なり、二つのパラダイム間に常に緊張がある。その内の第1のパラダイムでは、各分野の特異性を強調する（例えば、新カント学派の分類では自然と文化は、それぞれ自然科学と文化科学が対象とする）。その第2のパラダイムでは、二つの学問分野の内の一つで生まれたパラダイムを応用しようとする（例えば、ニュートン物理学に基づいた方法論の開発によって生まれた厳密な量的方法論を社会科学に応用する試み）。

　無論緊張というものは、各学派内部での複数のパラダイムの間にすでに存在していることは言うまでもない。それに加えてパラダイムが新たに学際的に横断し始めると、また新しい緊張が引き起こされるのである。つまり学際的パラダイム間競争がそれに引き続いて現れ、それが近代西欧文明独自のダイナミックな科学的発展過程をもたらしたのである。

　極＝対極の科学発展競争は、所与の地理的文化的文脈において色々な学問分野で現れる傾向である。例えば19世紀後半、主流英国の自由経済は、対極側ドイツの国家統制経済の対抗を受けた。またヨーロッパで発達した制度的法学を基礎とした極側のヨーロッパの政治分析は、第二次大戦後、物理学により開発された実験測定方法論により心理学的に裏打ちされた対極側米国の行動科学の対抗を受けた。

　パラダイムの発展について、極＝対極の競争の他にも、より連続性のある性格のものがある。例えば、（1）米国の構造機能社会学はドイツで発展した。（2）シャノン情報理論の発展は、カルノーの業績に結び付いた熱力学に関する18世紀ヨーロッパ・パラダイムが

生み出したエントロピー概念に基づくものである。

　手短かに言えば、近代西欧科学の動力は多極構造に基づいており、それが新しいパラダイムの出現を促すのである。この構造は、またそれほど正統的ではないパラダイムを「予備」として残しておくことで、結局それが将来的には反極パラダイムの基礎を提供することになる、との長所を持つ。

　例えば、19世紀の大陸移動に関するウェゲナーの理論は、地球科学がプレートテクトニクス理論を発展させる20世紀になるまで長い間ほとんど関心を持たれなかった。ゲーテの光学および色に関する理論（色彩論）に関する考察は、実際にはニュートン・パラダイム[12]によって主導されたこの分野の発展には決定的な影響を及ぼさなかった。しかしながらゲーテの直観は、その包括的な方向性の点で色彩論を遥かに超えて、20世紀の科学的考え方に受け継がれたのである。

　より一般的に言うならば、近代西欧科学の知的空間とは、中心・準周辺・周辺として言い表されることになる。その「中心」とは一般的に最も先進的と考えられている学問分野が占める座であり、そのゲーム規則が模範と考えられており、それほど高度ではない学問により見習われるモデルを提供する。「中心」では演繹的・数学的である精密科学が、支配的となる。準周辺では模範となるまでには至らないものの、それでも一般的には受け入れられているゲーム規則を持つ複数の非精密科学の学問諸分野、即ち社会科学・人文科学のすべてを含む非精密科学が存在している。周辺ではパラダイムが多く存在し、そうしたパラダイムは正統性が十分確立してはいないものの、科学的共同体の一部門には十分に支持されているか、あるいは少なくとも非科学的であるとして拒絶されてはいない[13]。

　近代西欧科学の空間における前記の3層構造模型は、精密科学か

ら非精密ないしはソフト科学までの諸科学の階層構造を視覚的に表すための手段として提示したものである。極と反極の間での競争は、このモデルによって体系的に学習できる。原則として、極は中心に現れ、反極は中心もしくは準周辺のどちらかに現れる。しかし反極は最終的には極を凌駕し、その場合、以前の極は中心内での支配的地位を譲る。

クーンは、自然科学において「パラダイム・シフト」という名の現象が起こった多くの事例を報告した。これは、通常科学の中心にあるパラダイムが準周辺に位置する新しいパラダイムへ立場を譲らなければならなくなる、という現象のことである。この考察をさらに進めると、近代西欧科学の基本的特性とはおそらく、その社会学的側面・認識論的側面の両方における制度化されたプロセスである、と表現できるであろう。

社会学的には（第1の特性として）この制度的プロセスは、科学共同体により物事の世界（universe of things）を捉えようとするもので、その科学共同体は、この世界の特定部位について研究する個人から構成されるのである。例外的には仕事が複数の専門分野を跨ぐ、守備範囲の広い科学者はいるとは言え、科学研究は主として、物事の世界において充分に定義された得意分野を持つ「専門家」によって遂行される。前近代知識システムでは全般的傾向として、狭い専門的知識は職人仕事とみなされ、一般の哲学的・神学的知識ほどには評価されなかった。それとは対照的に、近代西欧科学は特定分野の専門化に優先権を与える。このことが可能なのは、学問上の分業を制度上の原則としているからである。大学および研究機関と学界により制度化される学問別の構造により、この分業体制の社会的基礎が提供される。またこの分業は、しばしば社会経済上の分業と同型的な位階体系として提示されている。科学研究のためのこの

第6章　グローバル諸問題に対する近代科学研究　177

組織（構造）は、（研究者が）異なるパラダイムを学問研究の特定分野に適用する際に、こうしたパラダイムを巻き込むダイナミックな研究過程にとっての理想的空間（広過ぎることも、狭過ぎることもない、正にちょうど良いスペース）を提供する[14]。

　科学と進歩に関する社会学的側面として、第1に、二つの方向性が識別できる。一つは、科学技術（および最近では政策科学および計画方法論・プログラム方法論も）を通じて、科学の社会への実用的なサービス機能を強調することである。もうひとつは、社会の構成要員に自分達が居住する世界についてより良い理解をもたらすため、社会および宇宙に関する適切な知識を供給する科学教育の役割に重点を置くことである。言うまでもなくこれら二つの方向性は結び合うが、場合によりそのどちらかの方向性をより強調して表現することになる。応用科学と基礎科学に関しどちらが相対的に重要なのかをめぐってしばしば展開される議論は、この軸に沿って進められるのである。

　近代西欧科学の第2の社会学的特性は、認識論の扱いに関する方法論である。認識論上の論争は、方法論上の競争に変換される。その際の重要点は、その科学的方法を適用すると、（a）物事を観察し（b）物事の条件内外で推論し（c）（研究者の）発見を一連のゲームのルールに則りながら質的あるいは量的に表現する、との観点から最良の研究結果を生み出すことになるか否か、にある。科学上の分業体制に従うと、これらの規則の内のいくつかは、科学分野全体に共通しており、また他のいくつかは科学分野の一部（例えば社会科学のみ）に適用される。さらにほとんどの規則は、各学問に特有なものである。このことが演繹的なアプローチ、あるいは帰納的なアプローチのどちらか一方が優勢となる諸学問分野の存在を可能にする。科学者達は、科学研究において演繹法もしくは帰納法をど

ように実施するかについての規則を自由に展開させることができるのである。

　社会的にはこれらのゲーム規則は異なる学問分野で、仲間関係にあるさまざまな機関によりかなり明確に規定される。学問分野を超えるようなさらに一般的な規則は国立アカデミーや他の（国立）機関の監督下に置かれ、科学研究の卓越水準を保証する。この水準はしばしば国家の威信に関わるものとなる。

　近代西欧科学の第3の社会学的特性は、パラダイム間の競争を制度的に奨励することである。科学界の大会や専門機関誌は、仕事と地位で成功している研究者に対して、物質的な報酬に裏打ちされたフォーラムを提供し、表現の自由な展開のための討論の場（少なくとも原則としてすべてのパラダイムに開かれている）を与える。こうしてダイナミックなプロセスのための刺激を保証する。つまりその場では、今日の勝者が新進の競争相手に自分の居場所を譲ることを強制されるのである[15]。

　科学的な競争の社会過程については、基礎科学ならびに応用科学の概念の発展に留意することが大事である。前近代の知識システムでは、応用された知識は一般に疎んじられていたが、近代西欧科学では応用科学は二重に重要なステータスを得ている。イデオロギー的には、科学を通しての人類の進歩という概念は人類の知識を応用することを意味し、したがって応用科学を正統なものとする。産業社会で社会経済的な分業が発展したことにより、応用科学に対してはその専門分野が社会の公共部門および（もしくは）私的部門に利益をもたらす場合にはいつでも、研究開発投資という名目で無視できない刺激剤（多額の資金）が与えられる。

　これら三つの制度的メカニズムは、異なるパラダイム間討議を通じて科学の進歩を促進する。それらのパラダイムは、三つの認識論

的な次元に沿って展開される弁証法を通して、さらに新しいパラダイムを次々に生み出す。第1に、科学的観察の過程で研究者は観察に際して、厳密に限定され明瞭に表現された単位でものを見る。研究対象がこうしてはっきり定められると、分析的かつ統合的な複数のアプローチが互いの間で弁証的に競合できることになるからである。近代西欧科学に関する一つの事実はそれが異なる複数の学問分野に明瞭に区分されており、そうした複数の学問分野が事物の世界に関して（守備範囲を）うまい具合に限定された支部門を維持するので、分析的・包括的過程をより良く統合できるのである。しかしながら諸学問の分業体制は、学問横断的統合を促進するわけではない。これは認識論の一つの主要な欠陥――つまり統合的展望の欠如――なのである。

近代西欧科学が弁証法的に発展する第2の認識論的側面は、観察される事物に対して適用される科学的考察方法に関わる。ここが、演繹法と帰納法とが競争する場である。もっとも両方法論は、共通の制度的背景を持っており、両者ともその枠内で仮説へと導かれる（あるいは仮説に由来する）観察や実験がおこなわれるという点で、正統化されるのである。

演繹法・帰納法の論理体系は精密科学においてより鋭く、いわゆるソフトサイエンスではそれほど明白ではない。後者は、第三次元が学際的議論の弁証的プロセスで鍵となる役割を演ずるためである。それは一元論・二元論（の対立）であり、しばしば実証主義学派と批判主義学派間の討論に代表される。前者は選択した観察事象と、理論的構成概念という別個の要素の間で1対1対応を最善にしようとするが、後者は観察された事象の批判的な処置を通して、自らの理論で捉えようとする根本要因に潜む深層を見つめようとする。一元論と二元論の間のそのような討論は、（実は）前近代思想史

においてよく知られていたことであった。しかし現代西欧科学にしか見られない特徴と言えるのはこれら二つの立場の競争により、異なるパラダイムが結局は二つの側のいずれかを取るという方法で、所与の学問分野においてより厳密で妥当な方法論を構築するための努力へと導かれる点である。そのような競争により、数々の学問分野で継続的な成長が可能になったのである。

3 技術官僚革命（The Technocratic Revolution）

まず「技術官僚革命」とは、1950年代以降に起こった歴史的発展と定義する。第二次世界大戦後の状況では、科学技術は次の三つの分野で、飛躍的な規模で進歩を遂げた。

（a） 核エネルギーを通してのエネルギー使用の規模
（b） 宇宙技術開発に伴う航行（navigation）の規模
（c） コンピューターサイエンスの開発を通しての情報処理の規模

とりわけ情報科学の飛躍的な発達は、社会科学に革命をもたらすものであった。こうして「技術官僚革命」の重要な構成部分が、いわゆる政策科学の中で達成された。そこではオペレーションズ・リサーチ（OR）から将来のモデリング（標本設計）まで、予測し計画するための新しい方法論により、技術に基づいた社会管理の開発が可能になったのである。

この革命を「技術官僚的（technocratic）」革命と呼ぶことができるのは、これら技術変容による社会的状況から、技術開発と政治経済のパワー集積との間に空前の密接な相互作用と相互依存がもたらされたためである。1950年代から新たな知識エリートである「技術官僚達」が、全世界のとりわけ先進中核地域で政治社会の指導勢力

として登場した[16]。

　社会学的、認識論的に見ると、この技術官僚革命により、現代西欧科学の知的空間内では知識開発に関して単一極が現れることになった。この単一極は、現代西欧科学ですでに主導的立場にある一定の複数の極と一体化して、他の多くの極を非正統化してしまった。このことにより、世界システムの中心および準周辺に位置する指導的極である技術官僚的パラダイムが、準周辺および周辺に位置する複数の反極に対して空前の比較優位を形成した。具体的にはそれは、公的・私的研究開発への巨大投資や研究の制度化（国内・国際・トランスナショナルなレベルでの社会経済・政治［および軍事］部門における大規模なデータ収集・蓄積・処理を含む）に表れた。

　技術官僚主義パラダイムがこのように優勢になった背景には、それが1950年代・60年代に世界システム全体で起きた前代未聞の経済成長と連関していたことがある。米国で幕を切った技術開発の新しい潮流が、急速に西ヨーロッパへと伝播し、またそれはソ連で、「スプートニク」に象徴される同時期併行的開発の引き金となったのである。60年代には日本が追いつき始め、こうして技術官僚革命により、技術革新へと向かう推進力が現代「西欧」科学の境界を超えて広がった。

　技術官僚革命は、人類の進歩に奉仕すると言う点で、近代西欧科学により今迄最高度の段階に到達したとみなすことができる。技術官僚革命は、先進産業社会への奉仕と言う点で、より規模の大きな技術知識基盤を提供したと言うだけではなく、発展途上社会には、「開発」のイデオロギーという形式で、進歩の概念についての最新形態をも提供したのである。そのイデオロギーの内容は具体的には、技術面で現代西欧社会のモデルの後追いを大規模に適用する産業的成長のことであった。

この革命が引き起こした社会的結果は多様であり、複雑であった。例えば核技術の開発により、後に激しい軍拡競争の引き金となった軍事技術への応用が第一に生まれた。その一方で核技術は、急速に工業化する世界システムの増大するエネルギー需要を満たすことにも貢献した。

しかしながら原子力エネルギーのこの平和利用自体、その技術官僚主義パラダイムに対してオルターナティブな（代替の）パラダイム（即ち環境保護主義者）からの強い批判を浴びた典型例なのである[17]。

概括的には60年代とは、主要な技術官僚主義パラダイムの代替案がさまざまな分野で現れた十年間であったと言えるが、それは注目すべき事実である。こうした新しい傾向が見られたのは技術官僚主義パラダイムが比較的好調であった二十年間が推移した後のことであり、それはまったく予期しえないことであった。本節は、この百八十度転換が少なくとも科学界の一部で現れた理由を研究する。

そうした批判は、悪質な開発・環境汚染・食糧やエネルギーの増大する需要に対してこれらの資源が益々不足する事態、等々の新たなグローバル問題に、技術パラダイムが対処することができていない、との意見が巻き起こってきたことに起因している。この技術官僚主義パラダイムを非難した人々が発信した最も強力なモットーは、ローマ・クラブが1969年に刊行した『成長の限界』であった。『成長の限界』は、確かに技術官僚主義プロジェクトに対する基本的批判であった。その技術官僚主義プロジェクトの趣旨は、人類による技術統御が発達したお蔭で無制限の経済発展が可能となり、それがさらに人間の安寧を無制限に保証する筈である、と考えていたものであった[18]。

近代西欧科学の最も先進的極としての技術官僚主義パラダイムの

主な特徴は、次の五項目にまとめられる。

a) 自然と社会は人間の安寧に役立つように、「経営者」と「政策決定者」によって制御可能とする（実用的方向性）

b) 世界は管理の及ぶいくつかの部分に分割することが可能であり、「他は同等なもの」とみなして、いくつかの部分のみを選択し制御することが可能である（機械的方向性）

c) 自然と社会に対する適切な管理を実施するため、手段・目的合理的な選択をする可能性と必要性を強調する（合理的方向性）

d) 技術・管理は、そのすべての過程と手順を絶えず標準化する必要があることを強調する（均一化の方向性）

e) 技術官僚主義の資本家と意思決定者の管理パワーを中央集権化することにより、技術官僚主義を自然と社会の管理に適用する際の効率保証の必要性を強調する（中央集権化の方向性）[19]

これまでの検討から、技術官僚主義パラダイムは4世紀にわたる近代西欧科学から次の観念を継承して来ていることが解る。即ち、

ア) 自然は改変することができるし、進歩に貢献できるという観念（実用的方向性）

イ) 現実は、それを扱いやすい単位に分割することによって最も良く把握できるという観念（機械的方向性）

ウ) 合理性こそが、所与の結論を達成する最適手段を発見するための基礎となるべき（合理的方向性）

と言う考え方である。

この三つのアプローチに関してさまざまな立場の違いが近代西欧科学では受け入れられているのに対し、技術官僚主義パラダイムは、

実用主義・メカニズム・手段－目的合理性など、それを極端な形で公式化してしまう。

その実用的方向性では、人間という行為者によって"物事が操作されて"しまうと常に主張されてきた。科学的進歩は人間の進歩の条件とみなされた。しかし実際には科学は、上記で検討したように、人間の心を迷信から解放したと考えられてきたのであり、その意味で人類の進歩の歴史において現実を操作する手段を提供するというよりも、遥かに広範囲の役割を担ってきたのである。科学には、「純粋」研究の領域で果たすべき一層根本的な役割があり、技術はそのメタ・プロジェクトの一部に過ぎなかった。

技術官僚主義パラダイムは、自然と社会の管理と制御のためにそれが提供しうる可能性という観点から、技術即ち応用研究を、人類の進歩のための唯一の手段にしている。

この意味で技術官僚主義パラダイムは、科学の進歩に新しい重要な概念を持ち込んだ。それは科学研究開発（Ｒ＆Ｄ）の合理的管理と制御をおこなう「科学政策」という概念である。進歩は異なった学問分野のパラダイム間の競争の危険性に、もはや晒されることはない。自然と社会を管理・制御するために有用な学問と判断されたパラダイムは、それが私企業のトップであろうと、国家の公的代表者達──即ち政府であろうと、ともかく社会の管理・政策決定中枢によって推し進められなければならない、とされるのである[20]。

科学政策というものは、封建諸侯や国王たちが科学研究に保護を与えていたルネサンス以降、意識的ではないにせよ、科学的調査・開発の指導という形式で現実に存在していた。しかしこれは意図的になされたものではなく、また技術的な研究に限定されていたわけでもなかった。今日では、社会工学や政策科学、また技術研究開発は、公私ともども財政支援を受けるよう誘導される。それらは国家

的目標ないしは企業目標を技術的手段によって達成しようとする意識的なプロジェクトに基づいており、その技術手段は、技術官僚エリートによっておこなわれる科学指導を通して実施される。

科学的進歩それ自体を管理の目的としたことは、第二次世界大戦後における自然科学・社会科学双方の進歩および普及に関して技術官僚主義パラダイムが果たした、ひとつの重要な貢献である。

技術と科学への官民からの潤沢な財政支援は、その上昇期、とりわけこの時期の科学的開発段階においては不可欠なものであった。それは当時の共同研究が、大規模な観察と実験に基づいた大量のデータ処理を伴うものであったからだ。核研究（プラズマ物理学を含む）・宇宙科学・コンピューター技術（ハード・ソフトの両方）は、研究開発資金による支援を最大に受ける部門となった。また新興のコンピューター技術を十全に活用し、調査データ・他の社会的データを大量に収集・処理して実施される大規模社会学研究プロジェクトも同様であった[21]。

科学の管理は、本来それが適切に実施されるならば恩恵をもたらすはずのものであるが、実際にはそれ以外の自然科学や社会科学の発展に数々の悪影響を及ぼした。自然および社会を管理し制御するために有用なものとして選ばれたものだけが恩恵を受けるだけで、伝統的に近代西欧科学の力の源となっていた学術分野内および分野間のさまざまなパラダイム競争は、支援されないままであった。定義上、例えば技術官僚ならびにその独特の自然社会管理スタイルを分析しようと提案したパラダイム案は、支援の対象外とされた。自然科学の分野の中でも、何であれ特定の有用技術のための「上昇」分野とは認識されなかった純粋科学の分野も外されてしまった。例えば70年代になって初めて、環境問題が深刻な社会問題になり、そのためエコロジーならびに環境科学における様々な異種分野が真面

目で有意義な研究開発支援の対象となることができたのである。

より一般的には、技術官僚主義パラダイムは科学パラダイム間競争を、公的なあるいは私的な国家的アクター間競争へと変容させたと言える。技術官僚主義パラダイムは、特定の技術領域に集中的に研究開発を投入することを通して、技術的な優越性を求めるのである[22]。

衆知の通り、60年代を特徴付けた大規模技術における米国の優位性の下でも、それより小規模な研究開発投資により極微小電子工学（マイクロエレクトロニクス）・生命工学（バイオテクノロジー）・新素材のような重要な技術革新となる新技術が現れた。これが契機となり、支配的な技術官僚主義国へ挑戦する国々が出現し、日本のように、ほんの1960年代末までは米国技術の準周辺に位置しているに過ぎなかった国が、押しも押されぬ主導国にのし上がることができたのである[23]。

これは純粋科学を含む競争から、応用科学における技術競争へと強調点が移行すると言うことであり、それは世界規模の科学発展過程を歪めてしまう。なぜならその過程において純粋科学は見逃すわけにはいかないものであるからだ。このように応用を強調するやり方は、より長期的には純粋科学を開発すべきという必要性を無視する間違った科学政策である。この科学政策が応用研究を優遇するのは、それが短期的に直接、成果を生むからという理由に過ぎず、そのことが長期に亘る科学技術の進歩を保証するわけではないことを忘れているのである。

機械的方向性に関しては、この技術官僚主義パラダイムはその最も極端な表現を採っている。それは高度に発達した分業体制により、自然的現実および社会的現実の双方の特定の構成分子に関する専門研究への方向をシステムとして目指すのである。断片化は各分

野内でさえ起こり、広範囲に亘る統合が試みられることはない。

　科学技術は益々専門分化するようになり、専門知識を統合して処理し易いシステムにまとめるという仕事を技術官僚プランナーや意思決定者に任せてしまう。すでにわれわれは、西欧科学が原子論的形相主義（形式主義）という方法論に依存することにより、現実の一部に関する知識をいつでもどこでも処理し易い全体へと（変換して）取り扱うことができるようになったことを学んできた。

　技術官僚主義パラダイムの場合はこの形式化は極端にまで推し進められ、知識自体を原子論的形式主義的処理の対象にしてしまう。これは管理システムを構築するため、「情報」を管理しやすいように知識の原子として受け取り、情報に基づくコンピュータ・モデルを使用することにより実施される[24]。

　情報革命は、知識の略式化によって、50年代・60年代に情報の凄まじい収集・標準化・蓄積・貯蔵・処理を実現させ、自然と社会の両方に関して従来よりも遥かに効果的な管理と制御を可能にした。この革命を支援し、社会の情報処理化のための必要条件を整備したのは技術官僚階層であった。彼等はコンピューター技術のハードウェアおよびソフトウェア双方を開発するために、莫大な研究開発投資をした。彼等はまた方法論のプログラミング・計画・予測の発展への支援をした。この支援のお蔭で、コンピューター技術による知識の情報単位化が可能になった。この情報単位は「科学的」決定に至るまで量的な扱いが成しうるのである。

　しかしこのように知識を情報へと転換することは、パラダイム間の相互作用および競争を通じて科学的進歩の可能性を留保するという、現代西欧科学の主要な特徴の一つを取り去ってしまう否定的結果をもたらした。実際のところ「知識」とは、異なるパラダイムや、異なる専門分野によって異なる定義を許すほど幅のある概念であ

る。「知識」は、解釈学・認識論・数学・科学哲学・言語学・歴史・人類学・社会学・心理学における、ひとつの具体的研究目的であった。これら専門分野の一つひとつが「知識」に関して異なる定義を持っており、そのことにより現代西欧科学のすべての学問分野とパラダイムが、それぞれの定義に従って科学的知識を生み出すことができるようになったのである[25]。

しかしそのような多元主義は、「情報による知識」概念を置換することによって実際上除去されてしまう。「情報」とは、コンピューター化される情報処理には不可欠の概念であり、標準化の対象とならざるをえない。さもなければ、大規模なメモリ容量と迅速な処理能力を備えたコンピューターでさえ量的処理ならびに品質管理・記憶装置・検索は、実施困難な複雑な作業になってしまう。

よって、「情報」は標準化が可能な「知識」のみを取り扱うことになる。これは、一定の学問分野で生まれた知識にのみ、該当することである。例えば、科学哲学・数学・言語学・行動心理学などは、それが僅かな音声であれ音素であれ形態素であれ刺激語であれ、知識の単位（原子）を一定形式で組み合わせたものとして、その知識を扱うのである。「情報」概念は、これらの学問分野および演繹的もしくは実証主義的パラダイムに対して、それぞれ学問全体ないしはパラダイム全体の中で指導的立場に鎮座できるように便宜を図る。しかしながら、西欧近代科学においては、知識に関して次のような強い信条があった。

　　a） それは全体を構成すること
　　b） 知識の全体は時と場所で相違すること
　　c） 知識の創造とは単に結合の仕方を演習するというものではなく、突然の思い付きを基盤とすること
　　d） それは重層化した現実であり、真意はその概念の背後

に捜すべきものであること

　知識に関するこうした解釈がすべて、二元論を正統的な方向として受け入れ、多元的知識を生み出した近代西欧科学の根本に豊かに存在していたのである。

　知識への、そして科学へのこの二元論のアプローチは、技術官僚主義パラダイムによって無視された。技術官僚主義パラダイムは、一元論かつ「実証主義的」方向に全面的な支援を与えるのである。それに批判的なパラダイムや他の二元論のパラダイムは、情報革命によって拓かれた新しい方法論上の可能性への接近は閉ざされていた。とは言え、この種の（二元論の）知識と、電子コンピューターの２進法論理（０か１で表すもの）を通じて処理されるようになった一元的情報ベースとの間に、存在するギャップに橋を架けようとする試みは散発的にはおこなわれていた。

　すでに指摘したように、技術官僚主義パラダイムは標準化を強調することに特徴を持つ。この特徴が物品のみではなく情報についても、大規模な生産と消費を可能にする。しかしながら、それは複雑でしばしば曖昧で多次元の適用範囲を犠牲にするため、また標準化された情報処理の効率性に過度に頼るあまり、豊かで多元的な知識を創造する能力の重要性を過小評価するため、人類の知識システムを貧しいものにしてしまっている。手段－目的合理性（ＭＥＲ）は、ある意味では技術官僚主義パラダイムの最も重要な構成要素である。それが二重の意味で重要と言えるのは、この合理性がすべての技術の基礎をなしているためだけではなく、現代の官僚制の基礎もそこにあり、そこから技術官僚制が生まれたからなのである。手段－目的合理性は、技術官僚主義パラダイムの機械的方向性と結び付いたパラダイムに支えられているもので、現代西欧科学の合理性の究極形態である。

検討したようにこの合理性は個人と事物・知識とを関連付け、また個人を科学的事実についての最終裁定者とする。また人類という考え方は、ある個人を他のどの個人とも交代可能にするので、事物と知識の間に一致があれば同じ真理が現れる筈である。この考えにより、人類の知るという普遍的能力に個人が与る資格を得るのである。

　技術官僚である個人によって具体化された手段－目的合理性は、上記の三者関係では、知識を「政策」に置き換える。その「政策」とは、手段－目的関係に関する科学的知識に基づく事物管理のためのプロジェクトと定義される。

　技術官僚主義パラダイムの仮定では、政策決定をする技術官僚主義機関が何であれ、その機関の下に置かれた個人であれば誰でも、自然と社会を管理しなければならない決定（任務）状況においては、同じ手段－目的合理性の道（蓋然性の高い混合的戦略を含む）を選ぶであろうとする。意思決定理論は、合理的な技術官僚主義的意思決定者のための決定規則を示す、形式的演繹的な知識システムとして開発されてきた。オペレーションズ・リサーチ（OR）およびプログラミングにおける種々の方法論は、この決定規則を適用する際の手引きとして開発されたものである。

　1950年代～60年代の技術官僚主義革命により意思決定手順の制度化が成功し、それは世界各地の技術官僚政策決定者およびその支援する職員・研究者に共有されていた理論と方法論に基づくものであった。多くの問題が国レベル・地域レベル・国際レベルで技術的ないしは行政的に扱われた。こうした問題は「手段」としてのみ扱われ、「目的」に関するイデオロギー的議論あるいは政治的議論に触れるいかなる試みも禁止されていた。

　このことが問題の幅をかなり広げ、異なる社会的アクターが問題

に関して同じ決定規則に従うことができるようになり、あるいは少なくとも手段‐目的合理性を共有していることを前提に、互いに相手の規則を理解することができるようになった。かくして国内・国際問題に関するプラニングと管理が容易になった。そうした問題は、国内の発展から武器管理、軍縮にまで及ぶ。同時に、自然の管理に関する機能的問題——つまり食糧・エネルギー政策から科学・技術政策に至るまで——の取り扱いもかなり容易になったのである。

4　技術官僚主義パラダイムの危機

　技術官僚主義革命は、前節で検討した華々しい実績にもかかわらず、1970年代には深刻な障害に打ち当たった。第二次世界大戦後の世界的繁栄期が経済危機に取って代わられ、経済成長を通しての限りなき進歩という考えに終わりを告げたのである。

　前節で触れた五つの原則は非常に効率的に機能していたが、1960年代の終わりになるとそれに疑問が呈されるようになった。現代西欧科学は、実用主義的な方向性があるからこそ、それが自然と社会に対して人間が管理できる基盤と成りえたのである。しかし今やこの方向性に対して、現代科学を代表する純科学的な学界の会員達から疑問が呈せられた。その趣旨は、人類は自然との接し方でそれを管理し汚染するのではなく、それと共存する方途を見出すべきであるという台頭しつつある意見を代弁するものであった。

　機械論的方向性はそれまでは、現代西欧科学技術に対し、きちんと定義された技術的手段を通して、社会もしくは自然の明確に限定された部分に関して管理できる可能性を見出せるよう、力を貸していたのであった。ところが今や、それは次のような反対に出くわし

たのである。つまり、

　　a） 自然と社会は全体をなすものであり、それほど簡単には分解しえないこと
　　b） 「ケテリス・パリブス」の仮定をすると、自然と社会の構成要素のすべての間で益々頻繁になる相互作用を十分に考慮しないことになる

と言うものである。

　手段－目的合理性を強調する合理主義は、現代性の正しく基礎をなすものと考えられていたのであった。それは結果に関して論争するよりは、むしろ効率的な手段を強調することを通して技術官僚主義の習熟を可能にしていたのである。ところが今になって、結果を無視し自然と社会を単に操作手段として見ることにより手段－目的連関には含まれない外部効果を無視する、との危険な傾向が判明した。

　均一化ならびに標準化は、大量生産・大量消費のための最良の手段とみなされ、社会の経済成長に必要な規模的効果が有効に働くための基本条件とされてきた。然るに今や、均一化は地域独特の自然や文化を無視するだけではなく、地域の調和を破壊し人類を疎外している、と主張されるようになったのである。

　管理パワーの集中化は、それまでは急速な経済技術成長の条件であった。つまり制御を求める集中的な競争が、技術革新をもたらし、また技術官僚主義に染まった計画立案者および政策決定者の制御能力を益々効果的にした。しかし今や、パワー制御を求めることからは、人々にはほとんど恩恵がもたらされず、社会の大部分の部門および自然を犠牲にしてしまった、と主張されるようになった。

　こうした論争的な観点が1970年代には、オルターナティブ（代替

案）の提案へと発展していった。それは、技術官僚達の自然と社会に関する誤った管理や前述した不適切な方向性に対処するための、より良い方法を提案するものであった。

 実は技術官僚主義パラダイムの代替案の模索は、そのパラダイムの内側から始まったのである。技術官僚エリートは、その職位にグローバル主義のグループを仲間として入れていた。このグループは、技術中心パラダイムの内側から批判を加える際に指導力を発揮した。彼等の批判は、公共部門に在職する技術官僚が選ぶ目的の狭さに集中的に向けられていた。技術官僚の目標が、国力と経済的地位で測られる国益を最大限に満たすことにあったからである。彼等の批判は同時に、私的部門において自らの企業の経済利益で測られる利潤の極大化を欲する企業家達の目的の狭さをも標的にした。

 1970年代には、技術中心パラダイムに対する外からの批判が喧騒を極めるようになった。批判者達の指摘は、技術官僚主義パラダイムの中のグローバル派の主張でさえも、危機的状況になれば根本的な弱点に直面せざるをえないというものであった。その困難は二重であり、一つは社会的なもの、もう一つは認識論的なものである。社会的には、技術官僚主義パラダイムは、非政治的かつ非イデオロギー的であると主張する。ところが、技術官僚が構成するエリートが社会で行使するパワーは、強力な政治上・イデオロギー上の影響力を持つのである。ガルブレイスは、技術官僚のパワーを「技術構造」という概念で説明した。それは彼等が奉仕する制度のパワーのことであり、ガルブレイスは、彼等が自らのパワー基盤としての、時として排他的にまた常時特権的に接近できる科学情報をどのように使用するのかを示したのである[26]。

 世界が比較的安定している間は、彼等のパワー基盤も安定していた。したがって技術官僚が使っていた知識基盤は十分に広いもので

あったので、その政策測定における予想外の事態を避けることができた。1970年代に世界が危機的段階に入ると、その条件はすべて消失し、技術官僚主義パラダイムもその安泰な地位を失うことになった。問題は、代替パラダイムが登場したにもかかわらず、制度上の環境設定は何も変わらず、相変わらず技術官僚主義パラダイムを基本とした研究へと研究開発投資が注ぎ込まれていたことである。こうして諸科学の危機が増大したのだ。

　技術開発の観点からは、新しく登場したアクターが指導権を握り、かくして国際的な摩擦が生じることになった。政策科学および計画立案の方法論の観点からは、現実とその解釈の間に見られた乖離が益々広がった。その解釈というのが、統計およびモデリングという強力な道具立てによっておこなわれたのである。認識論的にいうと、技術官僚主義パラダイムの危機は、行動科学ならびに政策科学による技術革新的な推進力がなくなったことが誘因となっていた[27]。

　すでに私達が見たように現代西欧科学の科学空間の特徴は、三つの次元——分析と統合・一元論と二元論・帰納法と演繹法——における創造的緊張にある。技術官僚主義パラダイムは、手段－目的合理的計算において統合・二元論・演繹の側が持つ重要性を強調することにより、建設的な対話の可能性を一切締め出してしまった。そのパラダイムは、自然（および・または）社会の諸問題を解決しようと提案する。こうしてプランナーおよび政策決定者が規定した問題構造によって、統合や、事実の背後を読むこと、さらに一組の仮説に関する解釈の枠組みが決定されたのである。これが、創造力に富む統合や現実を深く再解釈する洞察力、また新しい演繹的システムなどに、何も進化が見られなかった理由である。

　またこのように技術革新的展望が欠如していること自体、多くの

新しいグローバル問題を抱える世界的危機に対処する際に深刻な障害となった。こうしたグローバル問題は、正に技術革新的解決策を必要としていたからである。

そして今、科学と技術の面で私達が直面している危機の核心は、技術官僚主義パラダイムがその魅力を失う一方、それに代わるいくつかの代替パラダムの側が、危機やグローバル諸問題に対する新しい洞察を披露しても、まともに注目もされず、依然として技術官僚主義パラダイムが支配する知的空間の周辺に追いやられたままの状態になっていることである。

故に現今の科学技術の知的空間の周辺地帯において、技術官僚主義パラダイムの基本的前提を修正する理論や方法論を開発しようとして、数多くの努力が試みられていることは実に励みになる。こうした傾向がすべて互いに作用し合って、批判的対話へと展開させることが決定的に重要である。その対話では、それぞれがグローバル諸問題のさまざまな側面の研究に貢献できるように、それぞれ必要なコース調整を決定することになるであろう。

技術官僚主義パラダイムのプログラム上の中央集権化および方向性に関しては、近年になり新しい現状打破の現象が見られるようになったことが興味深い。それは国家から集中的に潤沢な研究開発費を享受する大型科学ではなく、極微小電子工学（マイクロエレクトロニクス）・材料工学（マテリアルサイエンス）・生命工学（バイオテクノロジー）であり、これらの科学分野に向けて民間部門が、投資の額としては大型科学が公共の研究開発から受け取っていた投資額よりも遥かに少ない額ではあるものの、確かな投資を開始したことである。分権型の研究が、ソフトウェア開発の典型である。生命工学は興味深い事例を示している。この分野では技術が科学発見の後追いをする傾向を持つが、新発見がなされるのは多くの具体例で

見ると、問題解決のための何らかの技術的手段を求めて研究開発に努力を傾注した結果、ではないのである。その意味で新技術が今や激しい競争の的となり、この競争に国家を巻き込んで、大規模研究開発費を要請するという状況にあるにもかかわらず、技術や科学には多少なりとも自由が残されていて、技術がそれほど中央集権的志向でなくても、また科学がそれほど実用志向・実用指導通りといかなくても、許容されているのだ。技術官僚主義パラダイムの機械論的・合理主義的・画一化主義的方向性に関しては、現代科学の知的空間の正に核心部──つまりより形式化された学問分野──において、この方向性を是正しようとする理論的努力が数多く生まれてきているのが見て取れる。

例えば数学の分野では、数学の技術的応用と純粋数学との間にギャップが生じていることが明らかになっている。初等数学は、量的数学・「正統的」数学の両方で、政策決定および技術分野で充分に利用されており、こうして計画立案の活動が技術官僚主義パラダイムの枠内で発達した。純粋数学ならびに高等数学は、すでに第二次世界大戦前のブールバキ運動以来、形式論理学とある意味では言語学とも密接に関係を保ちながら、質的・構造的学問として発達してきた。科学へのそうした構造的演繹的なモデルがより多く応用されたのは、技術官僚主義パラダイムに支配されている知的空間の周辺部においてであった。そのような応用の代表例として、人類学および心理学の分野での、レビ・ストロース、ピアジェの業績を挙げることができる[28]。

近年では数学もまた、現状打破がデカルト的伝統を超えてなされた学問である。有限数学・非正規分析・カタストロフィー理論・ファジー論理は、量的数学の基礎にあるモデルの幅を広げるようになった。それらは同時に、とりわけ予測や政策決定の際、技術官僚主義

パラダイムにおいて使われる理論的枠組みだけでは不十分であることを証明した。定量分析の主要な道具の一つとして微積分学があり、それはその範囲を明確に規定しないまま使用されていた。つまり具体的には、それが微積分不可能なポイントを排除して滑らかな表面だけを扱ってきた、との結論である。非正規分析およびカタストロフィー理論は、その例外的なポイント近傍の表面の構造を明確にした。これらの新理論は、定量分析の限界をうまく説明している。つまり定量分析では均質の現実と「明確に特定化された決定の樹」を前提にしており、この二つの基本的前提が、技術官僚主義パラダイムの均質化的・合理主義的方向性と密接に関係するのである。例えばファジー集合論では全く異なった角度から、排中律なしで形式論理を展開可能にする集合論を提起している。これもまた、技術官僚主義パラダイムの機械論的・合理的方向性への挑戦となる。と言うのも技術官僚主義パラダイムの仮定では、

　　a）現実は離散集合（非ファジー）へと分解可能性を持つ
　　b）異なる選択肢の効用を査定する際、決定は排中律の適応によって成される

とされるからである[29]。

　物理学において、技術官僚主義パラダイムに疑問を投げかけた展開のうち最も際立つ分野は、化学物理学とシステムズ・サイバーネティックスである。この二つの分野では、新しい熱力学的理論が、均衡点から離れたフラックス（flux）な散逸構造における新しい型の自己組織化メカニズムを明らかにしている。プリゴジンによって提案された揺らぎ（fluctuation）を通しての秩序という概念は、それまでの諸理論に対する挑戦である。それまでの理論は、現実は均衡に向かう傾向にあるとの仮定——均一化と言う技術官僚主義パラダイムの基本的仮定——の下に、均衡点に注意を集中していた。プ

リゴジンの発見は、現代科学の伝統的な流れにあるデカルト流合理主義に疑問を呈するものであった。プリゴジン自身はその発見に基づいた省察（reflection）に関する哲学的な考察を重ねた。プリゴジンは新しい合理主義を提示したが、その基盤にはある意味で、技術官僚主義パラダイムによる均一性や機械論的アプローチの仮定に対する否定がある[30]。

現代科学の知的周辺では、技術官僚主義パラダイムの妥当性に挑戦する批判的な役割と言う観点から、注目に値する新しい展開が数多く見られる。

私達はすでに、フランクフルト学派と実証主義者に代表される批判的パラダイム／演繹的パラダイム間の討論に言及した。後者が、厳密な理論的方法論的形式化の点で技術官僚主義のパラダイムに正統性を付与したのに対して、前者のフランクフルト学派は、実証主義の特徴である機械論的・合理主義的・均質化的仮定への批判を提示した[31]。

歴史研究学の分野では、ウォーラスティン他の世界システム思想や学派の仕事を無視できない。フェルナン・ブローデルとアナール学派の仕事も際立っている。この二つの学派は、全く異なる角度からであるが、ともに歴史的文脈の中で、ミクロ分析とマクロ分析を合わせ総合的アプローチと具体例について深く掘り下げる分析の両方、を強調する分析枠組みを開発した。現実へのこの批判的アプローチは、社会的現実のより深い理解に到達しようと求めるものであり、その理解は、技術官僚主義パラダイムの実用主義的・機械主義的・合理主義的方向性を遥かに超えるものである。

人類学の分野では、伝統的ヨーロッパ中心主義パラダイムの根本的な自己批判が活発に展開され、互いに全く異なる新しい方向性が数多く生まれる端緒となった。デュビニョー（Duvignau）は、部外

者（よそ者）が実施した観察の妥当性に疑問を投げかけた。デュビニョーのその立場には多くの賛同者が現れなかったとはいえ、デュビニョーが人類学を単に未開社会の研究に限定することなく、人類社会（その全体像ならびに他者との遭遇による複数の具体例とともに）をその対象とすることに純粋な努力を傾注していたのである[32]。

　構造主義の場合と同様、他のいくつかのアプローチにおいても、言語と言語学は研究の基本メディアを提供する。それにメディアとして数学や論理を使う技術官僚主義パラダイムに挑戦するものである。言語およびその構造は、研究者がその知的空間を広げ、また深めることを可能にする。そして公式で柔軟性を持つシニフィアン（記号表現）を通して非公式のシニフィエ（記号内容）に到達する。本節でわれわれは解釈学の長所を議論するつもりはないし、また構造主義者と「脱構築」の指導者との討論の細部に分け入るつもりもない。ここでは技術官僚主義パラダイムへの挑戦と、こうした哲学者達の間で現在展開中の討論によって知的スペースが広がる可能性があることを指摘すれば充分であろう。これらの哲学者達は通常「人間科学」の領域の人物と見られているのであるが、彼等は社会的現実と非常に関連性の強い疑問を投げかけるのであり、その種の疑問は社会学者でも、とりわけ技術官僚主義的な立場を取る学者には到底答えられない類いのものなのである[33]。

　これまでの考察により、われわれはひとつの結論に到達する。つまり科学的探究に関して、唯一の支配的支柱となっている技術官僚中心主義パラダイムが科学的探究に設けている制限から、科学研究を解放することが不可欠であるが、このパラダイムをひとつの代替パラダイム——それが対抗科学（counter-science）であれ、反西欧原理主義（anti-Western fundamentalism）であれ——のみにより全面的に置き換えるのは、無益かつ非生産的なことである[34]。

先ず、現代西欧科学を広く多元的な科学空間に再構築することが何よりも大切である。というのも現代西欧科学はこれまでその科学空間が、技術中心主義パラダイムによって支配され、それが非技術中心的パラダイムすべてを不利な立場である準周辺や周辺の地域に追いやってきたからである。

現代西欧科学の知的空間を広く多元的なものに再構築すると言うことは、社会的には現在のように技術官僚主義パラダイムに導かれる研究が集中している状況から脱して、研究開発努力が多様化されるような新しい科学政策を採用することを意味している。つまり重要なことは、国家やトランスナショナル企業の短期的利益に奉仕する研究開発システムを超えて、関連パラダイムのすべてを動員してグローバル問題群の研究を目指す別のシステムを構築することなのである。

現代西欧科学の準周辺や周辺地帯にあるパラダイムもさることながら、それ以外にも現在われわれが直面するグローバルな諸問題の研究に関連するパラダイムが多く存在する。そうしたパラダイムを正当に評価し、それに対し科学界が完全な市民権を与えるべきである。

言うまでもないことだがそのような社会的措置を可能にするのは、国際的な科学界が複数の非技術官僚主義的パラダイム間の対話——現代西欧科学の伝統の外にあるパラダイムをも含む——を促進するつもりがある場合のみである。このことは、科学界がパラダイム間対話へと舵を切った新しい認識論的アプローチを採用することを意味する。別章でこの問題を扱っているので、ここでは議論を限定し、科学界内外のさまざまなアクターによって演じられる筈の役割が、現代の科学的知的空間を広げて今日のグローバル諸問題の科学的対話を実現するための準備として、どのようなものになるのか

を見極めることにとどめたい。

　現代西欧科学の知的空間が広がるのは、現在の科学界の中にいる研究者達がその外側にいる知的アクターを含めて知識を共有し、アイディアを交換し合って、ともに知識創出の範囲を広げるプロセスを構築する必要性を認め合ってこそ、初めて可能になる。言うまでもなくそうした条件を受け入れ易いのは、現代科学の中心に居座る技術官僚主義的通常科学の内側にいる研究者達よりも、周辺に位置するパラダイムを持つ研究者達であるだろう。

　他方、科学界からこれまで排除され続けてきた知的アクターにとっては、科学界との対話を始めるに当たり、ある時には過去の恨みを忘れること、また別の時にはこれまで「現代科学」に対して型にはまったように不適切だの、邪悪だのと烙印を押して拒否するのを断念することが必要になる。いずれにせよ、こうした「非科学的な」知的アクターは、ともかく一定のゲームの規則に従って（その規則が、「非科学的」アクターにとってより対応し易いようになるには、その縛りが緩和されることが必要であるとしても）、科学研究というゲームをすることを認めなければならないだろう。

　現在の喫緊のグローバル問題の研究への貢献に不可欠な「非科学的な」アクターとしては、それがすでに所有しさらに開発できる知識の種類という観点から、三つのタイプがある。

　第1に、知的活動範囲が現代科学を超えている知的アクター達がいる。その研究対象を可視的な存在に限定することなく、また研究主題に関する知的活動も合理的推論だけに限定せず、さらに形式論理に制約されることなく知的構成概念を構築する人達である。

　このアクター達は、宗教・芸術・人文科学のような分野に従事する人々である。彼等の貢献は、グローバル諸問題の研究における現代西欧科学の弱点の補充という点でさまざまである。宗教家は、グ

ローバルな問題群の全体に関して異なる世界観を枠組みとして提示することになるであろう。その枠組み内での科学者達の分析的活動は現実との関連性をより強化し、重要性をより高めるであろう。芸術家は世界の諸問題の理解に、情動の次元を加えるであろう。芸術家は、形式化の過程を通過せずに現実の本質に迫る術を知っている。形式化の手続きを経ると、科学的観察はしばしば、研究者を研究対象から遊離させてしまうからである[35]。

　第2のタイプは、非西欧の知的科学的な伝統を持つさまざまな集団により構成されている。こうした伝統に属している知識人は、現代西欧科学の分業体制によって確立された知的職業分類から自由である。過去の歴史上のみならず今日においてさえ、非西欧社会では知識人が哲学者・医者・武術家・芸術家を兼ねている人物は珍しくない。

　彼らの知恵が現今のグローバル問題に対処する際に現代西欧科学を豊かにする、との点での貢献は、新しい科学運動によって時々茶化されて扱われてきた。しかしグローバル問題に取り組むためにこうしたさまざまな豊かな知的伝統を有益に動員することができるのは、非西欧の知恵を安易に適用することによってではない。必要なことは、このような伝統を持つ社会の思想家達に科学界との密度の濃い対話に参加するよう、彼らを促すことである。そのためには、両者が共通の一組のルールについて合意する必要がある。そのルールは共通のグローバル問題に取り組む際、相互のアプローチがともに妥当であることを対話によってより深くお互い同士認め合えるよう保証するものである[36]。

　最後になるが、重要な点では劣らない第3のタイプの知的アクターは「庶民の男女」ないしは「人々」である。あるいは、それぞれの日常生活を背景に持つ人類すべてと言っても良い。基本的に重

要なことは世界中の人々を、「ポピュリスト的な」操作の対象としてではなく、また技術官僚主義的か、反技術官僚主義的かの宣伝によって動員される受動的大衆としてでもなく、かれら全員を今日喫緊のグローバル問題の研究に参加してもらうことである。それは彼等こそ生き残りをかけて闘っている実質的現実を、最もよく知っているからと言う単純な理由からである。地球上のさまざまな共同体に住む人々はすべて、自らの生存に関わる緊急課題と対処するため個人的にも集団的にも、現在まで数多くの知的活動を常に実施してきた。したがって、例えば「インフォーマル・セクター」にいる人々が生き残っているのは、正に現代経済学者にとってはこれまで未解決の謎となってきたのである。

　先進国では、すでに市民と科学者との対話を促進しようとする試みがいくつかの国で始まっている。また途上国では数多くの国で、代替的開発のどの道を選択するかについて、一般の人々自身が加わる参加型開発が実験的に試みられている。このような分散的におこなわれている努力が結集するように奨励する必要がある。それは科学的知識と「人々の知識」の双方を豊かにし、両者の横断的な豊かさをさらに発展させることにさえつながる筈である[37]。

　前記に挙げた三つの知的アクターを一つに集結し知的空間を拡大させることは、今日の喫緊のグローバル問題に有効に対処するために不可欠である。幸いなことに、技術官僚主義パラダイムを使う者でさえ、知的空間を近代西欧の伝統を超えて広げることに益々興味を示すようになってきている。

　科学界にとっても公私の研究開発に携わる政策決定者達にとっても、ともに新しい科学政策努力を真剣に考えるべき時が到来した。それは、前記三種類の知的アクターがこぞって、拡大した知的空間の中でパラダイム間の対話を始めるよう促すために必要なのであ

る。

　準周辺と周辺にある非技術官僚主義パラダイムは、科学界と「非科学的な」知的アクターとの仲介役を担わなければならない。

　この関連で、技術官僚主義パラダイムの周辺で起こっているさまざまな傾向を検討すると、無視しえない興味深い点が見えてくる。それはこうした新しい思想学派が、これまで現代西欧科学から締め出されていた非西欧的パラダイムに乗って登場し始めていることである。ほんの数例を挙げるなら、世界システム論は、従属論思想や学派と緊密な関係を保ちながら発展してきており、したがってラテンアメリカの主要なパラダイムの一つと直接つながりを持つ。また脱構築の哲学者同士のさまざまな討論は、東洋の哲学者によって開発された概念やアプローチと非常に近似したものにたどり着くであろう。さらに人類学者同士の討論は、非西欧の形式論的伝統の中にも見出される新しい形式主義という問題を提起するばかりでなく、非形式的な日常生活レベルの実質的現実にいかに到達できるか、という問題をも提起するのである。

　前記の考察から次の結論が導かれる。つまり科学空間を現代西欧科学の中で一般に受け入れられているパラダイムを超えてさらに広げることが、今になってようやく可能になってきた。要約すれば、非西欧の科学の伝統が、パラダイム間討議の過程に導入されなければならないと言うことである。同時にこの討議によって、これまで非科学的と考えられてきた人類の豊かな知識に対しても、門戸を開くことが決定的に重要になる。結果、宗教・芸術・人文科学に含まれている包括的理解という領域に対して、より多くその重要性が強調されるべきなのである。

　現代西欧科学と一般民衆の知識とは、過去には後者が十把ひとからげに迷信として非難されて両者は亀裂を経験したが、今や遂に、

両者の再結合が達成される時を迎えている。

　本章では、われわれを近代西欧科学に導いた道をたどり、それを超えて進むための進路を提案した。技術官僚主義パラダイムの信奉者達が、科学研究開発の知的空間を広げるために必要な指導力を発揮することが望まれる。また非技術官僚主義的パラダイムの信奉者達によって仲介されるパラダイム間対話を契機として、すべての知的アクターが参加できるグローバルな対話への参加に招待されるようになることを期待したい。なぜなら底の深い危機に陥っているこの世界での新しいアプローチ（相互に連関するグローバル問題すべてにうまく対処することを目指す）を開発するためには、知的アクター全員の知識と知恵が不可欠だからである。

第7章　知的国際交流・科学交流のグローバル化

はじめに：知識システムのグローバル化

　これまであらゆるシステムは、今日われわれが「知識システム」と呼ぶものを自らの中に開発してきた。この「知識システム」とは知識の体系であり、社会の知的基盤の再生産・普及を保証するため知的交流に供する厳格な諸制度を備えている。かつての世界帝国では、主要な宗教——例えばローマのキリスト教・アラブ世界のイスラム教・インドのヒンドゥー教・中国の儒教など——が、知識システムの役割を果たした。そうした（『知識システム』としての）宗教は、社会のさまざまな部門における多様な種類の知識を再生産・移転・変容することができる特別の構造を有していた[1]。

　近代ヨーロッパ文明の場合この知識は、一方では現代科学技術として、また他方では現代のイデオロギーや社会思想として特に公式化された。そしてその知識の生産と再生産は大学において、また知識の伝達・変容については知識人によって、個人的にあるいは国家レベル・国際レベルの科学機関の設立を通して担われてきた[2]。

　実際当時のヨーロッパの諸大学は、近代ヨーロッパ文明の出現に先行しており、中世に発展したキリスト教世界の普遍性や世界主義的な展望を併せ持つ機関であった。やがて近代的な国民国家の出現

により、大学は政治的・経済的・法的な制度の枠組みの内に自らの居場所を見出し、学問的な自由と諸科学の統合を推進することにより、近代西欧の知識システムを維持する責任を担う機関となった[3]。17世紀・18世紀においては、大学は啓蒙と合理性の普及手段であったが、19世紀になるとフンボルト革命（the Fumboldt revolution）が新たに国立大学という形態を創造した。同時に知識人達は、フランス・アカデミー（the French Academy）や英国王立アカデミー（British Royal Academy）といったアカデミーと呼ばれる国立の制度を創設した。そうした機関は覇権国家の知識システムを支える制度としての役割を担い、国際的に強大な影響力を及ぼした[4]。

西欧の知識システムはこうして、西欧国家システムの内部で存在してきた。この西欧の知識システムは、全ヨーロッパ知識システムの内側での国内外の競争や協力によって活性化され、国境を超える知的な科学交流に支援され成長し続けた。このように知的交流が、ヨーロッパ知識システムに属する国家間で盛んになるとヨーロッパ知識システムが確立され、それが西欧の科学技術・思想・制度の優越性を保障するものとなった。しかしながらこのヨーロッパの知的覇権状況は、第二次世界大戦前には揺るぎないものであったが、非西欧化に向かうグローバルな知識システムを志向する戦後の潮流によって、挑戦を受けるようになった。結果として今日われわれは、実質上全世界を覆いつつある多中心的な知識システムが形成され始めているのを目にしている。

知識システムのグローバル化は、西欧の世界知識システムへの貢献の度合いが、いくらかなりとも減少したことを意味しているのではない。むしろ第二次世界大戦以降、国境を越えた知的交流量の激増に伴い、西欧から非西欧世界への知識の流出が起こったのである。しかし第二次世界大戦後の潮流が出現するまでこの知識の再生産と

普及という現象は、伝統的に西欧国家システムの枠組みの内部にのみ限定されて生起していたものであった。本章での筆者の見解は、知識システムの「グローバル化」とは、非西欧世界が西欧の知識システムに統合されていく過程、逆に言うと、西欧の知識システムが地球規模化していく過程を指している。

このように現在の世界システムは、西欧が現代の知識を占有することを断念したという意味で、脱西欧化の時代に入ったのである。本章は、さまざまなタイプの知的国際交流が知識システムのグローバル化に及ぼす強力な影響力を分析する際、そこで生じる理論的また方法論的諸問題に光を当てようとする試みである。これから1970年代に設立された国際連合大学（以下、国際連合大学と略記する）を、その典型的な事例として扱う。それは、われわれが討議をするための具体例を提供してくれる筈である。

国際連合大学の設立という発想の出所は多数考えられるであろう。ともあれ1969年、国際連合のウ・タント（U.Thant）事務総長が、国際的な大学が国際連合の枠組みの中で設立されるべきであると提案し、この提案は国際連合の討議事項として正式に登録された。ウ・タント事務総長は、国際連合大学の目的を「政治的・文化的レベル双方での国際的な理解の促進」とし、そのような大学の現代的な意義を、1968年に大学のキャンパス内で巻き起こっていた社会不安と、さらに既存のシステムに対する若者の不満によって引き起こされた「文化的危機」とに結び付けた[5]。本章の用語法で言い直すと、国境の制約を超えて存在する国際的な大学設立という発想は、西欧文明ならびに西欧の知識システムの危機の時期に生まれたのである。世界中の青年が、その知識システムを支える教育・研究を提供する機関――即ち大学――に対して反旗を翻していた時期のことである。したがって国際連合大学の発想は、青年達のこの挑戦への応

答として設けられた提案として見ることが可能である。ところが、国際連合が国際的な大学設立の妥当性について調査したところ、ヨーロッパや米国の大学から強く反対する旨の答が示されたのである。こうした大学が反対する根拠は、それらの多くの大学ではすでに発展途上国からの学生を受け入れており、事実上すでに「国際的な」大学になっているため、国際連合によるもう一つ別の「国際的」大学の設立など不必要で意味がない、というものであった。

　こうした異議に対して 1971 年、『国際的な大学の実現可能性に関する研究』という名の（UNESCO）による研究が出され次のように答えている[6]。

　　　「『国際的』と言う用語の解釈をめぐって多くの誤解も起きている。大学や大学関係者は大学は当初から国際的であり、また現在も外国人学生が一定の比率でおり国際学部は質の高さを保持していて、知的な使命を果たすべきとの認識を持っているし、知識についての十全な認識を持っているという理由により、現在でも国際的であると必ずや強調される。ところで国際連合ならびにユネスコの決議において『国際的』という用語を使用する際、これらの事実を疑問視する意図は毛頭ないし、また既存の大学が持つ国際的な性格を軽んずる意図を持つものでもないことは明白である。しかしながら、国際連合ならびに国際連合諸機関の用語法において、形容詞『国際的』は通常、政府や国家、限定された地域的な民族集団の権力下にある機関には当てはまらない。そこで、『国際的』という言葉の使用をめぐって果てしなく（生産性のない）議論が続く可能性を考慮して、『国際連合大学』と言う言葉が提案されているのである[7]。」

　ヨーロッパや米国の大学から挙がった異議に対して前記の返答が

持つ意味は、列国（the family of nations）の監督下にある政府や国家、および（または）機関が「国際的」とは呼べないと提案しているのに加え、この用語の言語学的な側面を超えた俯瞰的見地からこれらの西欧諸大学が実際は、全く「国際的」ではないのだということを示唆しているといえる。

　一般的に中世に形成された大学の諸団体は、その出身地もしくは「国」という場所に基づいて分類されていたのであり、したがって近代国家以前にさえ、ある程度の「国際性」を持ち合わせていたと見ることができる。同時に前に指摘したように、大学は西欧の国家システムに包含された知識システムの制度化を代表するものなのである。特に覇権国家において、大学は知識の移転に関して独特の学問的スタイルを発達させた。この知識移転そのものが、知的覇権の一つの形態となったのである。

　さらに19世紀から20世紀初頭にかけて、ドイツ（第一次世界大戦まで）・英国・フランス・オランダ・ベルギーなどの諸国における大学は、各教育研究機関を介して植民地を間接的に統治していた。特に第二次世界大戦終結以降、米国やソ連は自国の大学に外国人留学生の受け入れを認めたが、それは自らの知的覇権を支援し維持するための間接的手段であったのである。

　国際連合大学設立の実現可能性に関する討議の過程で、発展途上国からの多くの代表者は、西欧先進諸国における大学の実態に関して強い疑問を表明していた。そのことは、国際連合大学が既存機関のいわゆる「国際的な」性格に対抗した、真に「国際的な」代替大学になりうる可能性がある、とみなしていたということである。本討議のいくつかの事例は、こうした点を明らかにしている。

　オート・ボルタ（現ブルキナ・ファソ）のディアリョ（Diallo）代表は、「多くの国々から留学生が来ていることだけでは、大学の国際

的性格を保証することにはならない。それどころかそうした大学は、本質的に先ずもって大学が所在する国家の利益に奉仕する国立機関になっていることに変わりはない[8]」とコメントした。ディアリョ氏はさらに続けて、「国際大学が独創的であるのは、これまでは国家的視点からのみ研究されてきた対象や議題を（国際的な観点から）研究することになるからである[9]」と述べている。

ジンバブエのシバジェネ（Sibajene）代表は、もっとあからさまに西欧諸大学の植民地主義的性格を攻撃し、国際大学の設立に向けた支持を表明した。

　「国際大学創設の構想は、1969年に国際連合活動の年次報告の冒頭において、事務総長によって提議されたものであります。ジンバブエは、他の発展途上国と同様、国家に発展をもたらす熟練技術者の不足に苦しんでいます。それ故、私は国際大学構想を支持します。こうした現象は、現地住民が経済の多様な重要職のポストを得るための諸学問の教育を受けられないように設計された植民地主義型の不適切な教育制度に直接、関係しているのです。したがってわが代表団は国際大学が、グローバルに連関する課題を研究する責任を担う機関としての国際的な性格を帯びた学者共同体設立の要求に応えるべきとする、国際連合訓練研究・研究所（UNITAR: United Nations Institute for Training and Research）執行委員会による推薦案に賛意を表明します[10]。」

現代の大学へ向けられた批判は、その植民地主義的性格だけに限定されたわけではなく、議論は拡大して1968年の学生の叛乱の問題へとより深く進展していった。例えば、イランのラーネマ（Rahnema）代表は次のような発言をしている。

　「不幸なことに既存の大学は、益々社会の周辺に位置し、

末端の存在になりつつあります。大学は社会が新しい変動勢力に適合できるように革命的な技術革新を奨励するための思想や研究の重要な中枢になるべき在り方から、益々程遠いものになりつつあるのです。今や諸大学は、国家経済に求められる幹部官僚を育成する中心地となっており、ヒューマニズム的な意味での『変動の重要な手段』ではなくなっています。さらに大学は開発に関するグローバルで統合的な概念にも対応できていません。大学がエリートを自国の地理的・国民的環境の中に取り込んでいければ良いのですが、現実にはエリート個人の方で他のより発展した国へ脱出してしまうなどの例に見られるように、大学自体がエリートとエリート自身が属する国との間に、溝を生み出す傾向を持つのです[11]。」

この論評は、先に述べた植民地主義的傾向が及ぼす結果について明確な評価を下している点に加えて、大学の理想の在り方に関するラーネマ氏本人の発想を指し示しており、興味深い。言い換えれば、第三世界における大学が、各国の特定の現実に対応すると言うよりは西欧の知識システムの伝達機関として機能するため、大学教育を受けたエリートはその国の他の国民とは孤立してしまうと言うことである。

さらに、大学教育で自己を大成させる基礎を築き上げようと願ってこれまで以上の学習を追及する人々は、西欧先進国に進学する。これが第三世界からの知識人の大量流出になるのである。ラーネマ氏の主張は大学のあるべき姿が、そのような状況に代わって、むしろ「ヒューマニズムの交流のための重要な手段」として貢献すべきであり、「開発に関してグローバルで統合的な概念に適う」ことができるような機関になるべきである、と言うものである。

別のレベルで国際大学の発想は、非西欧発展途上国における文化

的伝統に関する懸念に訴えかけるものであった。コロンビアのパッラ（Parra）代表は、

> 「国際大学は、人類の文化的伝統の違いや開発能力の違いを考慮して、世界各地に学部を置くべきであります[12]」

と主張した。

国際連合の事務総長報告は、これまでの議論を次のように要約している。

> 「国際連合大学は、徹頭徹尾自由な研究に献身し、最も多様な意見が表明され交換される場であり、多様な国籍に属する一人ひとりの見解が集まって、世界全体の利益を最も重要なものとして考慮するという基礎的態度を形成することができる場所であるべきだ[13]。」

この様に国際連合大学に関する国際連合におけるこうした議論は、西欧諸大学への二重の批判へと展開していったことが明らかになった。そのひとつは地球的な観点から見ると、これらの大学で実施されている教育や研究は、その機関の属する国家の利害や関心に基づいていること。もうひとつは西欧諸大学は、発展途上国の文化的伝統を無視し、ひたすらヨーロッパ中心主義的教育や研究のみを提供していることである。

実際のところ、西欧諸大学の前記二つの特徴は偶然の産物ではない。むしろ、これまで説明してきたように西欧の知識システムは、西欧国家システムの枠内にある諸国家のために知的な基盤を提供してきた。そしてこれら国家は、枠内の国家間同士では水平的な知的交流をおこないながら、同時に植民地に対しては必要な技術を伝達するために垂直的な知的交流を活用してきたのである[14]。つまり二つの特徴は、その結果なのである。

国際連合大学の創設をめぐる議論は、明らかに非西欧諸国が西欧

知識システムの妥当性に疑問を呈し始めたことを意味している。同時に、グローバルな知識システム——性格として普遍的なもので、西欧の知識システムのみならず非西欧の知識システムをも含む——の構築の必要性が国際的に認識されてきたことをも表している。

この点を考慮し、次節では知識システムのグローバル化が、垂直的・水平的な知的協力ならびに交流を通して進展していく様子を検討しようと思う。

1 知的協力・知的交流における国際システムのグローバル化

前節では、西欧の諸大学の「国際性」が、いかに大学の垂直的なヨーロッパ中心主義構造を支援しているか、という傾向に対する批判を検討した。またそうした批判から始まり、水平的な「国際的な」大学の必要性への認識に至るまでの過程を見てきた。その認識が、国際連合大学設立に向けた国際連合・ユネスコ提案書となって具体化されたのである。

国際連合大学の議題に関する国際連合とユネスコの討議の結果、学生もキャンパスも定めないといった、一般に抱かれている「大学」のイメージとは遥かにかけ離れた制度が提案されるに至った。当時の知的国際交流制度の状況から、この特殊な国際連合大学という制度に期待されている役割を理解するため、この提案に至る経緯を追ってみよう。

第二次世界大戦後、国際的に交換される知識の量・内容が、知識システムのグローバル化の始まりに伴い大規模に増加したことは、すでに指摘した。この知的科学的交流の増加は、世界システムの中心から周辺への知識の垂直的な移動とともに始まり、その後水平的

な交流も開始された。やがて明らかになるように国際連合大学のプログラムは、これら二種類の知的交流を統合した上で構築されたものである。しかしこのプログラムの詳細を議論する前に、国際連合大学を 1960 年代から 1970 年代にかけて発展していた知的国際交流の諸制度の中に位置付け、当時の知的科学交流の全体的な動態を把握する必要がある。

 とりわけ重要な点は、国際連合大学が、知的科学的交流の促進のために創設された諸制度の内で最も最近のものであり、そのことから以前に設立された諸制度のすべての機能を反映させた小宇宙（ミクロコスモス）的性質を与えられた、という事実である。このことを踏まえ知的国際交流促進のため 1960 年代・1970 年代に発展した五つの組織を検討してみよう。具体的には、（1）国際組織、（2）国際学会[15]、（3）国際研究所連合、（4）国際委員会、（5）国際財団、である。

 （1）先ず国際連合大学と国際機関における知的国際交流を比較する際、1. 国際連合内の諸研究機関・2. 研究所・研修施設・3. ユネスコ、という三つの異なる組織を区別して考えよう。

 1. 一般的に国際連合の諸機関は、その分野に特化した研究部局を持つ。この研究部署で実施される研究とは、二次的研究情報の統合・要約、ないしは専門家への委託研究、のいずれかである。中でも、国連ラテンアメリカ・カリブ経済委員会（ＣＥＰＡＬ：ＥＣＬＡＣ）ならびに国連貿易開発委員会（ＵＮＣＴＡＤ）による従属理論の開発は、社会科学理論の発展に貴重な貢献をなした研究例である[16]。

 2. 第一グループ〈国際組織〉には、国際連合に属する研究機関と訓練機関が含まれる。前者の例は、国連社会開発研究所（ＵＮＲＩＳＤ、本部はジュネーブ）であり、後者の例は、ニューヨークの国

連訓練調査研究所（UNITAR）である[17]。

　UNRISDは、当時、学者や研究機関に委託し社会開発関係の国際的学術研究プロジェクトを編成し、多様な研究を推進した。UNRISDは、他の国際連合の研究機関と異なり長期的で理論的なプロジェクトを推進する傾向にあり、国際連合大学と似ている。一方UNITARは、国際連合の活動の分析・評価・計画に従事するほか、発展途上国からの外交官や国際連合職員の養成を目的としている。この点でUNITARは、研究や訓練の機能が一部重複するものの国際連合大学とは全く異なる機能と役割を持つと言える。

　3. 最後にユネスコは、知識の維持・増進・普及という職務を与えられた国際連合の専門機関である。ユネスコは社会科学の分野で、1950年代には大学での社会科学教育の推進に特に積極的であった。加えて国際学会を支援し、その統合体として国際社会科学協会（ISSC: International Social Science Council）を発足させた。さらにユネスコは1950年代には、「国際緊張」および「東西文化」に関する国際研究プロジェクトに世界各地からの学者を動員して知的国際交流を促進し、1960年代には社会科学における数量的方法に関するセミナーの実施と推進に努めた。

　特に興味深いのは1960年代の後半、ユネスコが第三世界に社会科学を根付かせようとして、第三世界地域における水平的知的交流を促進するための組織的な活動を進めたと、いう事実である[18]。

　そのことからユネスコは、加盟国家間で社会科学における政府レベルでの協力を促進する唯一の国際機関であると言える。しかしユネスコと国際連合大学の決定的な違いは、ユネスコが加盟国の決定に基づき全加盟国のために活動するのに対し、国際連合大学は加盟国を持たず、国際連合システムの枠内でそれ自体の資格を持って完全に学問の自由が保障された唯一の学者共同体として、地球規模の

課題の研究に自由に取り組むことができる点である。

　国際連合大学を、国際連合システムの中の研究サブシステムに属する他の諸機関との関連で見ると、国際連合大学がユネスコと基本的な方向性を同じくするのは明らかである。具体的に言い換えると、ユネスコが大戦後の時期に、ヨーロッパ中心の国家システム内の国際的な学術協力の制度化に努め、1970年代には（ユネスコのそれまでの活動を発展させて、）国際連合大学がヨーロッパ中心主義・国家システムそれ自体を超えるグローバルな知的交流の促進手段となったのである。

　（2）次に、国際連合大学を諸種の国際学会に比較してみよう。国際連合大学は、国際連合大学憲章において「国際学者共同体(international community of scholars)[19]」と定義されている。ある意味では、（ここでの議論は社会科学に限定しているが、同じ原則が自然科学にも適用できる）国際学会は、多様な学術分野において設立された国際学者共同体である。しかし国際学会と国際連合大学を比較した場合、次の三つの違いが明らかになる。

　第1に、国際学会の会員になるには随意志願が基礎とされている。また個人加入も可能ではあるが一般的には各特定分野からの国内の学界が、対応する分野の国際学会への入会を求めるため、結果としてさまざまな学問分野で国際学会傘下の団体が形成されるのである。しかし国際連合大学は、国境や学問領域という制約を超えて機能を発揮するよう期待された学者共同体であるため、その成員は学者個人の自発的な志願によるものではなく、国際連合大学自体が選んだ学者である。この点で国際連合大学は一般の大学と構造上、類似している。

　第2に、国際学会がおこなう知的国際交流の内容は、会員によって決定される。こうした学界は国際的な学術協力を推進し、研究成

果を国際的に発表する場を提供するために主に活動している。一方国際連合大学の場合は、「国際連合と関連機関の関心事である喫緊の地球的課題に取り組む研究[20]」という明確な任務を与えられており、そうした性格のものとして、活動の方向性は当初から明確に規定されている。

第3に、国際学会は、会議や諸活動を運営するために会員から集めた会費を用いる。一方国際連合大学の財政基盤は、国際連合加盟国数カ国による寄付等で構成される基金である。その利子が、研究・研修・知識の普及と言う三つの目的のために使われる。

学会が会員を基盤とする自発的人的団体である一方で、国際連合大学は多くの米国の大学のように財団形式である。その点国際連合大学は、学会よりも幅広い機能を持つが、同時にその活動は基金の規模による制約を受ける。このような比較は、国際学会の多くが創設された1950年代の状況を述べたものである。しかし近年、こうした国際学会と国際連合大学との違いの多くが曖昧になるような、国際学会内での進展が見られるようになった。例えば、国別の学会が依然として国際学会の基盤を形成する一方、そうした国内学会を組織できない国々（主に第三世界）から個人の学者を迎え入れて、そのような地域ではあまり発展していないような学術分野における学者共同体の結成とその強化を支援する動きがある[21]。加えて学者間の協力により、1980年代に大いに流行した地球的な問題を学際的に研究する動きも促進された[22]。こうして、第三世界での学者共同体自体ならびに地球的な課題研究の両方を支援する点で、国際学会、国際連合大学が採用する方向性に向かって動き始めたと言える。

諸学会が西欧を起源としていること、また会員も伝統的に西欧出身者で占められていたこと（多くの場合現在でも）を想起すれば、前述の参加者の範囲の拡張は、西欧の知的システムの枠を広げるも

のと見ることができる。つまり、垂直的な知識移転から水平的な知的協力の機会を提供する方向への動きである。言うまでもなくこの範囲拡張に対して、学会の大多数を構成する西欧諸国会員からの批判が多く巻き起こった。それは自分達の学問上の関心から外れていると言う意見や、学問が余り進んでいない諸国からの会員増加は学会自体の学術水準を下げはしまいかと言う懸念からであった。この非西欧化への流れを支援する人々と反対する人々との論争は、多様な形で表れている[23]。この論争を、国際学会と国際連合大学との比較に戻って見直してみると、両者の間にもう一つ重要な違いがあることに気付く。つまり国際連合大学の場合は、「(発展途上国の)学者共同体における人々の知的孤立を緩和するよう努めること」という任務が明示されているのである[24]。まとめると国際学会の内部には、第三世界の学者による水平的な国際交流への参加増加という傾向に対して反対意見を抱えているにせよ、こうした参加自体は今後も増加していくと言えよう。

1960年代後半から1970年代前半にかけて、脱国家的な立場で、真に地球的な観点から世界の諸問題を取り上げて国際間の知的科学的交流を推進する二種類の非政府組織が立ち上げられた。一つは国際研究所(international institutes)の連合、もう一つは超国家委員会(supranational committees)の連合であり、この二つの組織を検討することにしよう。

(3) 国際研究所連合と言うのは、特定地域における国際的学術動員のため、特定諸国ないしは諸国連合が設立した機関である。1950年代に自然科学分野では、ヨーロッパ共同原子核研究機関(CERN: Conseil Européen pour la Recherche Nucléaire)がすでに結成されていた。1960年代の例としては、ウィーンに設立された国際応用システム分析研究所(IIASA: International Institute for

Applied System Analysis、東西間の緊張緩和を目的とする学術的努力により実現)、またハワイに設立されたハワイ大学東西文化センター（East-West Center、米国・アジア・太平洋の研究者の共同利用に供する）がある。さらに、自然科学を主要活動分野とする国際高等研究所連合（IFIAS: International Federation of Institute for Advanced Studies）やプリンストン高等研究所（Princeton Institute for Advanced Studies）などは、あらゆる実用的目的のために国際的研究所として機能する高等研究所連合の例である[25]。

　研究・訓練センターのネットワークを受け持ち、かつまたプログラムのネットワークをも受け持つという性格が、国際連合大学に与えられたのは、おそらくこうした国際研究所や研究所連合が前例として参考にされた結果であろう。とりわけ国際連合大学が単一の国際研究所と際立って異なるのは、それがネットワークの機能を担うものとして組織されている点にある。同時に国際連合大学のネットワークは緩やかな研究所連合というものではなく、伝統的な大学と似ているのである。つまりそこでの学部長は、ネットワークを取り仕切る諸種の研究・研修センター長が引き継いできており、また学長（諸学術プログラムの責任者たちの補佐を受ける）職は、大学本部センターの学術行政組織が引き継いでいる。

　国際連合大学が明確な目的を持っているとは言え、国際連合大学の構造を決めるよう委託された国際連合ならびにユネスコの専門委員会の側では、危惧があった。それは、国際連合大学が単一の研究所として設立された場合、国際連合大学は所在地となる国からの過度の影響力を被るのではないか、という危惧である。また第三世界の研究者のいわゆる「頭脳流出」を引き起こす原因になるのではないか、という懸念もあった。さらにネットワークという形式を採ると、これまで既存の国際研究所連合が先進国の高等研究所の連合体

へと変身を余儀なくされるに至った道を再びたどることになるのではないか、という心配もあった。こうした憂慮への解決策として、特に発展途上国を重視した諸研究・研修センターの設置とプログラムの設計が講じられた。こうしてでき上がった複数のセンターとプログラムの各責任者が大学全体の総合プログラムに参加すれば、責任者全員の大学全体への自然な統合が保障されるであろうという目論見である。この妥協策は、1960年代から1970年代の国際研究所や研究所連合が直面した課題——北の先進国側への偏重が見られ、世界各地からの万遍ない参加が欠如していた——に学んだ教訓から生み出された方法と言える。

（4）次に、第四の範疇である国際委員会について検討しよう。この類型には二つの種類がある。第1は、特定の報告書作成のために国際連合、ＮＧＯ、臨時の発起人によって組織される専門家集団である。第2に、オピニオンリーダーの国際的（脱国家的）集団で、一定の長期的な目標に向け、自らもしくは専門家の協力を得て報告書を作成するものである。これらの委員会はある立場から国際的な相互依存性の増強によって生じる地球的諸課題を検証するため分析や政策提言を目的とし、その意味で国際的な知的協力に従事する組織と言える。

歴史的に述べると、1960年代に南北問題が国際連合の議題の重要項目になった頃、ピアソン報告やジャクソン報告といった多くの報告書が、事務総長に任命された複数の委員会によって公にされた。これらの委員会はＮＧＯを触発し、ＮＧＯはすぐさま委員会のやり方に倣った。即ちＮＧＯはいくつかの委員会を結成し、例えばジャクソン夫人（バーバラ・ウォード）が代表を務めた委員会は、ストックホルム国連環境会議に先立って多くの報告書を公表したのである。80年代初頭には、独立委員会が組織された。その著名な例とし

て、南北問題に関する報告書を公表したブラント委員会（the Brandt Commission）や、平和と軍縮の問題に関して「共通の安全保障」報告書を作成したパルメ委員会（the Palme Commission）が挙げられる。

1960年代後半に戻ると、地球的課題・相互依存・南北問題に焦点を当てた国際委員会が形成されており、委員会は、委員会内部での討議や専門委員団が実施した委託研究の成果である報告書の出版を通して、市民レベルでの国際世論の喚起に努めていた。例としては、ローマクラブ（The Club of Rome）、日米欧三極委員会（Trilateral Commission）、国際開発学会（SID: Society for International Development）の南北問題ラウンドテーブル、第三世界フォーラム（Third World Forum）などがある[26]。

国際連合大学は、国際連合が関心を持つ課題の研究に参加するという点で、その研究対象テーマが前述の諸委員会のテーマと一致することが多い。しかし、いくつかの明確な相違点もある。前述のように、上記委員会は委員会の討議や委託研究、（および、もしくは）委員会自体の指令によって実施される研究を基にして、地球規模の課題に関する分析や提言をおこなうのである。他方の国際連合大学は、第1にネットワークであるため、世界各地域の地方の現実を比較研究し、地球的な課題における地方の側面を取り上げることが可能であり、また第2に国際的学者共同体として、相互理解を深めながら与えられた主題を徹底的に研究することができるので、長期的に学問分野を超えた意見交換が可能である点に特徴を持つ。

この観点からすると、国際委員会の不都合な点は地方の現実がその研究視野から外れるのみでなく、その構造的な制約により長期的な意見交換や研究の実施が難しいことにあると言えよう。

（5）最後に、話を国際財団に移してみよう。国際連合大学は学

問的自由を維持するため、その活動は寄付基金の利子によって支えられている。その意味で国際連合大学は、財団機能の一部を持つと考えられる。この点を念頭に置きながら、第二次世界大戦以降の国際的な知的交流において、財団が果たしてきた役割について考える。

ここで、社会科学分野における第二次世界大戦後の国際的な知的交流を考察するに際し、とりわけ重要な一つの現象——米国社会科学の世界的普及現象——にまず着目すべきである[27]。

第二次世界大戦後、社会科学の革命は米国で起こった。戦争中、ナチスの迫害からの避難所を求めていた多くのヨーロッパの科学者が米国に逃れ、米国人とともに学術専門知識を学んだ。これらヨーロッパの学者の影響に加え、戦時中に開発された社会科学の新しい研究手法とコンピューターの導入により戦後可能となったデータ処理の新手法が結びついて、社会科学を数量科学へと仕立て上げる道が拓かれたのである。第二次大戦後の世界では、社会科学分野でのこの新しい米国的アプローチの世界的伝播と普及という現象が起こったが、これは米国学会の努力と米国政府による支援とともに、とりわけ米国の国際財団による輸出アプローチによって、促進されたのである。この「輸出」は三つのレベルで起こった。（a）米国の多くの財団が、世界中の若い学者達に対して米国で学問訓練を受けられるよう奨学金制度を導入する、とともに（b）海外、特に第三世界の大学へ、現地機関の強化を目的として米国の大学の学部教授陣を送り込む。さらに、（c）これらの財団が、米国で教育を受けた社会科学者を含む国際的共同研究プロジェクトへの資金提供を通して、社会科学の国際化を図る。こうして米国国際財団は、米国の社会科学理論と研究手法の世界的普及を確かなものにしたのである。

国際連合大学は、多くの点でこれらの財団と非常に良く似ている。基金を持つのみでなく奨学金制度があり、共同研究プロジェクトへ

の参加を通して若い学者に大学院レベルの訓練を提供し、国際的共同研究を促進するネットワークを持つ。しかし根本的な相違点もある。国際連合大学は財団である以前に、先ずもって何よりも国際学者共同体である。したがって、この国際連合大学共同体に属する学者達は、大学から財団資金を受け取るだけの「客人」研究者とは大きく異なる地位にある。さらに財団によって奨励される国際的な知的交流が米国という知識形成の中心地から世界の地域、持に第三世界へと知識を広める形態をとってきたのに対し、国際連合大学は学者間の相互交流の機会を提供することを目指している。これがおそらく国際連合大学と他の国際的な財団との最も根本的な相違である。つまり同じ「国際的」と言う用語が使用されているにせよ、国際（的）財団は疑いもなく、所在国の国益と文化に影響を受けているのである。結果として、一方の国際財団が社会科学へ米国式アプローチを持ち込むための理想的な手段となってきたのに対し、多国間相互交流はもう一方の国際連合大学によってこそ最も促進されてきているのである。

　以上、五種類の組織と国際連合大学について、国際的な知的科学交流を促進する機関としてそれぞれが持つ利点と欠点に注目して比較してきた。この比較を通してわれわれは、第二次大戦後の一つの傾向として、社会科学の国際化に役立つ国際的な知的協力のために、さまざまな組織が参加できる一つの制度を創設しようとする動きを認識できた。国際連合大学はこの動きの一部として設立され、これまで検討した他の五つの組織とともに、この国際化に独自の貢献をしてきた。この動向を丸ごと全部把握することは不可能であるにせよ、その流れを大まかに捉えると、次のように図式的に説明できるだろう。

第二次世界大戦後の国際的な知的交流システムは、地球規模に拡大した。本来この知識体系を支える諸制度は、ヨーロッパや北米に限定されていたものである。しかし拡大の過程を通して、国際的知的科学交流に関して脱西欧化および諸制度の新設がもたらされ、非西欧地域における自己啓発と自己主張の目覚めが生まれた。国際連合大学はこの過程がかなり進展した段階で誕生した、国際的な知的科学交流のための組織なのである。

　西欧知識体系の新たな制度的発展によってもたらされたシステム変容過程を検討すると、この動きが三つの異なる過程でグローバル化を生み出す方向に働いたことが分かる。

　a）国際学会や国際組織、特にユネスコが育成に力を注いださまざまな専門分野別の国際学者共同体形成の動きがある。この動向は西ヨーロッパを起源とする（米国も関与の度合いを強めるようになっていった）ものである。そして1960年代の南北問題への関心の高まりの中で、この動きは開花し始めた。つまり社会科学の発展が遅れた地域において、諸学会の強化のための努力が見られ、また学者の動員や国際組織の組織化が一早く実施された。こうして社会科学の移植が知的国際交流体系の中枢に当たる米国から、東欧や非西欧世界の一部（日本を含む）の準周辺地域へと、さらに続いて周辺地域に相当する第三世界の大部分へと進行した。グローバル化は、西欧の知識が中枢から周辺へと移転される垂直的国際交流の中で、一般に知られるようになったのである。

　b）（こうしたグローバル化を受けて、）1970年代になると、第三世界の国々でも準周辺地域に属する国同士で水平的知的交流が開始されるようになり、またその水平的知的交流に、第三世界の国々が脱西欧化をもたらしたのである。加えて1960年代後半には、国際組織・国際委員会・国際研究所・国際研究所連合は、地球規模で関

心が集まる問題に関する研究を促進させる必要性を鋭敏に感じ取り、結果として、国際知的交流システムはこれらの地球規模の諸問題と取り組み始め、グローバル化がさらに進展した。その理由は、西欧知識体系だけではこの種の問題に適切に対処するには不充分であることが理解されたからである。例えば、人間が自然を管理すると捉える現代西欧思想が、環境汚染に影響を与えてきたばかりでなくその根本要因にもなっている、との考えから、非西欧の自然観や非西欧人のライフスタイルに益々関心が向けられるようになった[28]。さらに工業化・近代化・発展と言う西欧モデルを単に模倣するだけでは、非西欧の文化的アイデンティティを活かす開発がなされる余地がない、との認識から、非西欧の文化的伝統に支えられた開発理論が創造された[29]。

c）米国社会科学パラダイムが国際化に向かう傾向を推進する役割を担ったのは主として国際財団や国際研究所であり、この二つは前述の他の機関によってなされた努力よりも大きなものであった。この傾向が、一方で確かに社会科学の発展が遅れた諸国における制度構築・人材訓練・能力構築を成功させたことは事実であるが、同時にわれわれは、これらの戦略の目的が、こうした諸共同社会における社会科学の定着および土着化（indigenization）であったことを銘記すべきである。

　元来、「内生化（endogenization）」は現地研究者の養成ならびに地域固有の研究や教育のための設備整備のみを意味していた。
　内生化は、（米国で）教育・訓練を受けた知的階級を各国のエリートに育て上げる国家政策の一目標として米国によって促進された。しかしながら、この知的移転が中心から準周辺や周辺へと垂直的になされている際には、真の意味での土着化（indigenaization）は起

こらない、との批判が多くの西欧諸国で生じた。こうして、ほどなくして非西欧諸国の学者間での水平的な国際協力が始められるようになった。その研究者の中には米国で教育を受けた者がおり、非西欧の現実を考慮した上で土着的で内発的な社会科学を追及したのである[30]。

国際連合大学はこれら三つの潮流の頂点に立ち、垂直型の交流を通してグローバル化を推進するのみではなく、西欧中心主義の制約を超えた国際的な知的科学協力を提供しようと試みた。この点で国際連合大学は、グローバル化に向けた知的交流の一つの機関とみなすことができる。

以上を踏まえ、次節ではこのグローバル化に向けた水平的な交流の実践が遭遇した障害について明らかにしていこう。

2 知的国際交流と知的体系のグローバル化

前節では国際連合大学を中心に、制度面から1970年代に起こった知的国際交流がグローバル化へと向かう動きを検討してきた。

しかし知的体系のグローバル化過程に関して、制度面での分析によっては十分に説明できないひとつの重要な側面がある。それは知識のグローバル化が、特に研究と教育の形式と内容に関してどのように進行するか、という問題である。この問題を考えるための例として、国際連合大学を引き続き分析したい。

さて本書で述べるグローバル化現象が、次のような知的科学交流形式の変化を表していることは明らかになったであろう。それは、（a）西欧の知識体系を西欧国家内でただ再生産するだけという形式から、（b）非西欧地域への知識の伝達をおこなう垂直的交流構造への変化へ、そして（c）非西欧の知識体系を含む知的国際協力の

水平的な構造へと至る変化である。この変化過程は、これまでの制度上の分析によって導き出された。国際連合大学は、このグローバル化過程の第三段階で設立された制度と言える。

国際連合大学の創設時には、知的科学交流のための二つのモデルが、研究・訓練プログラム用に提案された。この二つは、前記の制度上の変化に対応するものである。その内の一つのモデルは、国際連合大学によって最初に組織された「世界の飢餓プログラム」であり、垂直的アプローチが使われた。もう一方のモデルは、国際連合大学が二番目に組織した「人間と社会開発プログラム」であり、これは水平的アプローチを採るものであった。

二種類の知的交流の前提と構造を確かめるため、これら二つのプログラムの研究・研修形式と内容を検討してみよう。

国際連合大学の設立時に当大学理事会は、「世界の飢餓」・「人間と社会の開発」・「天然資源の利用と管理」の三つのプログラムを立ち上げた。1975年秋、それぞれ約20人の専門家からなる三集団が集まり、理事会の決定を実施すべくこれら三項目に関して勧告が提供できるよう、研究・研修活動の開発を始めることになった[31]。

国際連合大学の学長ジェームズ・ヘスター博士（Dr. James M. Hester）は、三会議で採用されたアプローチの違いを比較し、次のように述べた。

「三つの（専門家会議）報告は、深く相互関連している一方で三主題そのものが異なるように、当然のことながら本質的に大きく異なっている。三つの中で、『世界の飢餓』グループは問題を最も特定化している。このグループは当初から、他の国連機関ですでに相当考慮されてきた他の二つの側面（食糧生産と人口）を排除して、このテーマ作業に対して最も特化したアプローチを採用した。『世界の飢餓』会議は、国際連合大学がその職務を開始するに当たり、領

域を極めて明確にし、とりわけ収穫後の技術や栄養政策を選定したという点で、国際連合大学が職務を実行する際の制度的手段についてグループの中で最も詳細にわたる配慮をした。

「人間と社会の開発プログラム」グループの活動報告書は、知識の概念化と適用に関して他の機関が果たせないでいる責任を引き受けるようにと、国際連合大学へ強く要請するメッセージを含んでいる。その報告書は開発に関する研究が混乱状態にあると議論し、思想と行動の在り方を明確にするよう統一的なアプローチに至るべく現存する障壁を取り除き、透明な政策決定のために資してまた人間の向上に向かう主要な道筋を発見できるように、と迫っている。このグループの勧告は、科学技術や開発教育の効率・効果の向上といった実利的テーマから、新しい生活スタイルや経済成長の研究・国民国家の役割に関する新しい発想・世界モデルの使用を通して地球規模の問題への理解を深めること、といった概念的な仕事にまで幅広くわたっている[32]。」

この短い引用から、この二つの専門家グループの考え方の相違に関してヘスター博士の若干の当惑を含む、全般的な見解が読み取れる。端的に言えばヘスター博士は、専門家集団に「(人間の)生活条件の実質的な改善に向け、世界の知的資源をより良く活用する方法を発見すること」を期待していた。「世界の飢餓」専門家集団は、収穫後の穀物の保存技術と栄養政策という二つの主要な対象分野を設定し、現存する知的資源を動員すれば飢餓に関し人間の生活条件を改善できると提案し、この期待に正面から答えた。こうしてヘスター博士は、このグループが問題の特定化に成功した点に満足した。一方、「人間と社会の開発」専門家集団は、生活条件の実質的改善に向けた開発戦略に関する研究それ自体が混乱に陥っており、現在の状況においては知的資源を活用できないと指摘し、まずこの概念的

な課題がより実践的な活用に取り組む前に処理されるべきであると勧告した。この結論は、専門家集団は現存する知識を実践的に活用すれば良い、とのヘスター博士の諮問の前提そのものに対する疑問提示と見ることが可能である。こうして国際的な知的交流に関する二つの専門家集団間の見解の相違は、交流を現存する知識の活用と移転という観点から見るか、あるいは（例えば概念化など、知識に関する基礎的な要素も含む）新しい知識を生み出す共同作業として見るか、との点にあったと言えるであろう。

　この違いは両プログラム開始後、より明確に定義され、両グループそれぞれの諮問委員会の報告書に反映された。

　1977年10月、「世界の飢餓」プログラム諮問委員会は中間報告を出版し、その目的と役割が、「（a）任務志向の学際的、かつ高度の研究・研修プログラムの持続的で国際的なネットワーク組織への助成と同組織の育成、（b）特に発展途上国における個人と制度の能力強化、（c）これら諸課題の検証へ向けた技術革新的なアプローチの奨励」にある、と規定した[33]。

　条項に明記された機能のうち、まずもって研究対象の栄養失調は、地球規模の問題であり相対的に独立したいくつか問題部門に委託することが可能である。次に研究機関の観点からは、応用上のギャップ、とりわけ知識と専門技術の間のギャップが著しいが、これは特に任務志向型の研究で軽減できること、さらにこうした著しいギャップを埋めることが栄養失調自体の緩和につながることが判明した。最後に知識の移転と応用を通して、第三世界の個人や制度の問題解決能力を強化させることが栄養失調の課題解決に資するであろう。こうして前述の「世界の飢餓」プログラムの幾能の規定は、略説したこの三つの規定を反映したものと言える。その規定は西欧の垂直的な知的科学的交流のパターンに合致しているもので、この

交流パターン自体、すでにグローバル化の段階に達しているのである。つまり、自然や社会に対してこの分析的道具的アプローチで臨むことは、その根が西欧の科学技術に関する伝統的な思考の中にあるのであり、したがって任務志向的な知識移転を通して世界の喫緊の課題を解決しようとの試みも例外ではない。実を言えば、これが本節の初めの部分で述べた垂直的知的交流の古典的な一例なのである。

その「世界の飢餓」プログラムの諮問委員会とは対照的に、1977年1月に開催された「人間と社会の開発」プログラムの企画会議は、ネットワークとプログラム優先順位に関して次の手順で討議した。

「国際連合大学は、世界の学者共同体の活性化に寄与するため、とりわけ国家と地方のレベルに重点を置きながら（地方、国家、地域圏、地球規模という）4レベルで創造的な研究者を統合するネットワークを編成するべきである。

a）そのネットワークには、国家と地方レベルで、特定のプログラム優先課題に焦点を当てた研究・研修活動を最も活発に実施している単位（個人および機関）が含まれるべきである。

b）活性化の実現過程においては、開発研究に関して中心から周辺へと移転するというこれまでの慣習的なアプローチを採る学問の世界における［中心－周辺構造モデル］の是正を目的とするべきである。

c）「人間と社会の開発」プログラムの優先課題は、新しい開発研究と教育への諸アプローチが相互に関連付けられ、人間と社会の開発へ向けての統合的アプローチに至るような方向で選定される。

d）ネットワークの地域圏レベルでの調整は、グローバルな

問題群を国家レベル・地方レベルのニーズにつなげるために必須である。開発研究者の共同体は、地域圏レベルで最も効率的に動員できる。しかしグローバルなレベルでは、国際連合関連の研究団体や非政府組織（NGO）のネットワークを使って研究活動を調整する必要がある。
e）研究活動と研修活動は、ネットワーク内で相互に密接に関連付けられるべきである。したがって国際連合大学は、研究成果の普及を含むさまざまなサービスを提供することによって双方の活動を支援するべきである[34]」

「人間と社会の開発」のプログラムが強調するのは上述のc）のアプローチに見られるように、まずもって、開発問題を扱う際に分析的であるのみでなく、人間と社会の開発という複雑なプロセスに関して総合的なビジョンの獲得を目指すことである。この研究アプローチの根底には問題状況というのは普通深く相互関連した諸要因によって発生するものである、という重要な前提となる認識がある。

また研究者に関しては、b）で概説したように、合同プロジェクトに参加する創造的な研究者同士のネットワークを活性化することが何としても必要である。重点が置かれるのは、学者が提供する個々の知識よりも（例えその知識がどれほど重要なものであろうとも）、学者の知的創造性に対してである。（その理由は、特定国出身者のみで組織されたチームでも同等の貢献が出来るのであれば、国際的な研究者チームを編成する必要はないからである。）

さらに制度上の観点からは、すでにある［中心—周辺構造］を前提とはするが、この構造内から導き出される通常科学研究のトップダウンの影響を挫くため、上述の（a）で素描したネットワーク、つまり（地方レベルおよび国家レベルからの）ボトムアップ方式を

練り上げるべきである。さらにまた、グローバルな努力と地方の努力を地域圏のレベルでまとめ上げるアプローチが採用されるべきである。

最後に、研究活動と教育活動の相互連関について着目すべき点がある。一方の「世界の飢餓」プログラムは、「国際連合大学の関連研究所の研究能力を強化し、研究所ネットワークの実用的な発展を促進する」手段としての研修に力を入れた。これに対し「人間と社会の開発」プログラムは、開発理論に関する既存研究が混沌状態にあるため、その理論指導は現在のところ無意味であることに鑑み、国際連合大学の研究結果に基づく研修活動の発展を重視すべきであると提唱した。こうして、「世界の飢餓」プログラムが知識移転に関し垂直的なアプローチを強調する一方で、「人間と社会の開発」プログラムでは水平的なアプローチを採り、国際連合大学憲章で打ち立てられた協調的研究プロジェクトへ若手研究者を参加させる研修を強調したのである。

このように新規に設立された国際連合大学の初期の二つのプログラムが、先に述べたグローバル化段階での知的交流の二つの型に沿った発展をたどったことを知るのは、興味深い。

ある意味では、国際連合大学のこの二つのプログラムが、(このように全般的な知的交流の型に) 平行して発展したということは、それが1970年代における国際知的交流の拡大されたグローバル化を縮図的に表していると見ることができるのである。つまり、「世界の飢餓」プログラムが垂直的なアプローチを採り、「人間と社会の開発」プログラムが水平的なアプローチを採ったという事実は、これら二つがそれぞれの地球規模の課題に取り組む際に、それぞれ最適な方法であると規定されたことを示している。同時にこの二つのアプローチは、知識体系それ自体がグローバル化する過程の二つの異

なる方向性を反映したもの、と見ることが可能である。一つは中心から周辺への西欧の知識の垂直的伝播であり、他の一つは、準周辺が中心と周辺を結ぶ水平的な協調関係によって、新しい多中心的な知識体系を創出するものである。それではこの観点から、この二つのプログラムがそれぞれの研究テーマに関して採用したアプローチの相違を検討してみよう。

　何はさておき「世界の飢餓」プログラムと「人間と社会の開発」プログラムは、異なる研究スタイル（ないしは知識体系を生みだし、再生産し、変形し、伝達する方法）を用いることで、それぞれの課題に最も効率的に取り組むことができると信じられていた。しかるに「世界の飢餓」プログラムは、任務志向で学際的な実用的研究に専念し、「人間と社会の開発」プログラムは、「ネットワーク構築」のための「国際的な学者共同体の活性化」を強調したのである。

　言い換えれば、前者は、「世界の飢餓」問題を解決するために必要とされる基礎知識はすでに先進諸国において十分に生み出されているため、必要とされているのはその知識を垂直的に伝達し、飢餓問題が存在する発展途上国のニーズに合う形式でそれを適用することである、との立場を採った。それ故世界の飢餓問題の解決には、明確な使命感に基づいた学際的な研究が必要であると信じられたのである。

　一方、後者のプログラムは発展途上国の「人間と社会の開発」課題に取り組む際、先進諸国で発達した知識システムは「混沌状態に陥って」おり、発展途上国出身の学者を含む「国際的な学者共同体の活性化」に向けたネットワークが「学問の世界における［(西欧)中心―周辺構造］を是正する」ために必須である、と言う立場を採った。換言すれば、西欧中心の知識体系を超えていくことこそが「人間と社会の開発」課題に取り組む新しい理論の発展に寄与すると信

じられていた。さらに検討を一歩進めれば二つのプログラムの間には、西欧の知識体系と世界の他地域での地域的課題の解決との関係性について、特に西欧の知識体系の根底にある普遍主義と科学技術という前提について、異なる認識が存在していたことは明かである。

先に述べたように現代西欧知識体系の特徴の一つは、その普遍主義にある。つまり西欧（ないしは先進諸国）で形成された知識は、非西欧諸国にも例外なく適用できるという信条である。「世界の飢餓」プログラムが垂直的な知識移転のアプローチを選んだのは、この確信に基づいていた。他方の「人間と社会の開発」プログラムが「国家と地方のニーズ」を地域圏レベルで調整することを要請したのは、この二つのニーズをグローバルな問題群につなげるためであった。これは疑いもなく、世界的な問題に関する普遍的知識に基づいたアプローチを採用しただけでは、個々の独特の状況下にある人々のニーズに充分に対応できる筈はない、と信じていたからである。特殊性を特に重要視するアプローチには、ローカル／ナショナル／リージョナルな課題を検証するネットワーク型の研究組織を通してなされる研究が必要であり、またそのためには水平的な科学交流が必要となる。

さらに問題となるのは、西欧知識体系においては科学技術による問題解決を強調する点である。「世界の飢餓」プログラムはこの科学主義観に同意するが故に、垂直的な知的交流アプローチを採用したのであった。一方の「人間と社会の開発」プログラムは正に西欧の科学技術への楽天主義に懐疑的であったが故に、水平的なアプローチを選択したのであった。

実際近代西欧の科学技術革新を支えてきた発想法は、対象物（および、ないしは）問題を考察のために切り取り、さらに部分に分解してから各部分を調べ上げ、加えて各部分の関係が一緒になって一

定の目的達成に最も効果的に機能できるように再構築する、という手順を（必然的に）伴うものである。このアプローチは、客観的合理性の機械論的な論述法により生じる論理的結果である。「問題解決」という発想は、この思考法から誕生したものであり、こうして異なる問題に対して別々の解決を見出そうとする科学技術的アプローチが西欧的近代化の基本となってきたのである。「世界の飢餓」プログラムはこの偉大な伝統を忠実に守り、「主要な複数の格差（即ち、解決戦略が未だ充分に練られていなかった複数の問題）を埋める」ことに集中し、「第三世界の個人・制度の能力強化」に専念した。

　対照的に「人間と社会の開発」プログラムは「人間と社会の開発への総合的なアプローチ」を強調し、「国際的な学者共同体の活性化」を研究ネットワークによって達成しようとした。このアプローチは分析的と言うより統合的であり、問題を部分に分解して個別に処理する代わりにネットワークを活用して、複数の問題間に見られる複雑な関連性を探求する道を選ぶのである。さらにこのプログラムは、個人や制度の能力向上よりも学者共同体間での知識の共有を増やしていく過程を活性化させようと努め、科学的技術的な理性よりも創造的な発想に重きを置いた。

　このように眺めると、国際連合大学プログラムによる二つの根本的に異なるアプローチの採択の背景には、人類が直面している「地球規模の問題」の解決に向けて二つの対立するパラダイムが存在するという結論に至る。一方は西欧の開発・発展理論の枠組みを通して地球規模の課題が対処されると考えて、第三世界の問題解決能力を向上させて西欧諸国家と非西欧諸国家間の格差を縮小させようとするアプローチである。他方は地球的な課題が、およそ近代西欧の合理性の破綻に起因しているという見方を採る。それ故危機状況についての統合的構造的分析を求めるのであり、そのために各国や各

地域での学者共同体を活性化させ、それら共同体間の対話が進められるようネットワークを形成していこうとするアプローチである。

つまり前者による垂直的な知的交換モデルの採用と後者による知的共同の水平的アプローチの採用とは、西欧知識体系を全面的に肯定した場合はその知識移転することだけで問題を解決するのに十分であると思考し、また西欧知識体系そのものを疑問視する場合には唯一の代替案とは多数のパラダイムを追及する研究者達の討議と協力を通して新たな知識を開発することであると思考する、との事実を反映したものである[35]。

要するに、国際連合大学でこれら二つのプログラムが採用されたということは、知識体系の共通性や利便性に関する見解の相違により知的国際交流が、垂直的か水平的かという非常に異なる方式を取らざるをえないことを示している。

3 対話ネットワークを通じての水平型知的交流

多元的な知識体系を発展させるための水平型知的交流の一例として国際連合大学の「人間と社会の開発」プログラムを考えた場合、このプログラムは国際的な共同研究「プロジェクト」という枠組みには納まり切らないという問題が起こる。

国際研究「プロジェクト」とは、異なる国籍の研究者達（ないしは研究者集団）が、共通の理論的枠組みや共通の分析方法論を用いて特定の研究対象を研究するものである。こうした研究者（集団）は同一の期間内で働き、仕事を相互に比較し合い補完し合う機会を持つため、個人で達成しうる成果よりも広範囲かつより徹底した成果を生み出せる。この目的合理性に沿った研究の国際管理調整に関して最も適した方式は、知的協働の閉鎖的ないしは垂直的モデルと

なる。と言うのもこれが水平的モデルであれば、以下に明らかにするように多くの問題が生じるからである。

「プロジェクト」とは定義上、学者達が共通の対象・理論・方法論について了解した研究を指す。閉鎖型の「プロジェクト」であれば、自然にこの定義の全条件を満たすことができる。つまり国際共同研究が西欧知識体系に基づく知的交流を通して垂直的に実施される場合、開始時より研究対象・必要な概念枠組み・分析方法がすべての研究者によって明確に共有されたものとして、プロジェクトは形成されうるのである。したがって、このプロジェクトで使われる知識を熟知していることが、この種の協働作業への参加を希望する諸国出身の学者にとっての前提条件となり、実際その基準を基にして参加者が選定される。垂直的なプロジェクトでしばしば見られることは、同じ先進国で学んだ学者もしくは他の海外経験を持つ学者で、理論上・方法論上、多くの参照事項を共有している研究者達によってプロジェクトが立ち上げられることである。これらの研究グループは、西欧知識体系が共通性を持つことを基本的な前提として規定されており、さらにその西欧知識の移転が活発になれば、国際的な知的協働作業を発展させるための装置もでき上がっていくと仮定しているのである。この場合留学経験のない学者でも、こうした研究プロジェクトへの参加を通して西欧の知識への接近が可能となる。

しかし水平的な知的協働作業のアプローチが西欧知識体系の拡張と強化のために使われるならば、一体何が起こるのであろうか。事前にプロジェクトのために特定の理論的枠組みや方法論が設定されていれば、非西欧の知識が研究計画に導入される可能性は当然のことながら制限されるであろう。ここで理解されるように、グローバル過程で実施される知的科学的協働作業の水平型モデルは垂直型モ

デルとは異なり、交流に参加する共同活動者それぞれの知的創造性に基づいた個人の貢献を重視すべきなのである。

ところが現実には、水平型アプローチによる知的協働作業の試みを現在実施している当事者本人が、この事実を充分に認識していない場合が多いのである。その結果そうした試みは修正を受け、結局はしばしば垂直型の「プロジェクト」と類似する形式で知的協働作業を推進することで終わってしまうのである。

とは言え現時点でも、水平型の知的協働作業へ向けた多くのさまざまな動きが実際にすでに始まっている。例を挙げると、国際社会科学協議会（ISSC: International Social Science Council、1952年創立）やその提携学会などの学会・ユネスコなどの国際連合機関・トリエステ国際理論物理学研究所（Trieste International Theoretical Physics Institute）などの国際研究所、第三世界フォーラム（the Third World Forum）などの委員会、スウェーデン研究協力機構（SAREC: Sweden Agency for Research Cooperation）やカナダ国際開発研究センター（IDRC: International Development Research Center）などの財団は、非西欧諸国からの学者を活動に参加させ、知的国際協働作業へ向けて努力している。しかしこれらの組織的活動はあるにせよ、それに匹敵するような努力が水平型の共同研究に適した方法論を厳密に練り上げる方向では、まだなされていないのが現状である。またそれと深く関連する問題として、水平型知的協働作業を実施する際の方式を生み出すことや、そうした作業を実施する諸制度を創設することも必要である。実際既存の試みのほとんどは「プロジェクト」方式を用いて、それに幾分かの修正を施して水平型共同研究にそれを適用しているに過ぎない。そこで国際連合大学の「人間と社会の開発」プログラムの事例を再検討すれば、非西欧の研究者達の全面的参加を保証できるような水平型の知的科学

的協働作業に適した方法論と研究手順方式の創出に向けて、そのための有益な手がかりが見出せるに違いない。

国際連合大学の「人間と社会の開発」プログラムは「人間と社会の開発」と言う課題を総合的に研究するため、章末補遺図２で示されている多数の相互関連した研究プロジェクトの編成を計画した。

この研究プロジェクトの目論みは、特定の研究目的に個別に取り組めるようにすることだけではなく、「人間と社会の開発」のための構造的条件に関して総合的な展望を提供できるよう、個別の複数の研究を互いに関連付けるように仕向けることであった。同時に当プログラムは、政策決定者と草の根レベルのローカルな市民との対話が促されるような形に練り上げられた。ナショナルなレベルでの研究は技術変容と都市化が研究テーマの焦点となり、国際的なレベルの研究では南北問題が対話的研究の焦点となった。さらに全体としてプログラムの学際的方向性を守りつつ、それぞれのプロジェクト選定に際し社会科学の異なる分野に関係するものが優先的に選ばれた。これは多様な分野の研究者がプログラムに参加できるのに加え、国際連合大学と知的国際交流に関与する他の学術的な国際諸機関との連携を狙った方策である。

国際的な知的科学交流に向けた他の多くの研究組織と同様、「人間と社会の開発」プログラムはプロジェクトを編成している。同時に「人間と社会の開発」プログラムが、財団や国際機関が運営するプロジェクトと異なるのは、その研究目的を、特定のグローバル問題に分析的に取り組むことに限定していない点である。当プログラムが独特であったのは、おそらく「人間と社会の開発」と言う課題に向けて、共同会議の開催や研究者間交流・他の共同研究活動など、関連するプロジェクト間での研究成果の交換を通して、統合的なアプローチを目指したことであろう。

第2部　現代の世界危機に対峙する科学と科学交流

補遺

　個別プロジェクトの設計も通常のものとは異なっていた。ごく一般に見られるプロジェクトでは、研究者集団は決められた理論や方法論上のガイドラインに沿って受動的に働かされるのである。ところがここでは、プロジェクトの企画やその実施に関してさまざまな地域から参加している学者達を理論的枠組みや方法論の開発に参加してもらえるような形態で進められた。

　1977年、「人間と社会の開発」プログラムの諮問委員会はプロジェクトの開発に関する次の六項目を強調し、提案した。

a）総合的把握（holism）という理念

　総合的把握のためには、地球的課題とその相互関連が明らかにされなければならず、また同時に概念パラダイムと社会文化的関心の多様性とに考慮が払われなければならない[36]。換言すれば、それぞれのプロジェクトはそれぞれ異なる中心的なパラダイムを持つのであるが、プロジェクトの主題に関連していれば別のパラダイムを使う学者の参加も歓迎するということである。このようにして参加した学者たちはプロジェクトの企画のみでなく、理論的な枠組みや方法論の決定にも自由に参画できるのである。さらにこの方法は、事前に理論的枠組みや方法論、研究日程が決定されているプロジェクト方式とは大きく異なり、五年間のプロジェクト期間中毎年一回集会が開催され、軌道修正や研究に必要な理論的・方法論的調整をおこなうのである。これが次のb）に繋がる。

b）新しい組織形態や作業推進方法に開かれていること

　世界規模の学習・研究共同体内の精力的な相互作用を促進するためには、非階層的な関係の諸形態がネットワーク作りに生かされることが必要であり、それが開放への貢献となるであろう[37]。

この意味は、一般的なプロジェクト方式では研究の枠組みや研究方法に関する最終決定は研究の運営を統括する中心的権威筋――普通資金源もしくは財団――によってなされるのであるが、「人間と社会の開発」プログラムによって編成された諸プロジェクトの場合は、ネットワーク形式を採用したということである。研究班は互いに意思疎通を図り、研究組織全体を調整するために一緒に仕事を遂行した。重視されたのは調整センターの機能であり、それはネットワークの各部から受け取った理論・方法論・プロジェクト日程表に関する提案や要請をバランスよく相互関連させる作業である。これは、通常の官僚的プロジェクト運営方法とは大きく異なるアプローチであり、この点が次のc）に繋がる。

c）機能の最大限の分散化

　可能な限り多くの決定が（国際連合大学本部ではなく）現場でなされるべきである。予算上の優先事項に関しては研究が行政よりも優先され、人々との対話を含む現場の研究が他の研究よりも優先される[38]。この文言の核心は研究グループが理論や方法論に関する決定に参加することによって、単に原則としての研究組織への民主的参加を統合するというだけの方式を超えることが目指されていることである。つまり、現場で人々との相互交流の中で得られた知見が丸ごと、プロジェクトの全体の方向に関する決定に生かされ、それが垂直型知的協働作業のトップダウン方式への挑戦となる、とされたのである。これが次の第4点のボトムアップ方式の目的に繋がる。

d）創造的研究のための前提条件の創出

　世界中の特に発展途上国における（国際連合大学憲章に記載がある）力強い学術的・科学的な共同体に貢献するため、国際連合大学は創造的な研究のためのインフラストラクチャー構築に尽力する。

このインフラストラクチャー造りに加え、創造的研究の前提条件として知的環境が創出されなければならない。それは過去のパラダイムの再検証とともに、世界の新しいパラダイムを自由に探究することを奨励する。即ち、過度の官僚的制約から解放された創造的な研究を支援する環境である[39]。

これは、「人間と社会の開発」プログラムで採用されたプロジェクト形式が、官僚的な管理体制を採用して研究を調整すれば品質管理は保証できると考える立場とは正反対であることを表現したものである。それは官僚的管理そのものを単に拒絶しているだけ、と言うのではない。むしろ、特にグローバル化過程のただ中にあって、創造的な研究はひとつの基準内では納まり切らない多くの発現形態を採ることを言いたいのである。したがって、新しいプロジェクトを承認し、進行中のプロジェクトを評価する際の尺度は、品質を犠牲にすることなく革新と創造を許容するものでなければならない[40]。こうして創造的な研究者をネットワークの中に取り込んでいく過程で、国連はe）の機能を果たすことができた。

e）異なる知的伝統を持つ国々からのアイディアを交換するため批判的対話の場を設置すること

国際連合大学は、開発の問題群に関し相対立するパラダイム同士が対峙できる場を提供することができる[41]。さらにこの批判的対話は、f）において、非西欧的な水平的知的協働作業の促進に貢献しうる。

f）ダイナミックな学習方法を開拓し続け、国際連合の活動すべてにわたり教育的側面に注意を払うこと

国際連合大学は、個別の課題解決のために既存の技術的知識を伝授することを主要目的としてはしておらず、教育と研究において対話的なアプローチを発展させることこそがその第一の目的なのであ

る。

　「人間と社会の開発」プログラムの独自の特徴である対話的アプローチの採用は、国際連合大学プロジェクトのすべてにおける研究・教育方法として可能な限り活用されるように推奨される。対話の過程へ参加する当事者はすべて、教師であるとともに学ぶ者である。このアプローチは、教育と研究との間の溝に橋を渡すものである。国際連合大学ならではの独特の研究・教育機能が成功するか否かは、ひとえに所属する学者が学習者と対話者との両方になれるように支援をどの程度受けられるかにかかっているであろう[42]。

　こうして、「人間と社会の開発」プログラムは、これら六つのガイドラインを通して、プロジェクトの調整へ官僚的管理が及ぶことを制限すること、また創造的研究や対話という側面を分権化したネットワークを通して強化すること、を提案した。これが実現すれば、パラダイム・社会文化的価値・研究上の関心を異にする研究者達が互いに学び、水平的な知的交流に参加できるようになるであろう、と確信していたのである。

　以上国際連合大学「人間と社会の開発」プログラムについて、それを水平的な知的交流に向けた研究方法と研究組織の発展の実験例として再考してきた。この例から今や、慣習的な国際共同研究プロジェクトで用いられる以外の研究管理手法として、われわれはより良い水平的な知的協働作業、即ち対話的研究ネットワークを開拓しうることが明らかになったのである。

　さてこれからは、この新しい種類の国際的な協働作業をどのようにしたら科学的方法論としてより厳密に定式化できるか、という探求に乗り出す番である。国際連合大学の事例から明らかなように、中央が管轄するプロジェクト形式から共同研究への転換は、途方も

なく困難な作業である。その遂行のために、国際財団や国際機関の官僚主義的な管理体制と衝突することが避けられないからだ。おそらくそれ故にこそ「人間と社会の開発」プログラム諮問委員会は、国際連合大学が官僚主義的中央集権的アプローチに屈しない強靭さを持つ必要があることを、何度も強調したのであった。

　これまでの国際連合大学プログラムの前記の事例を検討したが、学者共同体による自由な研究と対話といったネットワーク研究の制度モデルが構築されたのは、何も国際連合大学が初めてと言うわけではない。実際歴史上このモデルが、近代西欧文明の成立以前に存在していたことを忘れてはならない。そのモデルこそ、「大学」本来の構想そのものである。

　現代の大学は、学部の派閥やその他の困難な状況に阻まれて、大学がなし遂げることには限界がある。しかし、(『ウニヴェルシタス』Universitasと呼ばれた)「大学」の所期の目標は、世界を総合的に理解することにあった。その目的の完遂のためには、学者共同体が必要であった。そこには官僚主義的な束縛がなく、学部自治という形での分権性が採用され、その中で学者は自らの創造的な研究を追及することが許されていたのである。われわれは大学というものが知的対決の場であり、そこでは研究と教育が混じり合って教授たちと学生たちとの相互的な学びあいがおこなわれたことを忘れるべきではない。

　この観点から見ると、水平的知的協働作業の手段として対話的ネットワークへとプロジェクトを転換させることは、全然新しい実験でも何でもなく、「大学」の研究・教育の理念・組織化の諸原則を、国際的な学者共同体の構築と強化に向け応用することに過ぎないことが自明になるであろう。

　「青い鳥」のようにわれわれは出発点に戻って、やっと理想モデ

ルがわれわれのすぐ近くにあることを発見したのである。本章においてわれわれは「大学」への言及から始め、さまざまな国際組織や財団を逍遥した後に、ようやく水平型の知的・科学的協働作業に最適なモデルが、実際本来の「大学」モデルにあることを理解するに至ったのである。

248　第2部　現代の世界危機に対峙する科学と科学交流

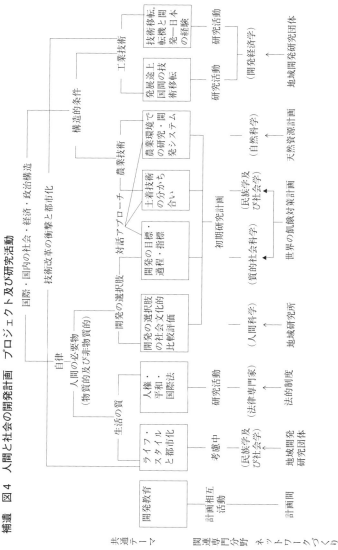

補遺　図4　人間と社会の開発計画　プロジェクト及び研究活動

あとがきに代えて

執筆者の独り言：
後編

3）オリエンタリズムとオクシデンタリズム（前編、19頁の続き）
　ここで、第二の「独り言」に移ることにします。「ウェスト（西欧）」と「レスト（非西欧）」との対比で、「レスト」の社会科学の知的創造性を大事にしようではないか、と考える問題意識を基にした「独り言」です。簡単に割り切って言えば、「ウエスト」は、第一の「独り言」で問題にしたように、技術官僚主義では、今日、われわれ人類が取り組まなければならないグローバルな諸問題に対応することができない、という問題があります。このような限界を持つ技術官僚主義を作り上げた西欧の啓蒙思想では、今日の文明の危機は乗り越えられない、と言うことが、3.11以降、日本でもますますはっきり表出しています。西欧カラーの技術官僚では解決できない問題と取り組むためには、どうしても、古来ポイエトクラシーの中で生活していた「レスト」（非西欧の諸文明）に知的創造性の源泉を汲み取る必要がある、との問題を取り上げないではいられません。そのことについて、若い知識人の皆様の耳に届くような「独り言」が語りたいのです。

　近代科学の偉大さを認めた上ではありますが、その目的合理性で組み立てられた「科学技術」では割り切れない問題が沢山あります。それが今、色々なところで噴出しています。その種の問題群は3.11の経験につながる問題提起です。本書では、ほとんどすべての章で、

「ウェスト」だけでは間に合わない問題と取り組むために、「レスト」（非西欧）の学問の伝統に立ち返ってみる必要について書いています。

本書の最後の章「国際知識人のグローバル化と科学技術交流：国連大学のケース」では、特に国連大学を作る段階から、西欧の科学技術を非西欧に知識の移転をする大学を作るのか、それとも非西欧の伝統知を掘り起こして、今の西欧を模倣する開発の代わりにこれとは別のオルタナティヴな社会作りの自然科学・社会科学・人文科学のフロンティアの学問を構築するのか、と言う、国連大学創設期から私が副学長として、社会科学関係のプロジェクトを担当した頃の国連大学の周辺でおこなわれていた熾烈な論争を取り上げています。

その他の章でも、技術官僚主義の問題を取り上げている箇所では、その背後に「ウェスト」に対する「レスト」の立場で考える筆者の問題意識が隠れています。第3章では、今も続いている社会科学の危機の問題について、特に非西欧政治学の特色を、北米とヨーロッパの政治学とを比較して論じています。第4章では、英語の原著を出版した当時、本書の中で国連大学の非西欧諸国の研究仲間から面白いと評価してもらったのは、この章での日本政治学についての紹介でした。特に柳田國男の影響での民俗学と政治学の統合の努力、神島二郎先生、京極純一先生などの理論を紹介して、西欧とは異質の非西欧の一国としての日本の政治文化の特色と、異質の西欧普遍主義諸価値を導入したことで必要になってきた、コスモロジーと政治制度・機構・組織の間のギクシャクした関係を克服する問題について紹介しています。

今、日本の政治学の活性化でも、このような非西欧の政治過程の研究による西欧の社会との比較に、若手の社会科学者の皆さんがも

あとがきに代えて　251

う少し関心を持って欲しいと思います。西欧との比較のみならず、非西欧の諸文明・非西欧の中の政治文化の多様性にも、もう少し注目していただきたいと思います。ただ本書を刊行した時、執筆者の頭には西欧の社会科学を毒しているオリエンタリズムに対抗する意識があったけれども、「オクシデンタリズム」[3]と言う最近台頭してきた考え方は全く意識していなかったことを、ここで説明します。

国連大学の共同研究に参加していたアヌアール・アブデルマレクは、オリエンタリズム批判を世界的に流布したエドワード・サイードの言説を理論的に準備した最初の非西欧研究者でした。邦訳も出ている彼の『社会の弁証法』にあるように、彼は「西欧から見た世界のヴィジョンを世界的ヴィジョンとして提示」できるようになった西欧による文明形成の過程の結果として、「オリエンタリズム」を定義しています。そしてこれに対抗する非西欧の文明的な過程を、「民族のルネッサンス」と規定していました。

原著の中で私が日本政治学による日本政治の仕組みを理解する努力は、近代主義でかなりオリエンタリズムに近い丸山先生の日本ファシズム分析を近代主義と切り離す方向で進めていた。そのことに、特に関心をもっていました。ところが最近、1960年代に日本で芸術活動に参加して唐十郎の劇団にも加わっていたオランダのヤン・ブルマー等が作った「オリエンタリズム」の対概念としての「オクシデンタリズム」が出てきたのです。そのことと関連付けて、日本政治学の優れた特色を今一度強調したいと思います。

日本政治学は、オリエンタリズム的な近代主義政治学の西欧普遍主義の視点を修正はしたけれども、諸悪の根源として西欧を捉える「オクシデンタリズム」の立場に陥っていないことをここで念を押したいと思います。神島理論では、言語学の概念を活用し、西欧政治文化の根底に「異化」、日本政治文化の根底に「馴化」を置いて

比較しています。私もこれに習って、西欧の「えらび」の文化に対して日本の「あわせ」の文化と言うことを対比する理論を工夫してきました。このようなモデル化は決して前者が間違いであって、後者が正しいなどと言うことは一つも言っていません。あくまでも自己を批判的に振り返るメタ認知の理論です。そこに1930年代の「近代の超克」の中にあったオクシデンタリズム的な反西欧主義に陥る危険性（例えば近年のテロの温床となっているそれ）を微塵も含んでいない理論が立てられているのです。「オクシデンタリズム」ではない日本の政治学の日本政治の分析は、非西欧政治文化の一つである日本の政治文化の分析であることが、本書で紹介している第二次大戦後の日本政治学の特色であることをここで強調します。

　いずれにしても、いま西欧文明の行き詰まりが見えている時代、国際社会科学は、西欧の政治文化あるいはもっと広く社会認識の枠組みと、多様な非西欧諸文明の政治文化と社会認識の枠組みの違いの問題を、深い所まで掘り下げて研究する必要があります。このことは、本書を英語で刊行した時代よりもさらに大切になってきています。なぜなら、3.11、9.11の二つの事件が、「ウェスト」と「レスト」との対立を露呈している、と断言できるからです。そこで本書を執筆した時より以上に、今こそ「ウェスト」とは違う「レスト」の政治経済文化の問題を無視しては、グローバル危機と取り組むことができなくなっていると思います。一言づつ、「ウエスト」と「レスト」の対峙現象としてのこの二つの事件の特色に触れたいと思います。

　先ず3.11以降の日本での、原発再稼働問題をめぐる日本国内の政治の分極化は、両陣営ともある意味で、非西欧の政治の論理に支配されています。原発再稼働を推進しているのは、主義としての西欧をなぞるものの基本は明治以来の国家総動員による非西欧大国の

国威を目指す立場を取っています。反原発勢力は私も含めて、西欧のウェストファリア体制の中の資本主義開発の自然支配そのものの持っている持続不能性を断念して、自然との和解の下で、自然エネルギーを活用する新しい政治経済文化の構築を目指しています。この問題意識は、本書刊行時代には非西欧の知識人にしか通じなかった非西欧の政治文化＝生態系重視文化＝アニミズムを再評価する米欧の知識人を含めて支配層の「レスト」尊重の傾向と、翻って「レスト」に対する警戒心の増加が、今かなり大事な世界政治経済を動かす力になっていると私は考えています。

　尊重という傾向については3.11が一つの転機になっていますが、その傾向はそれ以前からありました。生態系問題に関心を持つ知識人にも同調してもらえる時代に入っているのです。このことは、2010年に名古屋で生物多様性条約についての締約国会議ＣＯＰ10が開かれた時に痛感しました。紙面の都合でこれ以上このことに触れませんが、伊勢三河湾流域圏の生態環境問題の研究者達と、西欧的な生命観が人間中心に他の生命体を「資源」としてしか捉えていないことなど、西欧的な人間中心主義に対する批判が、ＣＯＰ10開催地住民の憂慮を同会議締約諸国に対して表明した開催地住民アピールの主題になっていました。この声明の指摘は、3.11原発爆発事件に伴って、一層説得力を持ってきていることだけを指摘しておきます。

　9.11との関係では、無差別非国家テロに対する米国の対抗国家テロリズムの台頭、これを正当化する形で国連を巻き込んで展開されている米欧大国指導課の「人道介入」の論理にみられる、西欧による非西欧へのグローバル・スタンダードの押し付けの問題があり、普遍人権をめぐる西欧先進工業諸国と非西欧諸国との国連人権理事会における対峙状態にまで波及しています。人権を外から押し付け

る外発的な人権外交と、人権を内発的に発展させるべきだとする南米諸国による「平和への権利」宣言の決議、これと同じ方向でベネスエラからボリビアまでの中米諸国が開始したボリバリスモ革命路線のような新自由主義米国覇権に対する非西欧市民と諸国との共同戦線の形成など、本書の執筆時にはなかった「ウェスト」と「レスト」との双極冷戦システムへの新傾向が現れていると思います。ただそのことも、単に指摘するにとどめておきます。

4）未来の対話にかけて

　そこで最後に、本書の中心的なテーマであるパラダイム間の対話の問題に関連して、「対話」と「和解」について「独り言」を言わせてください。「対話」と言う言葉は、一般に相互理解の手続きとして議論されることが多いと思います。私は、相互理解よりも、グローバルな生態系や投機的な金融の問題に対応するために、問題を共有し、これに対する対策について知恵を出し合うと言う意味で、パラダイム間の対話を提案しました。その理論的な総論として、第1章の「科学革命と学際的パラダイム対話」を書いたわけです。しかし最近になって私の関心は、ただ問題解決の知恵を出し合うだけでなく、「和解」のために「対話」をすることが、最も急を要する課題であるとする確信のようなものを持つようになっています。

　そこで本書の邦訳に当たって、原著にあった「パラダイム対話」の問題を、なぜそしてどんな形で「和解」のための手立てとしても提案するのか、について説明します。このように考えるようになったのは、2013年夏、ソウルで歴史的和解の会議に出席したのち、ピースボートに乗船し、ヴェトナムのダナンからエルサルバドールまで航海した時にいろいろな「対話」の経験があったからです。韓国での韓国・中国・日本の市民間の会議で、私は日本国憲法前文の「平

あとがきに代えて 255

和に生存する権利」が、植民地侵略をおこなって周辺諸国の市民の「平和に生存する権利」を侵害した反省に基づいて日本国憲法の前文に掲げられていることを指摘しました。「平和的生存権」の思想は世界で初めて、植民地侵略が人権侵害であることを認めている歴史的に大変重要な植民地主義否定の大原則です。このことを日本国家が再確認することで、植民地侵略の被害を蒙った韓国・朝鮮と中国、そして東南アジア諸国との「和解」を達することができるのです。

　その後ピースボートに乗船してからは、「ウェスト」と「レスト」の問題を中心に連続講義とゼミをおこないました。ピースボートの海の旅を、約150年前のジュール・ヴェルヌの小説『80日世界旅行』と比べながら、「ウェスト」中心の大旅行の特徴について話しました。西欧による世界支配は、世界の海をつなぐ海路とスエズ運河と米大陸横断鉄道とを開通させることで、世界一周がタッタ80日でできる産業興隆を支える貿易のグローバル化に成功したというハナシをしました。スエズ運河とパナマ運河を造った技術官僚達の仕事を支えていたのは、空想社会主義といわれているサン・シモンの理想社会の構図でした。科学技術を駆使して世界経済を振興することで世界平和を実現するのが、両運河を造るのに主要な役割を果たしたフェルディナン・ド・レセップスのサン・シモン主義の信念でした。

　そう言う「ウェスト」の理想主義は今日、核の平和利用という名のもとで、福島第一原発爆発事件を引き起こした日本の技術官僚の信条と一脈相通じています。福島第一原発爆発事件が福島県で起こったことと、スエズ運河が中東戦争の火元にもなったこととは、ともに「ウェスト」のテクノクラシーの問題性を示していたことを説明しました。そしてその次の講義では、これとバランスを取る「レスト」の大旅行の話として、『アラビアン・ナイト』の「船乗りシン

ドバッドの大旅行」の話をしました。『アラビアン・ナイト』はイスラーム文学の古典ですが、「シンドバッドの冒険」の荒唐無稽な話は、ヴェルヌの科学的な旅行談と正反対の夢物語です。その夢は実は中国の船乗りの夢、信心によって海路の安全がはかられ、船は沈没しても生き残るばかりでなく、自力あるいは土地の王様から黄金やダイヤや美女をもらう、そういう贈与経済とありがたい現世利益の物語です。ある意味では、技術官僚主義と正反対であるポイェトクラシーの夢物語と言えます。

そういった講義に続いて、大西洋を渡る時に話したことは、大西洋の二つの顔についてです。北大西洋のルーズヴェルトとチャーチルとの大西洋宣言の話と、アフリカから大西洋を奴隷船で渡海した黒人が、南北アメリカとカリブ海諸国に素晴らしい音楽をもたらした話をしました。大西洋はその意味で北大西洋自由主義革命とともに、アフリカとアメリカの二つの大陸を結ぶ悲惨な奴隷制と壮大な文明の興隆の両方を成り立たせたブラック・アトランティック[4]として、多様なアフリカの各地から多様な新大陸の各地との間に広がる黒人の海洋であることを強調したのです。

そこで、本書の第1章に書いたことに戻ることになります。大西洋は、西欧普遍主義とアフリカ・ラテンアメリカの反植民地主義の「対話」と「和解」の海です。同じ「対話」と「和解」は太平洋でも進められるべきです。しかしそれが可能になるのには、何等かの仲介者が必要です。そこに本書第1章で触れた、パラダイム間の対話の第三の極の問題が浮上してくるのです。この極は実は「無」であるとの、本文の「混沌王」のハナシを思い出してください。この話は南北の「和解」のための対話の話であることを、ピースボートで講義をしながら気付きました。「ウェスト」と「レスト」の「和解」に向けての対話については、大西洋の二つの流れ、北大西洋におけ

る「大西洋憲章」が謳い上げた大西洋革命（名誉革命から米国独立戦争、フランス革命に続く西欧啓蒙思想を支えにした民主主義革命）の北の歴史の流れと、アフリカから奴隷船に乗せられて南北アメリカ大陸に新しい音楽をもたらし、レゲエによってアフリカへの帰還を歌い踊ることで希求するラスタ運動によって、アメリカ（カリブ海を含む）とアフリカ両大陸をつないで起こっている黒人ルネッサンス運動の流れとの「和解」ができる方向での歴史的な動きが始まっています。この動きは、すでに2001年9月にダーバンで開かれた国連反人種主義国際会議での西欧諸国の奴隷制と植民地主義に関するEU諸国の謝罪声明の形で始まりました。一方、太平洋での植民地と奴隷制（従軍慰安婦軍事性奴隷制）についての「和解」は、日本にオクシデンタリズム政権が成立するまでに高揚してきた復古ナショナリズムによって、不可能な状態が続いているのです。

　そこで、及ばずながらSNSフェイスブックを活用して、饗宴社会を作る民衆レベルのコミュニケーションとして「世直し」と「和解」に向けた国際サイバー対話を進めています。この形で、本書で提案したパラダイム間の対話を「和解」と言うことにつなげる実験を進めているのです。この実験のおかげで、フェイスブックで友達になった方に勧められて、田辺元の「懺悔道としての哲学」を読みました。その結果、くわしいことは省きますが、「混沌三」として南北の「和解」の仲介者となる道が、日本の社会科学者にあることを知りました。そのことについての「独り言」は、若い社会科学研究者の皆さんのお耳に入れたい一番大事な話題です。

　まず「懺悔道」の問題に入る前提として、西欧文明以後の世界文明の問題について触れる必要があります。数年前にダカールで開かれた世界社会フォーラムで、I・ウォーラースティンは、次のような意味のことを言ったそうです。「今、世界で歴史的な大転換が起っ

ている。その性格付けはいろいろできるが、ひとつ言えることは、西欧の普遍主義に基づく世界支配の時代が終わりかけていると言うことだ」。これに対してサンゴールは、「この際、アフリカなどの多様な非西欧諸文化のそれぞれの特殊性を掘り下げて、その根底にある非西欧的な普遍価値を発掘すべきときだ。」と述べました。この西欧と非西欧の偉大な知識人の言葉は、オリエンタリズムを否定する西欧と、オクシデンタリズムに捉われないアフリカとの「和解」を象徴していたと思います。

　もしこれでハナシがつくなら、「混沌王」の出番がありません。ただ太平洋では今、日本政府を中心にして、かなりたちの悪い修正オクシデンタリズムが支配し、日本ほど手におえない形は取っていませんが、中国と朝鮮半島にも、同様の修正オクシデンタリズムが台頭しています。修正オクシデンタリズムは、単純なオクシデンタリズムよりはるかに危険な思想です。ヤン・ブルマーが批判の対象にしているイスラーム圏などのオクシデンタリズムは、何事でも西欧が悪いと断定して、非西欧の家父長主義や独裁制を正当化しています。

　これに対して、修正オクシデンタリズムは、西欧の普遍主義を諸悪の根源としながら、西欧に対抗するために、西欧植民地主義の手口だけはうまく取り入れるとする修正主義です。西欧近代の啓蒙思想を裏付けているウェストファリア諸国家体制は、普遍主義の推進役となりました。主権国家はその市民との安全契約を基にして、相互不可侵・内政不介入の大原則を立てました。しかし、この原則は西欧文明諸国同士だけの約束でした。西欧諸国、特に諸大国は普遍主義を世界に流布するために、植民地拡張競争をすることをウェストファリア体制により事実上認めていたのです。この植民地侵略への肯定について修正オクシデンタリズムは、植民地侵略を自分達が

することは良いと考える反抗植民地主義の立場を取ります。諸悪の根源としては、啓蒙思想以来の普遍主義原則・西欧の普遍主義・人権とか市民の自由とか、三権分立、官僚の民主的な監視を否定・攻撃しますが、しかし国家権力を伸ばすために使っていた植民地侵略主義など、西洋諸大国に対抗するために西欧を真似たり西欧の大国を利用する点では、西欧の悪知恵をうまく利用する修正主義です。

　安倍晋三首相はこの修正オクシデンタリズムによって、敗戦以来の日本ファシズム批判のオリンタリズム的な傾向を180度、反西欧の方向に切り替えようとしています。明治近代国家建設以来の天皇制総力戦国家に戻ろうとするこの修正オクシデンタリズムは、日本国憲法の「平和に生存する権利」を無視して、日本とその侵略の対象となった諸国民との「和解」を不可能にしているのです。それと同時に安倍政権は、オバマ大統領の下で不可視化されながらも続いている米国の「文明間の衝突」の覇権主義とＥＵの人道介入の新植民地主義に手を貸すとの離れ業で、原発からのプルトニウム備蓄によって日本が将来、米国をも対象にする核保有国になるという本質的な反米主義を隠しているのです。

　そのような米帝国主義と復活した大日本帝国との悪しき和合ではなく、オリエンタリズムとオクシデンタリズムとの「和解」の上に、西欧啓蒙思想の普遍主義と日本の「和」に基づく多様な自然との「和解」と、多様な人間集団の相互の「和解」を進めるような、3.11と9．11に対抗する「和解」をさせることが今の日本社会科学の最重要課題だと思います。

　そこに「混沌王」の出番があるのです。南アフリカでネルソン・マンデラ達が始め、今チモールやエルサルバドールでも実施されている「真実」と「和解」のプロセスは、仲介なしで進められます。西欧普遍主義のおせっかいなやり方は国連でも採用され、「ウェス

ト」が普遍主義のグローバルスタンダードによって仲裁することになっています。その仲裁は、いざとなれば強制力によって、悪者が刑事裁判にかけられます。

　「混沌王」は五感を備えていないので、実力で介入しません。誰が正しく、誰が悪いかを判断しない姿勢で仲介したからこそ、南北両王国間の和解に成功したのです。押し付けでない仲裁は、懺悔によってだけ可能になるのだ、ということを、田辺元の「懺悔道としての哲学」[5]を読んで初めて分かったような気がします。田辺によると、「懺悔」とは「絶望的に自らを擲ち捨てる」ことです。日本は植民地侵略を自国の国民への被害も含めて反省せず、自国や他国を問わず、その被害者に対して真摯に詫びることもしないと頑張っています。侵略とこれに伴う被侵略地域の住民の「平和に生存する権利」の侵犯は、どんなに詫びても詫び切れるものではありません。徹底的に自分の悪行を自覚するそのような「無」の境地を以って、植民地侵略の問題について当事者達の対話に参加することで、日本国憲法前文の「平和に生存する権利」を無言のまま実現する「懺悔」——ギリシャ語で言う「メタノイヤ」によって「真実と和解」過程に参加している当事者達にも各自で「懺悔」するように無言のまま勧める——が「混沌王」が五感を持っていないことにつながると、分かるような気がしています。

　田辺によると「メタノイア」を基にした哲学は、「メタノエティーク」です。「エティーク」は倫理、これを包む「ノエティーク」は認識または認知です。この認識・認知を、「メタ」、つまり超越したところから見詰め直すのが「メタノエティーク」になります。認知心理学でも使用されているメタ認知は、自分の無力を認めながら、南北両側・植民地化された側とした側とが共同して、侵略主義・植民地主義に反対する倫理的・認識的、それをすべて超えたメタな立場

での「自分の無力」を認めた上での「世直し」の「行」をすることです。田辺元の難しい言葉をそのまま引用すれば、「支離滅裂、七花八裂の分裂に進んで身を任す」ことで、認識と倫理との一大転換をするのです。「ウェスト」と「レスト」、北と南との「和解」に向けて「世直し」を進める準備のために、日本市民、特に知識人が世界各国においてそれぞれの立場で積極的に「懺悔」を進める方向に先鞭を付ける事ができる筈だと思います。そういったことで画一的な答えがない時代の現実を直視して、生命の多様性と一体性、文化の多様性と一体性を実現する方向への一大転換を図ることが、パラダイム間の対話における「混沌王」の役割でありましょう。だとすれば、今大事なことは、「懺悔道」としての哲学のみならず、社会科学の役割をはっきり明確にすることではないでしょうか？　そんな答えの出てこない疑問を読者の皆様に聴いてもらえることを期待して、長たらしい「執筆者の独り言」を閉じます。

　（武者小路公秀）

注

注 第1章 科学革命と学際的パラダイム対話

1 科学革命とは、「それはただ累積的に発展するのではなくて、古いパラダイムがそれと両立しえない新しいものによって、完全に、あるいは部分的に置き換えられる、と言う現象である」と、トーマス・クーンによって定義されている。(Thomas S. Kuhn. *The Structure of Scientific Revolution*, The University of Chicago Press, Chicago, 1962, p.92. 邦訳 トーマス・クーン著／中山茂訳『科学革命の構造』みすず書房、1971年、104頁)。クーンは、「それはあたかも科学者の社会が急に他の惑星に移住させられて、見なれた対象が異なった光の下で見なれぬものに見えるごとく」(原文参照、p.111；同邦訳、125頁)、と世界観のラディカルな変化としてかかる革命を理解している。パラダイム間の対話に関しては、次の文献を参照。Kinhide Mushakoji, "Peace Research as an International Learning Process - A New Meta-Paradigm", *International Studies Quarterly*, Vol.22, No.2, June 1978.

2 「パラダイム」の概念を、われわれが形式的方法で定義してみると、次のようにいくつかの諸概念が合体されたものとなる。

(a) 研究者が目指している目的として採用された価値
(b) 数々のモデルによって表された相関する全体像の一部として把握される問題領域ないしは問題群
(c) 事例の選択を基にして作られる理論構築
(d) ある科学的な方法の正当性を決定する際に他の非科学的な手順と対立させておこなう「科学的研究」と呼ばれるゲームのルール

パラダイムのこうした四つの構成要素それぞれは、事実上、多少なりとも厳密に定義されうる。それ故、あるパラダイムは、ある価値の位置づけに関して正しい選択をしたとか、あるいはある手法を利用する際の選択が正しかったことを強調するのであり、こうして前者の場合で

は手法に関して、後者においては価値に関して多少なりとも広範な選択を研究者に委ねているのである。

3 アメリカ合衆国でのポスト行動革命に関して、次を参照。T.J.Lowi, "The Politics of Higher Education: Political Science as a Case Study", in G.J. Graham, Jr. および G.W. Garey, eds., *The Post-Behavioral Era Perspectives on Political Science*, David McKay Company, Inc., New York, 1972, pp.11-36. フランスでの1968年5月の運動のインパクトに関連するものとして、次を参照。Jean Ziégler, *Sociologie et contestation*, Gallimard, Paris, 1969, pp.247-249.

4 一般的な技術官僚主義の科学の分析については、次を参照。Jurgen Habermas, *Toward a Rational Sociology*, Beacon Press, Boston, 1970. Alvin W. Goulder, *The Dialectic of Ideology and Technology: The Origins, Grammar, and Future of Ideology*, The Seabury Press, New York, 1976.Hans-Georg Gadamer, "Theory, Technology, Practice: The Task of the Science of Man", in *Social Research*, Vol.44, No.3, pp.529-561. 第三世界の技術官僚主義の科学の問題については、次を参照。Ignacy Sachs, *The Discovery of the Third World,* The MIT Press, Cambridge, 1976, pp.82-99

5 グローバルな統計を総合して打ち出した推定に基づくデニス・メドウズ他著『成長の限界』(ローマクラブ〈人類の危機レポート〉大来三郎監訳、ダイヤモンド社、1972年；原書 Donella H. Meadows, Dennis L. Meadows, Jorgen Randers and William W. Behrens III, *Limits to Growth*, New American Library, New York, 1972.)の発刊を機に、その後ローマクラブへと次々に提出されることになる報告書の出版が始まった。ミハイロ・メサロヴィッチとエドゥアルト・ペステルによる報告書『転機に立つ人間社会』(ローマクラブへの〈第2報告書〉)は、グローバルな統計を地域的な統計に分けることを試みている(Mihajlo

Mesarovlc and Eduard Pestel, *Mankind at the Turning Point— The Second Report to the Club of Rome*, E.P. Dutton & Co., New York, 1975.)。この方法で創出したのが、アミルカル・エレラのラテンアメリカモデルである（Amilcar O. Herrera et al.. *Catastrophe or New Society! A Latin American World Model*, International Development Research Centre, Ottawa, 1976.）。しかしながら、本書は、評価の基礎をベーシックニーズの充足に置いており、したがってモデルの中心に人間個人を据えているのである。またアーヴィン・ラズローの『人類の目標』は、価値の多元性の重要性を強調する（Ervin Laszlo, et al. *Goals for mankind: a report to the Club of Rome on the new horizons of global community*, Dutton, New York, 1977.）。

6 アジアにおける内発的な社会科学の伝統を発展させる必要性については、次を参照。Syed Hussein Alatas, "The Captive Mind in Development Studies: Some Neglected Problems and the Need for an Autonomous Social Science Tradition in Asia", *International Social Science Journal*, Vol.24, No.1 1972. 従属を断ち切るために先住社会科学を発展させる必要性が次で強調されている。Canadian Commission for UNESCO, "Model Elements for the Social Science Programme of UNESCO", *International Workshop*, Stanley House, New Richmond, Ottawa-Canada, August 15-19, 1977.

7 こうして、技術官僚主義のパラダイムは次の基本的な仮定を強調するアプローチを開発する。

　（a）自然と社会の操作可能性（実用的）、

　（b）世界を区分けして、そのわずかな部分の相互関係を定義し、その他を等しいものとする可能性（機械的）

　（c）基本的な価値としての手段－目的の合理性の優先（合理的）

　（d）科学的方法論を規格化する不断の必要性（均一的）

（e）科学的政策立案者による集権的研究と開発投資を通じた科学の永続的成長（中央集権的）

8　技術官僚主義的なパラダイムも包括的でありうるとの意見もあるかもしれない。即ち、世界の状況を統合的に把握するのが目的としているという理由で。確かに、学際的ないしは分野横断的アプローチを強調する 2、3 の技術官僚主義的なパラダイムが存在するのは事実である。しかしながら、学際的または分野横断的であるということの意味は、ただ世界の多くの部分を射程に入れるというだけで、その全体像を扱うわけではない。アドルノが正しくも指摘しているように、「全体像」とは、「肯定的であると言うよりもむしろ批判的なカテゴリー」である。世界の「全体像」を把握することとは、技術官僚が、その実証主義的方法で把握することのできる世界には大抵はまだ存在していない諸要素間の矛盾を考慮にいれるということを当然伴う。これらの諸要素は批判的で弁証法的な方法でのみ研究しうるものであり、学際的ないしは分野横断的なアプローチとは全く異なるのである。次を参照。Theodor W. Adorno et al., *The Positivist Dispute in German Sociology*, Harper & Row, New York, 1969, p.12.（アドルノ他著、城塚登／浜井修／遠藤克彦訳『社会科学の論理：ドイツ社会学における実証主義論争』河出書房新社、1992 年）非西欧の科学的伝統の全体論的な智恵について、中国の科学は、いくつかの基本的なパターンを変化形に落とし込んで変革のタイプの類型化を把握しようとしたと、山田慶児は述べている。中国科学のこの特徴は次の文献に書かれている。山田慶児「パターン・認識・制作　中国科学の思想的風土」『混沌の海へ：中国的思考の構造』筑摩書房、1975 年、115-176 頁。

9　「統計的有意性」の重要性を信じるこうした傾向は、しばしば、この概念の理論的形成の考察の失敗を招く。そして多くの研究者は、（a）母集団からの適切なサンプリングがあるか、（b）サンプリングの分布

モデルが知られているものかという、充分な証拠なしに有意性検定を用いている（訳註：例えば千人しかサンプルのない『世論調査』のすべて！）。

10 特定の変数 y^* の分散が $V(y^*)$ であるとしよう。通常の分析では、問題は独立変数として考えられる変数、$x_1, x_2, ...x_n$ の集合を決めるものとして成立している。ここで共分散は、$V(x_1, y^*), V(x_2, y^*), ..., V(x_n, y^*)$ で、$V(y^*)$ となる。つまり、$V(y^*) = \sum_{}^{n} V(x_i|y^*)$ である。もしくは、x_n までがすべての条件なので確立 P で表せば、$\sum_{i=1}^{n} P(x_i|y^*) = 1$ とも記せる。$\sum_{i=1}^{n} P(x_i|y^*) = \sum_{i=1}^{n} (V(x_i,|y^*)V(y^*))$ これらよりもしくは個々の値として $P(x_i|y^*) = V(x_i,|y^*)/V(y^*)))...P(y^*|z_1)$ となるだろう。z_j の全分散 $V(Z_j)$ は、すべての独立変数を持つ共分散の和である。つまり、$y_{j1}, y_{j2}, ..., y_{jk}$ で構成されている。故に、$P(x_i|y^*) = V(x_i, y^*)/V(y^*)$ 次のようになるしかし、このような関係性は、他の Z'らについては何も説明をしていない。任意の Z_j について、j'≠j と考えたならば、$\sum_{j=1}^{m} P(y^*|z_j) \neq 1$ より正確に $P(y^*|Z_j) + \sum_{h=1}^{k} P(y_{jh}|Z'_j)$ は、1 か ≦1 であるかもしれない。つまり、y^* は、それが依存する変数 z_j のいくらでも分散に大きな割合を占めることが出来る。しかし、そうでないかもしれないし、z を説明するのに都合の良い前以て選択された $y_{j1} - y_{jk}$ らを設けてしまうのも同様である。したがって独立変数の集合を決め、それらは同時に y^* の全分散の高い割合を占めると言える一方で、y^* がこれらの分散で高い割合を占めることについて、y のすべての従属変数を確定することは不可能である。そして、研究者達から注目されない変数が強く y^* に依存することは常にありうる（言うなれば結果から原因は特定できるかもしれないが、原因から結果を特定はできない）。これはベイジアンの統計的アプローチをひっくり返すモデルを導くことになるが（訳註：可能性と蓋然性の問題として、頻度主義をして一般的に語られるようになっている）、この点は本稿の範囲外である。

11 言い換えると、全体論を二つのレベルで考えると言うことである。第 1 のレベルで、機械論的分析パラダイムと全体論的パラダイムを峻別する。第 2 のレベルで、自然と社会の現実の全体を把握するための分析的かつ全体論的パラダイムの多元的応用を求めるメタ・パラダイムとして、全体論を定義する。第 1 のレベルに関する全体論的パラダイムは、有機的パラダイムと閉鎖パラダイムとにさらに細かく分けることができる（次の文献を参照：坂本賢三「三つの科学とその源泉」『展望』通巻 231 号［1978 年 3 月］61-79 頁）。技術官僚的科学へのわれわれの批判は、機械論的パラダイムと全体論的パラダイムの共存は受け入れられないという事実に基づく。もしも機械論的・分析的パラダイムが全体論的メタ・パラダイムの広いコンテクストの中に位置付けられることで、手段 - 目的合理性が、目的それ自体にならないのなら、われわれは機械論的・分析的パラダイムを排除しない。

12 カール・マルクスの指摘によれば、意識を決定するのは人間の社会的存在性である。これまでマルクス主義、実存主義、知識社会学など、興味深い多くの分析は、さまざまな学派の研究者によって発達を見てきた。次を参照。Georg Lukács, *Geschichte und Klassenbewuβtsein*, Malik, Berlin, 1923（ルカーチ著、城塚登、古田光訳『歴史と階級意識』白水社、1991 年）. Jean-Paul Sartre, *Critique de la Raison Dialectique- T. 1. Théorie des ensembles pratiques*, Gallimard, Paris, 1960（サルトル著、竹内芳郎他訳『弁証法的理性批判』サルトル全集 26 巻-28 巻、人文書院、1962-1973 年）. Karl Manheim, *Ideology and Utopia*, Routledge, London and Oxford Univ. Press, New York, 1952.（邦訳マンハイム著、高橋徹・徳永恂訳『イデオロギーとユートピア』中央公論新社、2006 年）.

13 このことは、科学理論の共約不可能性の概念を導く。次を参照のこと。G.P.K. Feyerabend, "Explanation, Reduction and Empiricism", in H.

Feigl and G.Maxwell, eds., *Minnesota Studies in Philosophy of Science*, Vol.3, *Scientific Explanation: Space and Time*, Minneapolis, 1962.

14 プルードンの「集合理性」(raison collective) は、さまざまな利益やイデオロギーを持った人々の間の対立から現れる。つまり、パラダイム間の対話から現れるのである。この理性は、資本、国家、そして教会によって疎外され、支配されているとはいえ、「超越的な理性」または「私的理性」によって突き動かされる人々や知識人達が力を合わせて努力することによって、それ自体を解放することができる。

　次を参照。Pierre-Joseph Proudhon, *De la Justidce dans la Révolution et dans l'Église, nouveaux Principes de Philosophie pratique*, Paris, Librairie de Garnier Frères, 1858.

15 ジャン・デュビニョーは、帝国主義的で略奪的な産業社会によって強いられるものとは違った生活様式を求める労働者や「野蛮人」(sauvages) の「失われた言語」(le langege perdu) の再発見を主張している。彼にとって、人類学の真の仕事とは、経済成長に支配されていない人間のコミュニティの中に隠されている創造性の核心部分を発見することである。言い換えるならば、人類学は沈黙を強いられているグループの「失われた言語」を再発見するべきである。次を参照。Jean Duvignaud, *Le Langage Perdu: Essai sur la Différence Anthropologique*, PUF, Paris, 1973. より実践的な文脈では、次を参照。Paulo Freire, *Pedagogy of the Oppressed*, Herder and Herder, New York, 1970（パウロ・フレイレ著、小沢有作他訳『被抑圧者の教育学』亜紀書房、1979年）.

16 社会的階級の二重の弁証法について、即ち、それにより知識人が自由と創造性の両方の知を構成し、その反面で支配階級の利害を代表すること、また知識人に関する歴史的研究の必要性については、次を参照。Alain Touraine, *Sociologie de l' Action*, pp.140-141, Les Éditions du

Seuil, Paris, 1965（アラン・トゥーレーヌ著、大久保敏彦他訳『行動の社会学』合同出版、1974 年）. ラテンアメリカで、民衆化勢力と軍事系技術官僚の闘争勢力における知識人の役割に関する興味深い自己分析の試みについては、次を参照。Candido Mendes, *Después del Populismo - Impugnación Social y Desarrollo en America Latina*, Fondo de Cultura Económica, México-Buenos Aires, 1974.

17　形式論理学では、何が正しく、何が間違っているのかを決定することによって、矛盾は取り除かれるはずである。実践面では、大きな矛盾に直面した際に、小さな矛盾は一時的に脇に置かれる。この点については、山田 前掲書、109-114 頁を参照。

18　パラダイム間の対話は、文化的活動家（militants culturels）と同様、知識人にとっても決定的に重要な実践であることが理解される。次の文献を参照。Touraine, 前掲原書、p.450.

19　権力政治は、種々の文明化プロジェクト間の競争を伴う。このように、新興国にとって、「相互依存を原則とした独立」を強化する非敵対的な連携関係を形成することが重要であるとしても、同時に他方では、自己に自信を持ち、内発的な知的創造性を発揮しうる潜在性を高めることも重要となる。パラダイム間対話の国際政治的な側面については、次の文献を参照。Anounr Abdel-Malek, "Historical Surplus Value Positions", paper presented at the Ninth World Congress of Sociology, Paris, 1978, 謄写版。

20　人々の要求に対して、技術官僚的なルールがより責任を持ち、かつより敏感になるようにと努める重要な試みであり、われわれはそのすべてに注意を向けるべきである。官僚機構やテクノロジーが存在する以上、技術的な計画を専門とする官僚がいなくなることはないだろう。したがって可能で、かつなすべきことは、技術官僚機構を転換し、それに仕える官僚の行動様式を変えさせることである。次を参照。John

Kenneth Galbraith, *The New Industrial State*, 2nd ed., rev., Houghton Mifflin, Boston, 1971（ガルブレイス著、都留重人監訳、石川通達他訳『新しい産業国家』河出書房新社　1972 年）. John Kenneth Galbraith, *Economics and the Public Purpose*, Houghton Mifflin, Boston, 1973）（ガルブレイス著、久我豊雄訳『経済学と公共目的（上）（下）』講談社、1985 年）.

21　次を参照。Celso Furtado, *Le Mythe du développement économique*, Éditions Anthropos., Paris, 1976. Ali A, Mazrui, "The Computer Culture and the New Technocracy: Towards Redefining Development in Africa", IPSA-CUDM Round Table paper; Ann Arbor, Michigan, USA, 1978.

22　現在の科学革命は、現在活性化の過程にある世界の学術共同体によって支援を受けるべきである。この過程は、「中心部が、開発研究の型にはまったアプローチを、周辺部に移転させるだけの学術世界の中心－周辺構造を矯正することを目的とすべきである」。United Nations University, *Report of the United Nations University Expert Group on Human and Social Development*, Tokyo, Japan, 10-14 November 1975 [Series: Human and Social Development Programme document]（Call number: UNU/ B22965), p.3, Annex II, Tokyo, 1977.

23　山田慶児は、現代中国の産業化過程の研究用に極性構造理論を構築した。それによると、表層的なものと基底的なものの二つのレベルで、単極、二極、そして三極が峻別されている。例えば、地主が小作農に対抗するという伝統的な二極構造が、第三の極、つまり農村の解放地域の創設を通じて転換され、これが二極構造の行き詰まりを打開する際に重要な役割を果たしたのである。山田、前掲書、241-254 頁参照。

24　次を参照。森三樹三郎訳注『荘子　内篇』中央公論社〈中公文庫〉1974 年、203 頁。

25　第三の極の考えとは別に、特殊な場合として、対立する二つのパラダイムを包含する支配的なパラダイムを探すことも可能だろう。かかるパラダイムが受け入れられるのは、対立する二つの学派が、ともに自分の側の主張を部分的なものに過ぎないものと認めるように至った場合に限られるのであり、そうした大人の態度は稀にしか起こらない。つまり通常は、各々の参加者は他よりも自らのアプローチの方が良いものであることを「証明」しようと躍起になっている分極状況から滅多に抜け出ることができないものなのである。しかし実は、両極ともに自分の方が「何としても正しい」と信じ込んでいるその場所でこそ、第三極が、両極のその信念を揺るがし、こうしたすべてを包含するパラダイムを両極ともに受容させる不可欠な触媒となるのである。

26　国連大学によって招集された〈人間と社会開発に関する専門家グループ〉によれば、現在の科学革命を促進するパラダイム間対話における第三の混沌極の役割は、国連大学がそれを果たすことができるし、また国連大学が果たすべきである。専門家グループは次のように強調する。「大学は、論争を恐れるべきではない。それどころか、論争を促進すべきである。大学は、さまざまなアプローチの発表・比較・対立のための集会場として役立てるべきである」(United Nations University, *Report of the United Nations University Expert Group on Human and Social Development*, 10-14 November 1975", p.7 [para. 11], Tokyo, 1975, 謄写刷)。

　　南北対話に関しては、次を参照。武者小路公秀「第三世界の政治学——特に南北関係の国際政治学的認識を中心として」日本政治学会編『年報政治学　行動論以後の政治学』岩波書店、1976 年、159-181 頁。

27　ミシェル・フーコーは、自ら「考古学的歴史」と呼ぶ歴史科学への新しいアプローチを提唱している。このアプローチは、パラダイム間対話での競合パラダイム研究に使えるかもしれない。次の文献を参照。

Michel Foucault, *L'Archéologie du Savoir*, NRF Gallimard Paris, 1969, pp.232-255（ミシェル・フーコー著、中村雄二郎訳『知の考古学』河出書房新社、2006 年、新装版）

28 次の文献を参照。Jean Petitot-Cocorda, "ldentité et Catastrophes [Topologie de la Différence], " (in J.M. Benoist et al., *L'Identité - Séminaire interdisciplinaire dirigé par Claude Lévi-Strauss*), Professor au Collége de France: 1974-1975 /Paris, 1977 /PUF, Paris, 2010/, pp. 109-156.

29 同書参照、pp. 124-127.

30 山内得立は、ロゴスに基づく西洋的思考からレンマに基づく東洋的思考を峻別する。レンマは、どのように現実について理を説くかと言うよりもむしろ、人間の精神が現実の把握の際に準拠する様式（モダリティー）に関わる。テトラ・レンマは、このアプローチの基本構造であり、「相互依存」(pratyasamutpada) 的世界観のための理論的基礎となる（山内得立『ロゴスとレンマ』岩波書店、1974 年を参照）。レンマ的なアプローチは、パルメニデスから受け継いだ西洋の静的存在論を克服する可能性を与える点で、行き詰まりの打開策となる。次を参照。José Ortega y Gasset, *Historia como Systema*, 7th ed., Madrid, 1975, pp. 34-45 (The 1st edition was in English: 1935. The first Spanish version was in 1941).

31 テトラ・レンマを応用して、手段－目的の合理性のプランニングに対するオルタナティブ・モデルを提唱しようとする試みについて、次を参照。Kinhide Mushakoji, "Control, Resistance and Autonomy: An Application of Complex Probability Theory", *Peace Research in Japan* (the Japan Peace Research Group), 1973, pp.31-45.

32 この螺旋型プロセスは、研究、教育、活動を巻き込み、そしてさらなる研究、さらなる教育、さらなる活動を導くものとして見ることができ

る。次の文献を参照。Kinhide Mushakoji, "Peace Research and Education in a Global Perspective: Where Research and Education Meet"（in Christoph Wulf, ed. *Hand-book on Peace Education*）, Frankfurt am Mein and Oslo, 1974, pp.3-18.

33 パラダイム間の対話のために真に代表的といえる国際的に重要な討議の場となるためには、それは全世界の国々が代表する国際的なアリーナ（対話集会）との連携を密にしなければならない。この理由によって、科学フォーラムは、国連、つまり国連大学の枠組みの中で、国際的なパラダイム間の対話に関して重要な役割を果たすことができるのである。次を参照。United Nations, *Introduction to the Annual Report of the Secretary-General on the Work of the Organization* [UN Official Record No.: GAOR, 24h sess., Suppl. no. 1A], Tokyo, September 1969. 並びに United Nations University, *"First Advisory Committee Meeting on the Human and Social Development Programme: a report*, （Call number: UNU /B27906）Tokyo, 1977/Mexico City, Mexico, November 1977.

34 現代の科学革命における役割を果たすために国連大学が満たすべき条件は、本章の議論にかなり近いやり方で上記注の報告書の中で次のように定義されている。（ⅰ）包括性、（ⅱ）新しい形の組織や作業形態に開かれていること、（ⅲ）機能の最大限の分権化、（ⅳ）創造的研究のための前提条件を生み出すこと、（ⅴ）異なるさまざまな文化的伝統からのアイデアを交換するための批判的討議の場の設立、（ⅵ）学習プロセスの原動力を開発し続け、国連の全活動に亘ってその教育的側面を意識すること（上掲報告書参照）。

(*) ハイゼンベルク効果

ハイゼンベルクが量子力学を提唱する中で、量子の位置と運動量を計測するとその精度は双方で二律背反となる、とした効果。但し近年

の研究では「計測することで生じる精度の背反」と「もともと内在する不確定性」とは厳密には異なることが提唱されている（より厳格な測定が可能とする理論）。ここで言う社会科学における応用とは、前者の古典のそれ（例えば世論調査のアナウンス効果等）に当たる。

(*) カタストロフィ理論

トポロジーや線形数学の応用的理論で、比較的線形と思われる空間に生じた特異点の様相により、不連続体の形態を研究しようとした理論。ありていに言うと、「突如現れる現象・変化」のかなえば予想をその形態から類推しようとした理論。一部の構成要素が限定された経済学では成功（均衡→不均衡形態のモデル分析として）したと言われているが、今日では結果、社会科学的には応用性に乏しかったとされている。国際政治学的には、この種の不連続モデル限定としてではなく、提唱者ルネ・トムの専門であるトポロジー論全体（例えば、戦前の日本と今日の北朝鮮とのトポロジー的一致、等）の方が面白いだろう。

注 第2章 創造性と学際性

1 ① P.E.Vernon edited, *Creativity: selected readings,* Harmondsworth, Penguin, London, 1970).

2 ② Ludwig von Bertalanffy, *General System Theory - A Critical Review, General Systems, VII* [1962], pp.1-20.

3 ③ Karl Wolfgang Deutsch, *The Nerves of Government: models of political communication and control,* Free Press, New York, 1969. K.W. ドイッチュ著（佐藤敬三 他訳）『サイバネティクスの政治理論』早稲田大学出版部、2002; 1986年.

4 ④ Anouar Abdel-Malek, *La Dialectique Sociale,* Editions du Seuil, Paris, 1972. アンワール・アブデルマレク著（熊田亨訳）『社会の弁証法』岩波書店、1977年。⑤ Sred Hussein Alatas, "The Captive Mind of Development Studies", in *International Social Science Journal,* UNESCO, Paris, Vol.24 [1972], No.1, pp.9-25.

5 ⑥ James Clyde Charlesworth edited, *Contemporary Political Analysis,* Free Press, New York, 1967.

　Ｊ．Ｃ．チャールスワース編（田中靖政・武者小路公秀訳）『現代政治分析』（3分冊）岩波書店、1971年。

　③上掲書、Karl Wolfgang Deutsch, *The Nerves of Government: models of political communication and control,* Free Press, New York, 1969. K.W. ドイッチュ著（佐藤敬三 他訳）『サイバネティクスの政治理論』早稲田大学出版部、2002; 1986年。

6 ⑤上掲書、Sred Hussein Alatas, "The Captive Mind of Development Studies", in *International Social Science Journal* UNESCO, Paris, Vol.24 [1972], No.1, pp.9-25.

7 ⑦ Thomas S. Kuhn, *The Structure of Scientific Revolutions,* University of Chicago Press, Chicago, 2nd ed. 1970. トーマス・クーン

（中山茂訳）『科学革命の構造』みすず書房、1971 年。

8　④ 上掲書、Anouar Abdel-Malek, *La Dialectique Sociale*, Editions du Seuil, Paris, 1972. アンワール・アブデルマレク著（熊田亨訳）『社会の弁証法』岩波書店、1977 年。

9　オペレーションズ・リサーチとは、政府・軍・企業などの複雑なシステムに関わる問題の研究・分析を科学的・数学的におこなう手法のこと。⑧武者小路公秀『行動科学と国際政治』東京大学出版会、1972 年。

10　⑨ Gabriel Almond and James S. Coleman edited, *The Politics of Developing Areas*, Princeton University Press, Princeton, 1960. ⑩ Hartmut Bossel, Salomon Klaczko-Ryndzium, and Norbert Müller edited, *Systems Theory in the Social Sciences: Stochastic and control systems, pattern recognition, fuzzy analysis, simulation, behavioral models*, Birkhäuser, Basel, 1976.

11　⑪ H.C. Kelman ed., *International Behavior: a social psychological analysis*, Holt, Rinehart and Winston, New York, 1965.

12　⑫ Laurence D. Stifel, Ralph K. Davidson, James S. Coleman, *Social Sciences and Public Policy in the Developing World*, Lexington Books, New York, 1982.

13　⑨ 前掲書、Gabriel Almond and James S. Coleman edited, *The Politics of Developing Areas*, Princeton University Press, Princeton, 1960.

14　⑪ 前掲書、H. C. Kelman ed., *International Behavior: a social psychological analysis*, Rinehart and Winston, New York, 1965.

15　⑬ David A. Easton, *A Systems Analysis of Political Life*, Wiley, New York, 1965. D．イーストン著（片岡寛光 監訳 薄井秀二・依田博 訳）『政治生活の体系分析（上・下）』早稲田大学出版部、2002 年。

16　② 前掲書論文、Ludwig von Bertalanffy, "General System Theory -

A Critical Review", General Systems, Ⅶ [1962], pp.1-20.

17 ⑭ David Easton, "The New Revolution in Political Science", in *American Political Science Review,* Vol. 63, No.4 [1969], pp. 1051-1061.

18 ⑧ 前掲書、武者小路公秀『行動科学と国際政治』東京大学出版会、1972年。

19 ⑧上掲書、武者小路公秀『行動科学と国際政治』東京大学出版会、1972年。

20 ⑮ Anatol Rapoport and Albert M. Chammah, *Prisoner's Dilemma - A Study in Conflict and Cooperation,* University of Michigan Press, Ann Arbor, 1965.

　　A．ラパポート、A．M．チャマー著（広松毅他訳）『囚人のジレンマ：紛争と協力に関する心理学的研究』大阪、啓明社、1983年。

21 ⑯ William H. Riker, *The Theory of Political Coalitions,* Greenwood Press, New Haven 1984.

22 ⑰ J. A. Laponce and Paul Smoker ed., *Experimentation and Simulation in Political Science,* University of Toronto Press, Toronto; Buffalo, 1972.

23 ⑥前掲書、James Clyde Charlesworth edited, *Contemporary Political Analysis,* Free Press, New York, 1967.

　　J．C．チャールスワース編（田中靖政・武者小路公秀訳）『現代政治分析』（3分冊）岩波書店、1971年。

24 ⑱ George J. Graham and George W. Carey (eds), *The Post-Behavioral Era: Perspectives on Political Science,* David McKay, New York, 1972.

25 ⑲ Theodor W. Adorno, *The Positivist Dispute in German Sociology,* Heinemann, London, 1976.

　　⑳ Yves Barel, "Paradigmes Scientifiques et Auto-Détermination

Humaine" (in Anour Abdel-Malek, Gregory Blue, and Miroslav Pecujlic ed., *Science and Technology in the Transformation of the World*), United Nations University, Tokyo, 1982.

26 Jean Duvignaud, *Le Langage Perdu: Essai sur la Différence Anthropologique*, Presses Universitaires de France, Paris, 1973.

27 ⑱前掲書、George J. Graham and George W. Carey, eds., *The Post-Behavioral Era: Perspectives on Political Science*, David McKay, New York, 1972). 中村菊男『行動論以後の政治学』（日本政治学会年報 1976 年）日本政治学会編、岩波書店、1976 年。

28 Jurgen Habermas, Translated by Jeremy J. Shapiro, *Toward a Rational Society*, Beacon Press, Boston, 1970.

29 Kinhide Mushakoji, "Control, Resistance and Autonomy - An Application of Complex Probability Theory", in *Peace Research in Japan*, 1973, pp.31-45.

30 玉野井芳郎『エコノミーとエコロジー』[新装版] みすず書房、2002 年。永安幸正『現代経済文明の生態学：自然経済思想』前野書店、1978 年。

31 ⑤前掲論文、Sred Hussein Alatas, "The Captive Mind of Development Studies", in *International Social Science Journal*, UNESCO, Paris, Vol.24 [1972], No.1, pp.9-25. Johan Galtung, "Structural Theory of Imperialism", in *Journal of Peace Research*, Vol. 8, No.2, 1971, pp.81-117.

32 前掲論文 Kinhide Mushakoji, "Control, Resistance and Autonomy - An Application of Complex Probability Theory", *Peace Research in Japan*, 1973, pp.31-45.

33 Kinhide Mushakoji, *A Non-Standard Model of the Future - The Limits to Future Modelling and Beyond*（謄写刷）, UNU, Tokyo, 1982.

34 Christian Calude, "Solomon Marcus, *Mathematical Paths in the Study of Human Needs*", United Nations University, Tokyo, 1981.

35 J. Leite Lopes, *Science and the Making of Contemporary Civilization*, UNU, Tokyo, 1980.

36 「人間主義」(「ヒューマニズム」)とは、生身の人間の身になって考える「人間的」な動機づけを意味する。声なきものの声を聴くことについて、第1章4「声なき者の声を聴く」参照。

37 Alain Touraine, *Sociologie de I'Action*, Editions du Seuil, Paris, 1965. /Alain Touraine, *Sociologie de l'Action: Essai sur la société industrielle*, nouvelle édition entièrement revue, Librairie générale, Paris, 2000. アラン・トゥレーヌ (大久保敏彦ほか [訳])『行動の社会学』合同出版、1974年。

38 Georgi Shakhnazarov, *Futurology Fiasco: A critical study of non-Marxist concepts of how society develops*, Progress publishers, Moscow, 1982.

39 前掲書、Theodor W. Adorno, *The Positivist Dispute in German Sociology*, Heinemann, London, 1976.

40 前掲書 J. Leite Lopes, *Science and the Making of Contemporary Civilization*, UNU, Tokyo, 1980.

41 Johan Galtung, "Structural Theory of Imperialism", in *Journal of Peace Research*, Vol. 8, No.2 (1971) pp.81-117.

　④ 前掲書、Anouar Abdel-Malek, "La Dialectique Sociale", Editions du Seuil, Paris, 1972. アンワール・アブデルマレク著 (熊田亨訳)『社会の弁証法』岩波書店。

42 Karl Polanyi, George Dalton ed., *Primitive, Archaic and Modern Economies*, Doubleday Anchor, New York, 1968.

43 ⑳ 前掲論文、Yves Barel, "Paradigmes Scientifiques et Auto-Déter-

mination Humaine" (in Anour Abdel-Malek, Gregory Blue, and Miroslav Pecujlic ed., *Science and Technology in the Transformation of the World*), United Nations University, Tokyo, 1982.

44 前掲書、Jean Duvignaud, *Le Langage Perdu: Essai sur la Différence Anthropologique*, Presses Universitaires de France, Paris, 1973.

45 ④前掲書、Anouar Abdel-Malek, *La Dialectique Sociale*, Editions du Seuil, Paris, 1972. アンワール・アブデルマレク著（熊田亨訳）『社会の弁証法』岩波書店、1977 年。

46 Kinhide Mushakoji, "Peace Research as an International Learning Process: A New Meta-Paradigm", in *International Studies Quarterly*, International Studies Association, Vol.12, No.2, June 1978, pp.173-194.

47 前掲謄写刷、Kinhide Mushakoji, *A Non-Standard Model of the Future - The Limits to Future Modelling and Beyond*, UNU, Tokyo, 1982.

48 前掲書、Christian Calude, Solomon Marcus, *Mathematical Paths in the Study of Human Needs*, United Nations University, Tokyo, 1981.

49 前掲論文、Johan Galtung, "Structural Theory of Imperialism", in *Journal of Peace Research*, Vol. 8, No.2, 1971, pp.81-117.

50 前掲謄写刷、Kinhide Mushakoji, *A Non-Standard Model of the Future - The Limits to Future Modelling and Beyond*, UNU, Tokyo, 1982,

51 ⑱前掲書、George J. Graham and George W. Carey, eds., *The Post-Behavioral Era: Perspectives on Political Science*, David McKay, New York, 1972.

52 K. E. Boulding, *Beyond Economics: essays on society, religion, and ethics*, University of Michigan Press, Ann Arbor, 1968. K．E．ボールディング著（公文俊平訳）『経済学を超えて』（改訂版）学習研究社、1975 年。

53 前掲論文、Kinhide Kushakoji, "Control, Resistance and Autonomy -

An Application of Complex Probability Theory", *Peace Research in Japan*, 1973, pp.31-45.
54 第1章参照。
55 鶴見和子・市井三郎『思想の冒険：社会と変化の新しいパラダイム』筑摩書房、1974年。
56 第7章参照。
57 ⑤前掲論文、Sred Hussein Alatas, "The Captive Mind of Development Studies", in *International Social Science Journal*, UNESCO, Paris, Vol.24［1972］, No.1, pp.9-25.
58 Hayward R. Alker, Karl Wolfgang Deutsch, and Antoine H. Stoetzel, edited., *Mathematical Approaches to Politics*, Jossey-Bass, Amsterdam ／ Elsevier Scientific Pub. Co., New York, 1973.

その他の参考文献

1 概説

・Augustine Brannigan, "Naturalistic and sociological models of the problem of scientific discovery", *The British Journal of Sociology*, Vol. 31, No.4, Dec.1980, pp.559-573.

・P. K. Feyrabend, "Explanation, Reduction and Empiricism" (in H. Feigl and G. Maxwell, ed., *Minnesota Studies in the Philosophy of Science, Vol.III*), University of Minnesota Press, Minneapolis, 1962, pp.28-97.

・George H. Lewis and Jonathan F. Lewis, "The Dog in the Night-Time: Negative Evidence in Social Research", *The British Journal of Sociology*, Vol.31, No.4, 1980, pp.544-558.

・Imre Lakatos, Edited by John Worrall and Elie Zahar, *Proofs and Refutations: The Logic of Mathematical Discovery*, Cambridge

University Press, Cambridge, 1976. I.ラカトシュ著 J．ウォラル、E．ザハール編（佐々木力訳）『数学的発見の論理：証明と論駁』共立出版、1980 年。
・村上幸雄「発明のテーマの理論と科学」:『理想』588 号 1982 年 5 月 12-38 頁。
・Wolfgang Stegmuller, *The Structure and Dynamics of Theories*, Springer-Verlag, New York 1976.

2　行動政策科学

・Kenneth Ewart Boulding, *Conflict and Defense*, University Press of America, Washington D.C., 1988.
・Walter Frederick Buckley, edited., *Modern Systems Research for the Behavioral Sciences: a sourcebook*, Aldine, Chicago, 1968.
・R. Duvall, et al., "A Formal Model of 'Dependencia' Theory: Structure Measurement and Some Preliminary Data", Paper presented at the 10th World Congress of IPSA, 1976.
・Barney G. Glaser and Anselm L. Strauss, *The Discovery of Grounded Theory: Strategies for qualitative research*, Aldine Pub. Co., Transaction Publishers/Chicago, 1967. B．G．グレイザー、A．L．ストラウス著（後藤隆 他訳）『データ対話型理論の発見：調査からいかに理論を生み出すか』新曜社、1996 年。
・Harold Guetzkow and Joseph J. Valadez, *Simulated International Processes: Theories and Research in Global Modeling*, Sage Publications, New York, 1981.
・Daniel Lerner, H. D. Lasswell. eds., *The Policy Science: Recent Development in Scope and Method*, Stanford University Press, Stanford, 1965.
・Anatol Rapoport, *Strategy and Conscience*, Schocken Books, New York,

1969. アナトール・ラパポート著（坂本義和、関寛治、湯浅泰正訳）『戦略と良心（上）』岩波書店、1972 年。

注 第3章 1980年代における社会科学の発展

1　Karl W. Deutsch, "Political Research in the Changing World System", *International Political Science Review*, Vol.1, No.1, 1980, pp.23-32 参照。

2　例えば George Modelski, "Long Cycles, Kondratieffs, and Alternating Innovations: Implications for U.S.Foreign Policy"(in Charles W. Kegley, Jr. and Pat McGowan, eds., *The Political Economy of Foreign Policy Behavior*), Sage Publications, Beverley Hills, 1981, pp.63-83. を参照。

3　国連大学プロジェクト"Transnationalization or Nation-Building in Africa"(1982-1986)(アフリカ、トランスナショナル化か、ネーション建設か)においてサミール・アミンがアフリカの問題に関し分析している。

4　行動科学志向の研究者が、初期のマクロヒストリー世界システム論に鋭い関心を持っているのは注目すべきことである。例えば前掲書、George Modelski, "Long Cycles, Kondratieffs, and Alternating Innovations: Implications for U.S.Foreign Policy"(in Charles W. Kegley, Jr. and Pat McGowan, eds., *The Political Economy of Foreign Policy Behavior*), Sage Publications, Beverley Hills, 1981, pp. 23-27.

5　国家について第三世界の議論に関しては、例えば次を参照。Marcos Kaplan, *Estado y Sociedad*, Universidad Nacional Autónoma de México, Mexico City, 1980.

6　この問題に関しては、例えば、Andre Gunder Frank "Crisis of Ideology and Ideology of Crisis", in Samir Amin, Giovanni Arrighi, Andre Gunder Frank, *Dynamics of Global Crisis*, Monthly Review Press, New York, 1982, pp.109-166 参照。

7　解釈学に関しては例えば Hayward R. Alker, Jr., "Logics, Dialectics and Politics: Some Recent Controversies", paper presented at the IPSA World Congress (Moscow), 1979.

またDavid M. Ricci, *The Tragedy of Political Science* (New Haven: Yale University Press 1987), pp.277-280. を参照。

8　GLOBUSモデルに関しては、Stuart A. Bremer, "The GLOBUS Model of the Globe: An overview", 未刊行原稿, Berlin, 1982. 同著者によるその後の関連文献はStuart A. Bremer edited, *The Globus Model: Computer Simulation of Worldwide Political and Economic Developments*, Westview Press, First Edition, Boulder, 1987.

Michael Don Ward, "A Model of Conflict and Cooperation among Contemporary Nation-States", 未刊行原稿、1982. 同著者によるその後の関連文献。Michael Don Ward, *Political Economy of Distribution*, Elsevier Science Ltd., New York, 1978. 現実の経済面を扱う政治学としては、相矛盾するものの、同時に補完的でもある二つの傾向がある。（1）政治学を経済学に近づけようとする試み。例えばBruce M. Russett ed., *Economic Theories of International Politics*, Markham Pub. Co., Chicago, 1968. (2) 現実経済の基礎をなす政治構造を分析しようとする試み。例えばSamir Amin, "Crisis, Nationalism, and Socialism", in Samir Amin et al, *op.cit*, pp.167-232.

9　例えばFred Warren Riggs, *Prismatic Society Revisited*, General Learning Press, Morristown, N.J., 1973.

10　普遍性伝播論に対する非西欧側からの批判として、近代化論に対する系統的な批判を参照のこと。例えば鶴見和子・市井三郎編『思想の冒険——社会と変化の新しいパラダイム』筑摩書房、1974年。

11　社会歴史学の伝統はマックス・ウェーバーに始まるが、ここでの「法制度主義」という用語で、筆者はオーリウ（Maurice Hauriou, *Principe de Droit public* [2e éd.], L. Tenin, Paris, 1916）、ビュルドー（Georges Burdeau, *Droit institutionel et institutions politiques*, 1984）といったその筋の古典法学者の方向性を指している。またそれは、ロロー（René

Lourau, *L'Analyse Institutionelle*, Les Editions de minuit, Paris, 1970) のように、制度への関心を引き継ぐ政治学の方向性を指している。「地理人口学的伝統」とは、ジークフリードやゴゲル (François Goguel, *La Politique en France*, Arman Colin, Paris, 1970) の伝統を、また選挙社会学を意味している。

12　彼らに関する参考文献や彼らの米国科学界への影響に関しては次を参照。Richard Jensen, "History and the Political Scientists" (in Seymour Martin Lipset eds., *Politics and the Social Sciences*, (Oxford University Press, New York, 1969), p.25.

13　Laurence D. Stifel et al eds., *Social Sciences & Public Policy in the Developing World*, Lexington Books, Lanham, Maryland, 1982, 特に pp. 5-7 参照。

14　David Easton, "The New Revolution in Political Science", *American Political Science Review*. Vol.63, No.4 (1969), pp.1051-1061.

15　Layward R. Alker, Jr., "The Dialectical Logic of Thucydides" (「ツキディデスの弁証法論理」未発表論文), Cambridge, Mass., 1980.

16　F.M.Burlatskii, *Lenin, gosudarstvo, politika* (『レーニンと国家と政治』), Mosow, 1970. また、V. S. Semyonov, "Osnovnye napravleniya razvitiya politicheskikh kontseptii *vposlevoenny period*. (「戦後における政治コンセプトの主な発展」)", Voprosy Filosofii Vol.7 (『哲学の諸問題』誌), 1979, pp.35-42 参照。さらに、次の三部作を参照のこと。Georgii Shakhnazarov, *The Destiny of* the World: the Socialist Shape of Things to Come, *Moscow: Progress, 1979*. Georgii Shakhnazarov, *Futurology Fiasco: A Critical Study of Non-Marxist Concepts of How Society Develops*, Progress, Moscow, 1982.Georgii Shakhnazarov, *The Coming World Order*, Progress, Moscow, 1984.

17　今まで見てきたように、今日の世界危機を客観的に捉えるためには、

政治哲学を基礎に据えた解釈学的演習が必要とされるとともに、構造的・制度的分析をも発展させる必要がある。それは東西ヨーロッパ双方の思想学派が語るべき分野である。

18 Bandolf S. David, "Crisis and Transformation—the Philippines in 1984" and "Proceedings: UNU Workshop", *New Asian Vision*, Vol. 1, No. 2, March-April 1984, pp. 3-22, 23-30 参照。第三世界の政治学者が直面する現状に関しては Georges Chatillon, "Science Politique du Tiers Monde ou Néocolonialisme Culturel", *Annuaire du Tiers Monde*, 2, 1976, pp. 114-134 を参照。さらに、武者小路公秀「第三世界の政治学？——とくに南北関係の国際政治学的認識を中心として」日本政治学会編『年報政治学 1976 行動論以後の政治学』Vol. 27 1977 159-181 頁。

19 本章註3のサミール・アミン参照のこと。

20 対話に関しては以下を参照のこと。Kinhide Mushakoji, *Scientific Revolution and inter-paradigmatic dialogues*, United Nations University, Tokyo, 1979, 30p, [Project on Goals, Processes and Indicators of Development of the UNU Human nad social Development Programme series]. もしくは、Kinhide Mushakoji, "Scientific Revolution and Inter-Paradigmatic Dialogues," *Human Systems Management*, No.2, 1981, pp. 177-190.

21 日本では例えば、神島二郎が日本や他の非西欧社会の手法により、西欧流の政治パワー手法とは別の新たなパラダイムを模索している。神島二郎「磁場の政治学」日本政治学会編『年報政治学1976　行動論以後の〜』前掲書、7-24頁。同著者による関連文献、神島二郎『磁場の政治学　政治を動かすもの』岩波書店、1982年。

注　第4章　政治発展の比較学と比較政治学の発展

1　鶴見和子「社会変動のパラダイム——柳田国男の仕事を軸として」(鶴見和子・市井三郎編『思想の冒険——社会と変化の新しいパラダイム』筑摩書房、1974年、146-186頁)。

2　同上論文、148-157頁、166-169頁。この章の参照内容（本注2を含む）はすべて、原書に関する執筆者自身の自由な解釈であり、その趣旨は本章の内容を日本人でない読者に、より容易に理解してもらえるようにするためである。

3　第1章「2　科学革命と対話」参照。

4　第1章「3　声なき声を聞く」のより詳しい論述を参照。

5　Masao Maruyama, *Thought and Behaviour in Modern Japanese Politics*, Oxford University Press, London, 1963. (関連文献：丸山眞男『現代政治の思想と行動』未来社、1964年)。

6　川島武宜『日本社会の家族的構成』日本評論社、1952年。

7　上山春平『対話・日本の国家を考える』徳間書店、1985年、16-96頁。

8　丸山眞男『日本政治思想史研究』東京大学出版会、1952年。

9　京極純一『日本の政治』東京大学出版会、1983年。

10　上掲書140-149頁、164-173頁。

11　石田雄『日本の政治文化——同調と競争』東京大学出版会、1970年。

12　ここで「政治体制形成」という用語は、神島による「社会のまとめ」（社会を一緒に引っ張っていくこと）という簡潔な表現と同じ意味合いで使用している。この「まとめ」の概念は、「統合」とは異なり、ある社会をひとつの政治体 (a body politic) やひとつの政治的組織 (a polity) にするためのあらゆる条件がすべて揃った全体を含意する。またこの政治体や政治組織は、政治的に組織化しつつあるもので、また明確に自己表現をするものである。

13　神島二郎『政治を見る目』日本放送出版協会、ＮＨＫブックス〈355〉

1979年、54-61頁。

14 上掲書、86-87頁。今西錦司『生物社会の論理』平凡社（平凡社ライブラリー36）、1994。

15 神島、上掲書107-162頁。

16 Ilya Prigogine "Science, Civilization and Democracy" (Keynote presentation, 6th Parliamentary and Scientific Conference, Council of Europe), 1985, p.2（イリヤ・プリゴジン「科学、文明と民主主義」[ストラスブルグ：欧州評議会、議員・科学会議における基調報告]）.

17 上掲英文報告書 p.1.

18 第1章、注7参照。

19 前掲書 Masao Maruyama (1963), *Thought and Behaviour,* 参照。

20 細谷千尋「対外政策決定過程における日米の特質」（細谷千尋・綿貫譲治 編『対外政策決定過程の日米比較』東京大学出版会 所収）1977年、1-10頁。同じく Chihiro Hosoya（細谷千尋）, "Retrogression in Japan's Foreign Policy Decision-Making Processes"（日本の外交政策決定過程の後退）, in James W. Morkyet, *Dilemmas of Growth in Prewar Japan* (Princeton: Princeton University Press) 1971, pp.93-99.

21 武者小路公秀『国際政治と日本』（東京大学出版会い〈ＵＰ選書〉）1967、1980年、155-175頁。

22 Kinhide Mushakoji, "The Strategies of Negotiation: an American-Japanese Comparison"（交渉の戦略：日米比較）, in J.A. Laponce, Paul Smoker eds., *Experimentation and Simulation in Political Science,* Toronto: University of Toronto Press, 1972, pp. 109-131. および武者小路公秀「日米交渉におけるコミュニケーション・ギャップ——人権研究の可能性と意義について」細谷千尋・綿貫譲治、1971、前掲書、311-345頁を参照。

23 「建前」と「本音」に関しては、京極純一前掲書、1983年、159-161

頁を参照。「表」と「裏」に関しては、土井建郎『表と裏』弘文堂、1985年。「顕教」と「密教」に関しては久野収／鶴見俊輔著『現代日本の思想——その五つの渦』岩波新書青版、257、1956年。このうち「裏・表」に関する土井の議論は、この対の概念の重要性を日本の文化を理解するためだけに限定していないので、特に興味を引く。さらに彼は、西欧の（特に米国の）文化を分析するためにこの対の概念を使用しており、これらの概念を使用することで、（表とは緊密ではあるものの異なる）制度と（裏とは緊密ではあるものの異なる）個人との関係を明確にした。土井建郎、上掲書、43-57頁。

24　Ilya Prigogine, *Science, Civilization and Democracy*, 1985, pp. 7-10.

25　衛藤瀋吉編（1980）『日本をめぐる文化摩擦』弘文堂。また衛藤教授ならびに共同研究者たちによる「文化摩擦」研究プロジェクトの成果出版物。

26　上掲、衛藤書、1頁。

27　同 235-239 頁。

28　丸山眞男『後衛の位置から——現代政治の思想と行動：追補』未来社、1982年、71-133頁。

29　神島、前掲書、144-150頁。神島のカルマの解釈が、極めて現実的かつ理想的なアルタ、ダーマの概念と組み合わされた概念として捉えていることは興味深い。彼はさらに、このカルマ原理を理解するにはガンジーの思想と行動を理解することが不可欠だと悟った。インド政治へのこの提言は、インドの政治学者を満足させないかもしれない。しかしながら非西欧の研究者が、多元論的比較主義に真に寄与するためには、互いに他の各文化をよりよく理解しようとする努力が必要なのであり、この提言が示すものは、その努力の一環と言えるのである。

30　この点について、特に外交政策意思決定の類型に関しては以下を参照。Kinhide Mushakoji, "The Late Comers to the Club of Nations"（「近

代国家クラブへの遅れた搭乗者」), Research Papers of the Institute of International Relations, Sophia University, Tokyo, 1975.（東京、上智大学国際関係研究所、リサーチ・ペーパー／シリーズ A）

31　国際異文化間対話における第三世界の役割に関しては武者小路公秀「第三世界の政治学——特に南北関係の国際政治学的認識を中心として」日本政治学会編『年報政治学 1976 行動論以後の政治学』1977 年、159-181 頁参照。パラダイム間対話に関しては、本書第 1 章参照。

注 第5章 世界における個人の平等と連帯の役割

1 「平等」と「連帯」とを本章の価値分析の中心に据えたのは、西欧では、前者が革新（左翼）後者が「保守」の主要概念になっているのに、非西欧世界では、「連帯」がナショナリズムの観点で「革新」、「平等」が自由主義経済競争の観点から「保守」の鍵概念になっているからである。

2 筆者は、形相と実質の二項対立を採らない立場での「人間の安全保障」論を立てることを主張している。つまり、「『人間の安全保障』の基本的な分析の単位を、近代主義科学がするように、『個人』と『国家』のみとすることを止めて、むしろ『共同体』『コミュニティ』を中心に据えることを提案したい。それは、多文化的な視点に立つ『人間安全保障論』を展開すること」を目指すことにより、人権の形相的な普遍主義に対して、これと異なる実質主義的な「人間の安全保障」論の確立を提案しているのである。武者小路公秀著『人間安全保障論序説：グローバル・ファシズムに抗して』国際書院、2003年、6頁参照。

3 非西欧諸文明の思想を基にして、「平等」と「連帯」を含めて、今日のグローバル・ファシズムへの代案となる社会倫理を文明的・歴史的な文脈の中で捉える一つの試みとして、筆者は、例えば、イスラーム文明圏ではエリートの交代の背景をなす倫理概念としての、砂漠の民の「アサビーヤ」、インド文明からは、地域おこしが周辺の民衆によって推進されるべきだとするガンディーの「アンティオダヤ」、先住諸民族の伝統知からは、国家や私有財産を無視した「母なる大地」のような思想の重要性を下記論文において取り上げて論じている。次を参照。Kinhide Mushakoji, "Towards a Multi-Cultural Modernity: Beyond Neo-Liberal/Neo-Conservative Global Hegemony" (paper presented at the REGGEN 2005 International Seminar on 〈Alternatives to Globalization: The Emerging Nations and the New Paths to Modernity9〉 8-13), Rio de Janeiro, October 2005.

4 「天」や自然法を超越的な存在とみなす代わりに、人間が作ったフィクション「虚構の意外度」とみなすようになることが、近代化の決定的な要件であるとして、荻生徂徠を日本政治思想における近代思想の始祖とした丸山眞男の重要な指摘を思い起こす必要がある。

丸山眞男著『日本政治思想史研究』東京大学出版会、1952 年 参照。

5 筆者は 1980 年頃、国連大学の「伝統技術の共有」プログラムの研究の一部として、イラン、ハマダーンで、〈スリランカの母乳のための薬草活用〉がイランでの伝統医学にも存在するかを調査した。古びた町外れの伝統薬販売店で、店主に母乳の伝統薬について質問したところ、店主の怒りと軽蔑に満ちた回答を受けた。母子の誕生日など、固有の情報なしに、医薬を対症療法的に扱かうことは間違っている。このことはイブン・シーナの著書に明記されている。その書物を読んで出直してこい、と言われた。薬屋の店主が、筆者が尊敬している中世イランの哲人イブン・シーナの書物を知っていることと、医療に関する伝統的な発想を守って、近代医学の対症療法主義を否定していたことは、西欧近代を思想の拠り所にしてきた筆者に忘れられない教訓となった。

6 3.11 東日本大震災と福島第一原発爆発事故は日本市民の間に日本の自然を無視した西欧科学技術の模倣への反省を引き起こした。その一例として、震災の被災者に宛てたアメリカ先住民族ホピ族に送ったメッセージ（2012.10.11 日本の兄弟一同より）と、フェイスブック上で対話してこれに答えた日本市民有志の回答メッセージは、アニミズムに含まれた先住民族の知恵に回帰することで、震災と被曝以後の日本列島の自然との和解をする決意表明があった（2013.3.31 ⑧ホピ族の祈りに答える他）。

7 「コスモゴニー」について、「平等」を開かれた価値とする代わりに、これを閉じられた、排他的な方向で解釈される危険性があることを指摘する必要がある。機会の「平等」のコスモロジーは、新自由主義によっ

て、グローバル市場における国家の介入を否定した「メガコンペティション」が、世界経済の成長を助けて、グローバル経済の将来の繁栄を保障しているという歴史の流れへのコスモゴニーに代表されている。そのことが「人間の不安全」をもたらしていることについては、武者小路公秀 前掲書、国際書院、2003 年、117-122 頁参照。

8 筆者は、本書執筆時の「平等」と「連帯」に関する分析を、「人間の安全保障」との関連で次のように整理するようになった。西欧中心の普遍主義と非西欧諸文明の多様性を重視する相対主義との南北摩擦に触れて、多元主義の中に「連帯」を「自己中心」的に解釈する排外主義と普遍主義とを結び付けて、多様性を重視する警句があり、前者は「悪質な人種主義」を否定する一方、生態系の多様性の下で、多様な価値観の間の対話を促進する健全な「相対主義」もあることを主張するようになった。平等主義にしても、「原理主義」的な平等主義と、より柔軟な平等主義が多様な文化間の弁証法的な対話において和解する可能性を模索しようという考え方で「人間の安全」を保障しようという考え方である。武者小路公秀著　前掲書、国際書院、2003 年、206-208 頁参照。

9 本章における筆者の主張の大前提として、津本正夫と井筒俊彦の形而上学における存在論と認識論の、西欧啓蒙思想に対するオルタナティヴな思想への接近モデルが存在することをここで強調したい。本章で提案している非西欧の神秘思想が共有する潜在論と認識論とのカント型の二元論を超克しようとする方向で、「平等」と「連帯」の対立を多様性を前提とする普遍主義を確立しようとする可能性を提示したこの二人の思想家に、読者が注目されることを期待している。

　次を参照。松本正夫『「存在の論理学」研究』岩波書店 1944 年。松本正夫『「存在の類比」の形而上学的意義』慶応義塾大学、1961 年　41、1-17 頁。井筒俊彦『意識と本質：精神的東洋をもとめて』岩波書店、1983 年。井筒俊彦『イスラームの原像』岩波書店、1983 年。

10　本章における「アニミズム」についての議論は、鶴見和子の思想の影響下で展開されていることを特に強調したい。鶴見和子著『鶴見和子曼荼羅Ⅵ、魂（こころ）の巻：水俣・アニミズム・エコロジー』藤原書店、1998年。

11　松本正夫、前掲書、慶応義塾大学、41、1-17頁 参照。

12　塞翁科学の論理的な枠組みとなっているアリストテレスの述語論理は、自同律・矛盾律・排中律を公理系としている。これは、大乗仏教の論理の「ロゴス」の部分のみを採用していて、これを無視する「レンマ」を除外している。

　　山内得立著『ロゴスとレンマ』岩波書店、1974年参照。

13　筆者は1971年頃、キリスト教諸教会の合同式典「社会開発と平和」（SODEPAX）のスタッフとして、イスラム・仏教・ヒンズー教などと社会開発について対話し、共同活動をする宗教間対話のNGO, ACFOD（Asian Cutural Forum on Development）の創設に参加した。ACFODは、国連食糧農業機構（ＦＡＯ）の「飢餓からの自由」キャンペーンに協力して、東南アジア・南アジアの農村開発活動について、農民・漁民たちと協力しているさまざまな宗教の立場から協力している活動家の意見をＦＡＯの開発政策に反映させる活動を開始し、ＰＰ21の成立など、アジアにおける新自由主義に対抗する農漁民の立場を中心に据えたアジアの市民活動の一拠点になった。その宗教間対話は、理論的な次元を背後において、農漁民の自然と共生する精神性のおかげで、信仰の相違を超えた協力ができた。本文に記していることは、そのような具体的な経験を基にした考察であることをここに付記する。

注 301

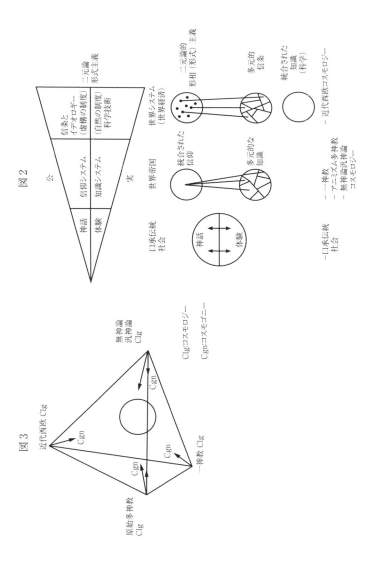

図2

図3

14　図2は、人類史の三段階、①口承伝統社会、②世界諸帝国、③世界システムについて、認識構造がどのように進化したかを図示している。上の次第に広がる三角形は、口承伝統社会における神話世界と経験世界が、神話が普遍化した基軸宗教に支えられた信仰システムと経験を体系化した知識システムとに成長し、世界帝国の中のローマ帝国のあとに生まれた世界システム（世界経済）においては、神話・信仰から成長した、信条とイデオロギーが、「加工の精度」に支えられる一方、経験を普遍化して生まれた科学・技術が、自然の制度化に対応して形成される。この両者を統合しているのが、「原子論的な形相主義」である。

　図の下部においては、それぞれの認識単位がどう対応しているかを表している。口承伝統社会では、神話と経験世界が未分化状態のまま相対する。世界帝国の時代には、統合された基軸宗教の信仰に対して経験世界は、多様な生態文化単位コミュニティの中で多様化した知識が対応するが、その対応の仕方が、一神教・アニミズム・多神教・無論的汎神論のそれぞれについて展開される。世界システムの段階に入ると、信条の多様性が、個人の原子論的な形相化による個人化したイデオロギーが生ずる一方、科学・技術の知識は体系的な一体化を目指す。

　図3は、四面体によって、近代西欧コスモロジーを頂点にして、その底辺には、一神教コスモロジー、アニミズム・多神論コスモロジー、無神論・汎神論コスモロジーの三点が基底にある。そして、この四面体の四頂点から、四面体の中心にある球が表す「将来の望ましい世界」に向かってコスモゴニーが志向しているさまを表している。

注 第6章 グローバル諸問題に対する近代科学研究

1 本章で扱う問題はすべて、科学的活動に関して著者が抱く関心と関連している。この科学的活動は、国連により国連大学に対して課された課題を効果的に履行するために発展させる必要がある。その課題とは1973年、国連総会が採択した国連大学憲章に明文化されている。「第1条第2項　国連大学は、国際連合とその専門機関が関心を寄せる人類の存続、開発、福祉に関わる緊急性の高い、地球規模の諸問題を、社会科学、人文科学ならびに自然科学（基礎および応用）の視点から研究することに努める。」

2 ここで近代西欧科学を特に強調しているは、近代西欧科学の方が非西欧文明の科学的伝統よりも優れているというヨーロッパ中心主義的な信条に基づいているからでは全くない。もともと近代西欧科学は、非西欧文明の科学的伝統から始まったものである（Susantha Goonatilake, *Crippled Minds, an Exploration into Colonial Culture*, Vikas, Delhi, 1982, pp.59-78. 参照）。われわれが現代西欧科学およびそれを主導する技術官僚主義パラダイムに関心を向けるのは、むしろ、こうした非西欧科学の伝統をどのようにしたら現在の科学界に再統合できるのか、また何故そうしなければならないかを見出すためなのである。

3 そのダイナミックな性格に関しては、「ヨーロッパとは何か。それは自己に決して満足しない思想である」と言う。Paul Hazard, *La Crise de la conscience européenne,* 1680-1715, Fayard, Paris, 1961, pp.414-415.（ポール・アザール、野沢協訳『ヨーロッパ精神の危機 1680-1715』法政大学出版局、1973年）を参照。

4 ここで重要なのは、人類の「進歩」のためのこの共通の戦いが、単一の信条体系を前提としておこなわれたものではなかったこと、そうではなくそれは画一的で自由のない反啓蒙主義に対抗することにこそ価

値があると信じて、多元主義のために戦う人々を励ましてきたという事実であり、その点を強調しておきたい。「寛容」はこうして現代西欧社会の基本をなす重要な美徳となったのである。(Paul Hazard, 上掲原書　p109〜p141参照)。

5　「メタプロジェクト」という概念は、アンワール・アブデルマレクの以下の文言からヒントを得て、現代の西欧科学に適合的な用語として、筆者が考案したものである。「文明化プロジェクトとは［私達の世界の主要な文明圏や、国家的・文化的地域で認識され感じられているような、社会の維持および進化の態様に関するアイディアおよび理論であり、それはさまざまな政治的社会的哲学・宗教・イデオロギーを包含するものである］」。(Anouar Abdel-Malek 他編, *Intellectual Creativity in Eudogenous Culture*, UNU, Tokyo, 1978, p.5). また「知的空間」の概念は筆者の造語であり、「知的交流に従事する行為者グループによって共有される『集合的な認識の空間』」を意味する。「認識の空間」は、相互に影響し合う行為者間に存在するものと一般的に信じられている「正当な知的分業」において、相互の役割認識を決定する際に役立つ。ピエール・ブルデューは人文科学において「パワー空間」という類似の概念を提唱し、それをフランスにおける科学の位置付けの要素分析により分析した。Pierre Bourdieu, *Homo Academicus*, Les Edition de Minuit, Collection « Le sens commun», Paris, 1984, pp.99-107. (ピエール・ブルデュー、石崎春巳他訳『ホモ・アカデミクス』藤原書店、1997年)

6　K. Burridge, *Encountering Aborigines: a Case Study: Anthropology and the Australian Aboriginal*, Pergamon Press, New York, 1973, pp. 6-37. 参照。著者によれば、この研究は人類学者によるアボリジニへの接近を事例として取り上げるものである。

7　「知的空間」とは、認識論レベルでの「言説の空間」を意味し、その

空間内で異なる（各）主張が知的交流に参加する行為者によって位置付けられる場所のことである。ある特定の知的集団の一つの主張が、この「空間」内部のどこに位置するかを認識することにより、その主張が別の他の主張と一致するのか、あるいは矛盾するのかという観点から、その主張自体の正当性と意味の両方に関してその知的集団は共通の解釈を獲得するのである。

8　Paul Hazard, 前掲原書、pp.295-298.
9　mahiyah と huwiyah については。井筒俊彦『意識と本質：精神的東洋を求めて』岩波書店、1983 年（岩波文庫 1991 年）38-60 頁、参照。「存在の類比（analogia entis）」については、松本正夫『存在の論理学』岩波書店、1951 年、参照。
10　形式主義については清水幾太郎『倫理学ノート』岩波書店［岩波全書］、1972 年、202-215 頁（講談社学術文庫 2000 年）。原子分析的思考に関しては、村上陽一郎「分析的思考のアポリア：物理帝国主義の行方」『現代思想』Vol.1（1）1973 年。
11　パラダイムについては Thoms S. Kuhn, "Second Thought on Paradigm" (in Frederick Suppe, ed., *The Structure of Scientific Theories*, The University of Illinois Press, Urbana, 1974.) ならびに次を参照。Dudley Shapere "The Structure of Scientific Revolutions", *Philosophical Review*, Vol. 73 (3), 1964, pp. 383-394. Margaret Masterman, "The Nature of Paradigm", (I. Lakatos and A. Musgrave eds., *Criticism and the Growth of Knowledge*, Cambridge University Press, New York, 1970.)「自己／もの／知識」の関係性については、Wolfgang Stegmüller, *The Structure and Dynamics of Theories*, Springer-Verlag, New York, 1976. および、柳瀬睦男『現代物理学と新しい世界像』岩波書店［岩波現代選書］1984 年、を参照。
12　吉本隆明"ゲーテの色（Colours of Goethe）"ゲーテ全集、月報 10、1-7

頁。

13 目に見えない現実に由来する現実を全体として理解しようとするいわゆる錬金術的な伝統は、科学的領域の辺境に位置するパラダイムの典型的な例である。とはいえそれは、弁証法的唯物論の出現を準備したヘーゲル学派の理想主義に見られるように、準周辺に到達した少数の科学的な運動において、一定の役割を果たしたのである。近代西欧科学正統主義による神秘主義の拒絶については、例えば André-Jean Festugière, *La Révélation d'Hermès Trismégiste*, Les Belles Lettres, Paris, 1944-1954 [4 volumes]. 参照。ヘーゲル＝マルクス伝統とは別に、ベルグソンによる西欧近代科学批判によると、ベルグソンが「直感」による「本質的な現実」への回帰を試みている点が興味深い。ベルグソンは、現代西欧科学の中で残されていた新プラトン主義の伝統に沿ったもう一つのパラダイムを代表しているのである。

14 Thomas Sprat, *The History of the Royal Society of London*, London, 1667. Charles Richard Weld, *A History of the Royal Society*, London, 1848. 山田慶児『科学と技術の近代』朝日新聞社［朝日選書］1982 年、193-222 頁。

15 このプロセスに関するさらに詳しい解説はピエール・ブルデューの前掲書、pp.171-205. また Vittorio Ancarani, "L'Emergere della Scienza Accademica in Germania: Paradigmi a Confronto e Modelli di Analisi Sociologica", *Sociologia e Ricerca Sodale*, 1986, nuova serie Ⅶ No.21, pp. 1-48. を参照。

16 技術官僚主義（テクノクラシー）に関しては例えば、J.K. Galbraith, *The New Industrial State* Princeton University Press, Princeton, 1969/2007.（ジョン・K・ガルブレイス、斎藤精一郎訳『新しい産業国家』講談社文庫 1984 年）; Jean Meynaud, *La Technocratie*, Les Éditions Payot, Paris, 1964. John G. Gunnell, "The Theory of Technocracy" (in

Candido Mendes ed., *The Controls of Technocracy*), DUCAM, Rio de Janeiro: 1979, pp.107-151.

17　Alain Touraine (dir), *La Politique anti-nucléaire Paris.* Seuil, Paris, 1979, pp.107-151.

18　D.H & D.L. Meadows et al., *The Limit to Growth. A Report for the Club of Rome's Project on the Predicament of Mankind,* Universe Books, New York, 1972. ドネラ・H・メドウズ他著（大来佐武郎／監訳）『成長の限界』ローマクラブ「人類の危機」レポート』ダイヤモンド社、1979年。

19　Kinhide Mushakoji, "Scientific Revolution and Inter-Paradigmatic Dialogue", *Human System Management,* Vol.2, 1981, pp.179-181.

20　一般的には Joseph Harberer ed., *Science and Technology Policy-Perspectives and Developments,* Lexington Books, Mass.US, 1979. および P.K. Rohatgi et al., *Technology Forecasting,* Tata McGraw-Hill, New Delhi, 1979. 参照。開発のための科学技術政策に関して ま Francisco R. Sagasti "National Science and Technology Policy for Development, A Comparative Analysis", in Jairam Ramesh and Charles Weiss ed., *Mobilizing Technology for World Development,* Praeger Special Studies, NewYork, 1979. Amilcar Herrera "Technological Prospective for Latin America -Progress Report: 1987 (mimeo)", UNU, Tokyo 1988. その後の関連文献 Amilcar Oscos Herrera et als, *Las nuevas tecnologías y el futuro de America Latina—Riesgo y oportunidad,* siglo veintiuno: México, UNU: Tokyo, 1994.) を参照。科学政策、技術、民主主義に関しては、Simon Schwartzman "Science, Technology, Technocracy and Democracy", Candido Mendes ed., *op.cit.,* pp.267-277.

21　Miroslav Pecujlic et al., *The Transformation of the World: Volume 1, Science and Technology in the Transformation of the World,* UNU,

Tokyo and London, 1982, pp.87-119.
22 M. Pecujlic, 上掲書、pp.24-31.
23 科学技術庁編『科学技術白書』東京、1987 年、1988 年 参照。
24 武者小路公秀「情報化社会の政治文化と社会計画」(武者小路公秀 Amitai Etzioni 編『サイバネーション時代の政治文化』学習研究社、1975 年 所収 12-46 頁)。同じく、武者小路公秀「国際システムの情報化と価値の多元化」：中原喜一郎 武者小路公秀 編『国際社会の多元化』岩波書店、1976 年、226-270 頁。
25 「知識」の概念に関しては例えば、Jean Duvignaud (dir.), *Sociologie de la Connaissance*, Payot, Paris, 1979.G. Gurvitch, "Le problème de la sociologie de la connaissance", *Revue philosophique*, Oct.-Dec. 1958.Jean Piaget, Rolando Garcia, *Psychogenèse et Histoire des Sciences*, Flammarion, Paris, 1983, pp.22-27.
26 J.K. Galbraith, 前掲書、参照。
27 第 2 章参照。
28 Claude Lévi-Strauss, *Anthropologie Structurale*, Plon, Paris, 1958.(クロード・レヴィ＝ストロース、荒川幾男・生松敬三・川田順造ほか訳『構造人類学』みすず書房、1972 年)。E. W. Beth et Jean Piaget, *Epistémologie mathématique et psychologie*, PUF, Paris, 1961. 参照。
29 有限数学に関しては、Seymour Lipschutz, *Theory and Problem of Discrete Mathematics*, York McGraw-Hill, New York, 1976. 参照。超準解析に関しては、A.Robinson, *Non-standard analysis*, North-Holland, New York, 1966. 参照。カタストロフィー理論に関しては、René Thorn, *Stabilité Structurelle et Morphogenèse*, Ediscience, Paris, 1972. 参照。ファジー理論に関しては、L.A. Zadeh, "Fuzzy Logic and Approximate Reasoning", *Revue de Synthèse*, No. 30, 1975, pp.407-428; 参照。同じく柳瀬睦男 前掲書、81-100 頁、参照。

30 G. Nicolis et I. Prigogine, *Self-Organization in Non-Equilibrium Systems: From Dissipative Structure to Order through Fluctuations*, J. Wiley & Sons, New York, 1977. Shuhei Aida et al., *The Science and Praxis of Complexity: Contributions to the Symposium Held at Montpellier*, UNU, France: 9-11 May 1984, Tokyo: 1985. Ervin Laszlo, *Evolution: The Grand Synthesis*, John Wiley & Sons, Boston, 1987. 参照。

31 Theodor W. Adorno et al., *The Positivist Dispute in German Sociology*, Heinemann, London, 1969.

32 Jean Duvingnaud, *Le Langage perdu*, Presses Universitaires de France, Paris, 1973. Kenelm Burridge, 前掲書。

33 多くの参照すべき文献の中でも特に、Julia Kristeva, *Folylogue*, Seuil, Paris, 1977.

34 Bernard Dixon, *What is Science For ?*, Harper & Row, London, 1973. 及び柴谷篤弘『反科学論』みすず書房、1973年、参照。

35 宗教の科学への貢献に関しては、World Council of Churches ed., *Faith and Science in an Unjust World* (2 vols)", Geneva, 1980. United Nations University, Sophia University eds. Science, *Technology and Spiritual Values, an Asian Approach to Modernization*, UNU and Sophia University, Tokyo, 1987/1988. 詩人と科学との対話に関しては、高内壮介『詩人の科学論：湯川秀樹の創造とゲージ場の地平』現代数学社、1987年。Julia Kristeva, 前掲書、pp.313-356.

36 近代西欧科学に埋め込まれたバイアスについて、またその後の科学における南北問題について、さらに日本が科学に貢献できる可能性については、村上陽一郎『動的世界像としての科学』新曜社、1980年、参照。次も参照のこと。高内壮介「現代物理学と東洋思想」前掲書、所収、225-235頁。社会科学と社会思想の分野では、例えば、Ramashray

Roy, Gandhi, *Soundings in Political Philosophy*, Chanayaka Publications, Delhi, 1984. Anouar Abdel-Malek ed., *Contemporary Arab Political Thought*, Zed Books, London, 1980. Partha Chatterjee, *Nationalist Thought and the Colonial World: A Derivative Discourse?*, Zed Books for the United Nations University, London, 1986. を参照。

37　人々の知識を科学知識と結び付ける試みに関しては、アジアの非政府組織による試みがいくつかある。例えば、Lokhayan（Rajni Kothariと協力者）・Bumi Sena（Ponna Wignarajaと協力者）・アジア開発文化フォーラム Asian Cultural Forum on Development（ＡＣＦＯＤ）（Sulak Sivaraksaにより設立）など。国連大学による目標・開発の過程と指標・伝統技術の共有に関する複数のプロジェクトは、同様の目的を持っていた。それとは別に、次も参照のこと。Oswald Úrsula et al, *Campesinos protagonistas de su historia*, UAM, Xochimilco, Mexico, 1986. T.N.Madan et al. *Doctors and Society: Three Asian Case Studies, India, Malaysia, SriLanka,* Vika s Publishing, New Delhi, 1980.など。

注 第7章 国際知識人のグローバル化と科学技術交流

1 世界帝国と現代西欧文明社会、すなわち世界経済との知識体系間の比較に関しては、Kinhide Mushakoji, "The Role of the Individual in Cosmologies - Equality and Solidarity" (paper presented to the International Symposium on (謄写版), 25-29), Tokyo, 1987. を参照。

2 同書、4-9頁。

3 Hastings Rashdall, *The Universities of Europe in the Middle Age*, revised edition by A.B. Emden and F.M. Powicke, 3 vols.. Oxford, 1936.

4 西欧知識体系の生産・再生産における大学の役割については、A. Flexner, *Universities: American, English, German*, New Brunswick, N. J.: Transaction Publishers, 1994 を参照。

5 United Nations, "Introduction to the Annual Report of the Secretary-General on the Work of the Organization" [UN Official Record No.: GAOR, 24th sess., Suppl. no. 1A], Tokyo, September 1969. ならびに United Nations University, "First Advisory Committee Meeting on the Human and Social Development Programme: a report" (Call number: UNU /B27906) Tokyo, 1977/Mexico City, Mexico, November 1977.

6 United Nations Educational, Scientific and Cultural Organization (UNESCO), "A Study on the Feasibility of an International University/ Une Etude sur la justification d'une univers.té international", ED/WS/257, Paris, 1 September 1971.

7 同報告書 para. D.15. 引用箇所に引き続き同段落中で、新組織の代替名に関し、「国連大学システム」という提案が挙げられている点が興味深い。他の代替案として「世界的課題研究のための国連大学」もある。

8 United Nations General Assembly, "Twenty-sixth Session Official Records, Second Committee 1441st Meeting" (Friday, 10 December 1971, at. 3: 30 p.m., New York) A/C. 2/SR. 1441, p. 555, Agenda Item 48

para 6.
9 同書、para 8.
10 同書、p.558, para.25.
11 同書、p.557. para.25.
12 United Nations General Assembly, "Twenty-fifth Session Official Records, Second Committee, 1359th Meeting"（Thursday, 3 December 1970, at 11 a.m.）A/C. 2/SR: 1359, p. 389, para. 39.
13 United Nations General Assembly, " Official Records, Agenda Item 44, Annexes Twenty-fifth Session, " Document A/8182, Report of the Secretary General, p. 3, para. 9;（国連 DHL の UNBIS Net にカタログが含まれている。UN Document Symbol: A/8182, Issuing Body／Session: A/ 25, Title: Question of the establishment of an international university: report of the Secretary-General, Imprint:［New York］: UN, 25 Nov. 1970, Subjects: UN University）.
14 ここでは、国際的な知的科学的交流を垂直型と水平型に二分類している。前者は、知識が一方向にのみ伝達される交流を指す。これは通常、知識が中心と周辺の間で移転される際に起こる。後者は、現存する知識が全方向に伝達されすべての団体で共有され、新しい知識が、交流の過程に参加するすべての団体の共同活動を通して生み出される形式である。両概念とも理念型であるのは言うまでもない。現実には、国際的な知的・科学的交流の多くは、ある程度まで、この二つのアプローチが組み合わされ実施されている。垂直型・水平型の知識伝達の理論的研究や具体例に関しては、次を参照。Samir Amin, et al., "New Forms of Collaboration in Development Research and Training", *International Social Science Journal*, 27, No. 4, 1975, pp. 790-795. Krishna Kumar, "Some Reflections on Trasnational Social Science Transaction", *International Journal of Comparative Sociology*, 19 Nos.

3-4, 1978, pp. 219-234. Archie Mafeje, "The Problem of Anthropology in Historical Perspective: An Inquiry into the Growth of the Social Science", *Review canadienne des études africaines*, 10. No. 2, 1976, pp. 307-333. R. Perrotta Bengolea and Akinsola Akiwowo, "Problems in Peripheral Regions", *International Social Science Journal*, 26, No.3, 1974, pp. 411-414. John Ziman, "Three Patterns of Research in Developing Countries", *Minerva*, 9, No. 1, 1971, pp. 32-37.

15 国際学会の例としては、国際社会学会（ISA: International Sociological Association）や世界政治学会（IPSA: the International Political Science Association）といった国際社会科学評議会（ISSC: the International Social Science Council）を構成する団体が挙げられる。

16 次を参照。Raul Prebish, *The Economic Development of Latin America and its Principal Problems*, ECLA, 1950. Raul Prebisch, "Commercial Policy in the Underdeveloped Countries" *American Economic Review: Papers and Proceedings,* Vol. 49, No. 2, 1959. Raul Prebisch, *Hacia una Dinámica del Desarrollo Latinoamericano*, México-Buenos Aires: Fondo de Cultura Ecónomica, 1963. Raul Prebisch, "Towards a New Trade Policy for Development" (Report by the Secretary-General of the United Nations Conference on Trade and Development), 1964.

17 研究機能を持つ他の国際機関に関しては、次を参照。Union of International Associations ed., *Yearbook of International Organizations*, 1985/86, München, 1986. UNITAR（国際連合訓練調査研究所）に関しては、同書, E 3387g. UNRISD（国連社会開発研究所）に関しては、同書, E 3388g.

18 Marie Anne de Franz, "Implanting the Social Sciences: a review of UNESCO's endeavours", *International Social Science Journal (Social*

Science in the Third World), Vol. XXI, No. 4, 1969. を参照。ユネスコの支援による地域レベルの水平型科学交流の発展に関しては、UNESCO ed., *Inter-Regional Cooperation in the Social Sciences (Reports and Papers in the Social Sciences)*, No.36, Paris, 1977.を参照。

19　国際連合大学憲章第1条第1項

20　国際連合大学憲章第1条第2段落

21　国際政治学会（ＩＰＳＡ）を例として挙げると、この学会の評議会は、学会が未結成の地域に住む能力のある代表的政治学者を個人の資格で理事に任命している。また個人の会員とは別に、アジア・太平洋やアフリカにおいては地域学会が設立されてきている。こうした地域学会の代表に評議会の議席を与えている。

22　例えば、1980年代初頭、国際政治学会（ＩＰＳＡ）は、ユネスコの資金援助により、開発の政治学的側面に関する複数の国際研究プロジェクトを組織した。ＩＰＳＡは、当時の同学会会長カンディド・メンジス（Candido Mendes）教授（ブラジル）によって導入された新しいアプローチを生み出した。それまで当学会では発展途上地域における政治学を発展させる目的で資金獲得に積極的に乗り出す動きはなかった。

23　この課題に関する多様な議論の具体例としては、1982年8月9日から14日にリオデジャネイロで開催されたＩＰＳＡ世界会議の際にＩＰＳＡ・ＩＳＳＣ・国連大学共催による特別パネル「創造性と学際性」に見られた。Kinhide Mushakoji, "Creativity and Interdisciplinary: In Search of a Science Policy beyond Policy Science"（Paper prepared for the IPSA/ISSC/UNU Panel on 〈Creativity and Interdisciplinarity〉, Rio de Janeiro, 9-14 August 1982, mimeo）, Tokyo, 1982. を参照。

24　国際連合大学憲章第1条第6項

25　ＩＩＡＳＡに関しては、IIASA, "Annual Report 1986", Luxembourg, 1986. 東西センターに関しては、East West Center, *President's Review*

1984-85, Honolulu, Hawaii, 1986. 参照。

26 1960年代後半から1970年代初頭に諸委員会が登場した現代史的意義に関しては、武者小路公秀『現代の世界』〈世界の歴史 (20)〉講談社、1986年、120-129頁、176-179頁、200-203頁。参照。

27 北米で発展した社会科学を発展途上国世界に移転することになった垂直型の科学交流過程に関しては、Kenneth Pruitt, "The Impact of the Developing World on U.S. Social Science Theory and Methodology"（in Laurence D. Stifel et al. eds., *Social Sciences and Public Policy in the Developing World*), Lexington Books, Lexington Mass., 1982, pp. 3-19. 参照。

28 社会・自然の相互作用について、異なる「コスモロジー」を持つ人間環境へ及ぼす強い影響力に関しては、福島要一・S. D. B. ピッケン『環境と思想——その歴史と現在』三省堂、1986年を参照。国連大学プロジェクト「開発の目標・過程・指針（Goals, Processes, and Indicators of Development)」で研究された非西欧の文化や生活スタイルについては、例えば、Maria Teresa Sirvent, "Human Development and Popular Culture in Latin America —Case Studies"（in Carlos A. Mallmann, ed., *Human Development in its Social Context: A Collective Exploration*), Hodder and Stoughton, London, 1986, pp. 190-212.

Bennie A. Khapa, "The African Personality", 前掲書, pp. 231-232. Sulak Sivaraksa, "Buddhism and Development", 前掲書, pp.233-247. を参照。

29 国連大学プロジェクト「世界変容下における社会文化発展の代替案（Socio-Cultural Development Alternatives in a Changing World)」は、内発的な知的創造性が、単に西欧を真似るだけでない社会文化発展の原動力になりうるのかという課題を提示した。Anouar Abdel-Malek ed., *Intellectual Creativity in Endogenous Culture, Asian Regional*

316

Symposium, Kyoto, Japan, November 1978. /, United Nations University, Tokyo, 1981. を参照。

30　Kenneth Prewitt, 前掲書、pp. 5-7；を参照。

31　三つの専門家会議に関しては、"Report on the United Nations University Expert Group on World Hunger"（22-26 September 1975 より引用）, Tokyo, 1975; "Report of the United Nations University Expert Group on Human and Social Development"（10-14 November 1975 より引用）, Tokyo, 1975; United Nations University, "Report of the Expert Panel Meetings on the programme on the use and management of natural resources"（Call number: UNU/B19448）Tokyo, 1977 を参照のこと。本節では、国連大学初期の三プログラムの中で、垂直型と水平型の二つの理念型に対応している「世界の飢餓」プログラムと「人間と社会発展」プログラムの二つのみに言及する。「天然資源の管理と利用」プログラムは、二つの型を混合したアプローチを採用した。

32　同三レポートへの序文, pp. i -iv.

33　"Report of the Second Advisory Committee Meeting to UNU/WHP" より引用, Tokyo, 1977.

34　United Nations University, "Planning Meeting of the Human and Social Development Programme: a Report", (call number: UNU/B27905), January 1979（HSDPD-l/UNUP-3）, Tokyo, 1979, pp. 28-29, para.105.

35　西欧知識体系に特有の形式的技術主義的アプローチに基づく技術官僚パラダイムに関しては、Kinhide Mushakoji, " Scientific Revolution and Inter-Paradigmatic Dialogue ", *Human System Management*, No.2, 1981, pp.177-190. Kinhide Mushakoji, *Scientific Revolution and Inter-Paradigmatic Dialogue*, United Nations University, Tokyo, 1979. を参照のこと。

36 United Nations University, "First Advisory Committee Meeting on the Human and Social Development Programme: A Report", (call number: UNU/B27906) /Mexico City, Mexico, November 1977 (HSDPD-2/UNUP-4), Tokyo, 1979, p.3, para.8, (e), (i).
37 同書、p. 4, para. 8, (e), (ii).
38 同書、p. 4, para. 8 (e), (iii).
39 同書、p. 4, para. 8, (e), (iv).
40 同書。
41 同書、p. 4, para. 8, (e), (v).
42 同書、para. 8, (e), (vi).

まえがきに代えて・あとがきに代えて　の参考文献

1 【14頁】アンナ・アガタンゲルー（Anna M. Agathangelou, L, H.M.Ling, *Transforming World PoLitics: From Enpire to Multiple Worlds (new International Telations),* Routledge, London, 2009. 参照)。

2 【15頁】オートポイェシス（H.R.マトゥアナ、F.J.ヴァレラ著（河本英夫訳)『オートポイエーシス――生命システムとは何か』国文社、1991年、参照)。

3 【249頁】「オクシデンタリズム」(I.ブルマ、A.マルガリート著著（堀田江里訳)『反西洋思想』清朝新書、2006年、参照)。

4 【256頁】ブラック・アトランティック（ポール・ギルロイ著（上野俊哉 他訳)『ブラック・アトランティック――近代性と二重意識』月曜社、2006年、参照)。

5 【260頁】「懺悔道としての哲学」(田辺元著、藤田 正勝（編集)『懺悔道としての哲学〈田辺元哲学選Ⅱ〉岩波文庫、2010年、参照)。

[著者紹介]
武者公路公秀（むしゃこうじ・きんひで）

経歴

1929 年　ブリュッセル（ベルギー）生まれ。

研究歴

1953 年	学習院大学法学部政治学科卒業
1957 年-58 年	パリー大学政治学院聴講生
1961 年-62 年	プリンストン大学国際研究センター客員研究員（ロックフェラー財団奨学フェロー）
1969 年	ハワイ大学東西センター高等研究員

教育歴

1960 年	学習院大学法学部政治学科専任講師
1965 年	ノースウェスタン大学国際関係学部客員教授
1968 年	学習院大学法学部政治学科教授
1968 年	上智大学外国学部国際関係研究所教授
1969 年-73 年	同研究所所長
1976 年-89 年	国際連合大学プログラム副学長
1989 年	明治学院大学国際学部教授
1998 年	フェリス女学院大学国際学部教授
2001 年	中部大学高等学術研究所所長
	中部大学国際学部教授
2003 年	大阪経済法科大学アジア太平洋研究センター所長
2013 年	同研究センター特任教授

活動歴

1969年-76年	ヴァチカン正義・平和評議会評議員
1970年-72年	キリスト教諸教会合同社会開発・平和機構（SODEPAX）平和問題コンサルタント
1985年-88年	世界政治学会(IPSA = International Political Science Association)会長
1989年-	反差別国際運動（IMADR = International Movement Against All Forms of Discrimination and Racism）副理事長。同日本委員会(IMADR-JC)理事長。
1994年-2014年	大阪国際平和センター（ピースおおさか）会長
1994年-	大阪アジア太平洋人権センター（ヒューライツ大阪）会長
2004年-	世界平和アピール七人委員会委員
2007年-	中部ESD(持続可能な開発教育)拠点運営委員
2013年-	日本「人間の安全保障」研究学会会長

研究業績

単著

『現代フランスの政治意識』（弘文堂、1960年）

『ケネディからドゴールへ――国際政治のビジョンと戦略』（弘文堂、1964年）

『国際政治と日本』（東京大学出版会、1967年）

『多極化時代の日本外交』（東京大学出版会、1971年）

『行動科学と国際政治』（東京大学出版会、1972年）

『国際政治を見る眼――冷戦から新しい国際秩序へ』（岩波書店［岩波新書］、1977年）

『地球時代の国際感覚』（TBSブリタニカ、1980年）
『世界の歴史（20）現代の世界』（講談社、1986年）
Global Issues and Interparadigmatic Dialogue: Essays or Multipolar Politics. (Albert Mayer Publisher, 1988.)
『激動する世界と人権』（部落解放研究所、1991年）
『転換期の国際政治』（岩波書店［岩波新書］、1996年）
『人間安全保障論序説──グローバル・ファシズムに抗して』（国際書院、2003年）
『人の世の冷たさ、そして熱と光──行動する国際政治学者の軌跡』（部落解放人権研究所、2003年）

共著［編集］

伊藤正己・大石泰彦『社会科学を学ぶ』（有斐閣、1970年）

岸田純之助・関寛治『70年代の国際関係──多極化時代のシステム・アプローチ』（ぺりかん社、1970年）

イーデス・ハンソン『世界人権宣言』（岩波書店、1982年）

イマヌエル・ウォーラースティン、グルベンキアン委員会著、（山田鋭夫訳）『社会科学を開く』（藤原書店、1996年）

Isabella Bakker, Stephen Gill eds., *Power, Production and Social Reproduction*, Pelgrave, 2003) (Kinhide Mushakoji, "Social Reproduction of Exclusion: Exploitative Migration and Human Insecurity".)

Thanhp-Dam Truomg, Des Gasper, eds. *Transnational Migration and Human Security: The Migration-development-security Nexux.* (Springer, 2011) (Kinhide Mushakoji " State and Immigrant Diaspora Identity in Contemporary Japan: From a Developmentalist National Ethics towards a Multicultural Development

Ethic of Human Security")

編著［編集］

『ハンドブック国際連合』（岩波書店［岩波ジュニア新書］、1986 年）

『新しい世界秩序をもとめて——アジア・太平洋のゆくえ』（国際書院、1992 年）

『日本外交の課題と選択』（大阪経済法科大学出版部、1996 年）

『東アジア共生への道』（大阪経済法科大学出版部、1997 年）

『新しい「日本のかたち」——外交・内政・文明戦略』（藤原書店、2002 年）

『ディアスポラを越えて——アジア太平洋の平和と人権』（国際書院、2005 年）

『人間の安全保障——国家中心主義をこえて』（ミネルヴァ書房、2009 年）

Kinhide Mushakojil, Mustapha Kamal Pasha eds., *Human (In) Security in the Networks of Global Cities: the Final Report* (Centre for Human Security, Chubu University, 2009).

監訳者

三橋利光（みつはし・としみつ）
東洋英和女学院大学名誉教授（国際関係論博士）
1942年東京生まれ。
上智大学外国語学部仏語学科、東京大学教養学部教養学科仏分科卒業。上智大学大学院国際関係論研究科修士課程修了・同博士課程満期退学。その間、仏政府給費留学（3年間パリ大学IV等の博士課程）。名古屋聖霊短期大学助教授、東洋英和女学院大学国際社会学部教授、同大学大学院国際協力研究科長（2005‐2006年度、2008‐2010年度）を歴任。
主要業績：『メキシコ革命におけるナショナリズム』（上智大学イベロアメリカ研究所、1976年）、"Un autre aspect de la réévaluation de la sociologie d'Auguste Comte" (*Société*, No.38, Paris,1992, pp.359-365)、『コント思想と「ベル・エポック」のブラジル』（勁草書房、1996年）、『国際社会学の挑戦』（春風社、2008年）、『国際社会学の実践』（春風社、2011年）。

松本行広（まつもと・ゆきひろ）（第6章担当）
1993年：明治学院大学国際学部修士課程修了（国際学修士）／武者小路公秀教授ゼミ出身。
専攻はグローバルモデルへの数理応用また「Pen＋：スタートレックの魅力を探る」監修等「スターフリート東京」の代表も務める随筆家（ピカーク松本としても知られる）。

訳者（分担）

福田州平（ふくだ・しゅうへい）（第 1 章担当）
群馬県生まれ。
現在：大阪大学グローバルコラボレーションセンター特任研究員。
博士（国際学）。
主要業績：『現代文化を読み解くプラクティス』大阪大学グローバルコラボレーションセンター、2013 年。「博覧会における「文明」と「野蛮」の階梯——人類館事件をめぐる清国人留学生の言説」大阪大学中国文化フォーラム編『現代中国に関する 13 の問い——中国地域研究講義——』大阪大学中国文化フォーラム、2013 年。「現代テロリズム研究の展望」河内信幸編『グローバル・クライシス——世界化する社会的危機』風媒社、2011 年。翻訳に『国連開発計画（UNDP）の歴史——国連は世界の不平等にどう立ち向かってきたか』（共訳、明石書店、2014 年）。

前田幸男（まえだ・ゆきお）（第 2 章担当）
博士（学術／国際基督教大学）。現在、大阪経済法科大学法学部准教授／国際基督教大学社会科学研究所研究員。専攻：政治理論、批判的国際関係論、現代思想、人文地理学など。
主要業績：「人の移動に対する EU の規制力」、遠藤乾・鈴木一人編『EU の規制力』（日本経済評論社、2012 年）。佐藤幸男、前田幸男編『世界政治を思想する Ⅰ・Ⅱ』（国際書院、2010 年）など。

井上浩子（いのうえ・ひろこ）（第3章担当）
東北大学大学院法学研究科、早稲田大学政治学研究科などを経て、2013年オーストラリア国立大学より博士号取得。現在、日本学術振興会特別研究員PD。専攻：国際関係論。
主要業績：「国家構築と文化職変：東ティモールにおける村会議制度の構築」、平野健一郎他編、『国際文化関係史研究』（東京大学出版会、2013年）。「東ティモールの独立――トランスナショナル市民社会論を手がかりに――」、『法学』、第71巻第3号、2007年など。

山口治男（やまぐち・はるお）（第4章担当）
現在、神戸大学大学院国際協力研究科博士後期課程。専攻：批判的環境ガバナンス論。
主要業績：第6部「ヴァンダナ・シヴァ」、土佐弘之編『グローバル政治理論』（人文書院、2011年）。「木材」、佐藤幸男編『国際政治モノ語り』（法律文化社、2011年）など。

千葉尚子（ちば・なおこ）（第5章担当）
国際基督教大学大学院行政学研究科博士後期課程退学（博士候補資格）。現在、国際基督教大学社会科学研究所助手・研究員。専攻：国際関係論。
主要業績：「国際社会と国際協力――開発援助という思想」、大賀哲・杉田米行編『国際社会の意義と限界』（国際書院、2008年）、「水――水との共生を求めて」、佐藤幸男編『国際政治モノ語り――グローバル政治経済学入門』（法律文化社、2011年）など。

佐藤幸男（さとう・ゆきお）（第 7 章担当）

1948 年東京生まれ、国立大学法人富山大学名誉教授。

明治大学政治経済学部卒業、明治大学大学院政治経済学研究科修了、政治学修士、広島大学、名古屋大学をへて富山大学大学院教育学研究科教授。この間、国立大学法人富山大学理事・副学長を歴任。

主著：『相互依存の国際政治学』（共著）有信堂。『現代の国際紛争』（共著）人間の科学社。『政治のトポグラフィ』（共著）新曜社。『開発の構造』（単著）同文館。『世界政治を思想するⅠ・Ⅱ』（共編著）国際書院。『国際政治モノ語り』（編著）法律文化社。

太田昌宏（おおた・まさひろ）（第 7 章担当）

1984 年高岡市生まれ、富山大学教育学部卒業、同大学院教育学研究科修士課程修了、修士（教育学）。現在、竹内プレス工業（株）勤務。

訳者あとがき

 2014年は第一次世界大戦100周年であった。明けて2015年は冷戦終結25年、第二次世界大戦が終わって戦後70年、朝鮮戦争65年、アジア・アフリカ（バンドン）会議60年、さらには日韓条約締結50年の節目になる。世界が、アジアが、そして日本が戦渦に喘いだ歴史に否応無しに向き合わねばならない時代となった。英国の歴史家E・H・カーを持ち出すまでもなく、国際政治学研究は、市民に拓かれた学問として発展し、世界をみる眼を養うためのものであったが、いまや世界のさまざまな地域から変革を求める声が上がり、地球的規模での問題解決にむけた思考実験に取り組まねばならなくなっている。もとより『国際』とは、二国間国家間関係を意味するものではなくなり、グローバルシステムにおける政治的経済的社会的文化的な諸問題が境界を超えて行き来(クロス)する振幅的な往還社会をさしている。

 本書は、Kinhide Mushakoji, *Global Issues and Interparadigmatic Dialogue : Essays on multipolar politics*. 1988. Albert Meynier Editore.Torino,Italy.を全訳したものに、著者自身が「日本語版まえがき」と「あとがき」を加筆した畢生の作品である。

 周知のように、武者小路公秀先生は、日本における国際関係理論研究の開拓者の一人であり、いまなお真摯に国際問題と向き合う数少ない知識人である。その神髄がみごとに本書で展開されている。21世紀世界の知識人と呼ぶにふさわしい。本書では行動論政治学を日本に積極的に導入して以降、創設期の国連大学副学長として、文字通り世界の知的リーダーとして国際社会科学発展の牽引役を引き受けられ、グローバル危機における科学技術の倫理観と思考枠組

みの転換にとってなにが必要かを問い、あるべき方途と道筋をつなぎあわせる社会の実現を語っている。その思考の支脈がみごとに披瀝された珠玉の学問論となっているのである。著者自らがグローバルな視点に立って学知の刷新をめぐる思索にあわせるかのように、米国国際政治学界の重鎮ブルース・ラセットは『カール・ドイッチュ：国際関係理論の開拓者』(スプリンガー社、2014年刊)を出版したのもまったくの偶然ではない。

　本訳出は、2002年6月29日にたちあがった「武者小路公秀研究会」（通称：「武者研」）から始まった。正しくは国際書院の石井彰社長とともに呼びかけ人として、当初「武者小路公秀先生を囲む会」としてスタートした。そこからいつしか「武者研」と呼ばれるようになり今日に至っている。いずれにしても「武者研」は、先生の学恩にお応えするべく、80歳（傘寿）を言祝ぐ作業と、世代を超えて内外の研究仲間が忌憚のなく語り合う場であった。季節の変わりごとに年数回集まって論議する緩やかに組織された勉強会である。今年86歳を迎えられ、いまなお意気軒昂に活躍されている先生であるが、本書出版企画からはすでに相当の時間が流れてしまった。ここに深くお詫びする次第である。

　武者研から13年、これまでさまざまな方々に支えられ、知的刺激を受けながら楽しむ会となったことに改めて感謝したい。武者小路公秀先生のさらなるご活躍を祈念する。

2015年1月1日

　　　　　　　　　　　　　　　　　　武者小路公秀研究会
　　　　　　　　　　　　　　　　　　代表世話人：佐藤幸男

索　引

〔事項索引〕

一あ　行一

新しい形の政治学　68
新しいグローバル覇権体制　10
新しい組織形態や作業推進方法に開かれていること　242
新しい知的能力　80
アニミスティックな「宇宙論」　110
アニミズム　124,144,300
アニミズム的多神論者　147
新たな技術力　80
合わせ　118
意思決定における近代的合理性　106
意思決定理論　108,190
イスラム学者　167
イスラム教　147,207
イスラム教徒　152
イスラム主義政治思想　82
イスラム世界　135
イタリア・ケルト語　111
一元論と二元論　194
一神教　124,146
一神論者　147

一般庶民 "the common people"　105
イデオロギー　104,107,142,207
イデオロギー的危機　83
イデオロギーの多元主義　133
意味差判別（ＳＤ）法　53
インド・アーリア語　111
インフォーマル・セクター　203
ウィトゲンシュタイン　168
ウェスト（西欧）　10,249,255
宇宙（コスモス）　173
宇宙的なもの（the universal）　145
宇宙論　113,124,125
英国王立アカデミー（British Royal Academy）　208
選び　118
演繹法・帰納法　179
オートポイエシス　15
オクシデンタリズム　251
オペレーション・リサーチ（ＯＲ）　83,180,190,280
オリエンタリズム　170,251

一か　行一

解釈学　289
解釈学／発見的問題解決法　74
開発のイデオロギー　181

開発学　73
外発的要因　105
開発問題　155
開放型自由空間　163
解放の神学　142
科学（science）　57, 153
科学革命　28, 44, 158, 265
科学技術　129, 177, 249
科学研究の目的　167
科学主義　163
科学政策　184, 186
科学的コミュニティ　33
科学的創造性　35
科学的フォーラム　38, 45
科学的用語　36
科学哲学　56
科学の管理　185
化学物理学　197
核技術　182
学際性　53, 54
学際的アプローチ　55
学際的研究を組織する　74
学際的社会科学　55, 64, 65
学際的ネットワーク発展研究戦略　45
学際的パラダイム対話　23
学際的プロジェクト　57
拡散／宣布過程　107
可視世界　166, 169
カスト（身分制区分）　111
「何性（mahiyah）」と「其性（huuiyah）」概念　167
家族と祖国（la famille et patrie）　143
カタストロフ理論　63, 71
価値合理性【Wertrationalitat】　114
価値中立　96
価値中立的　107
カナダ国際開発研究センター（IDRC: International Development Research Center）　240
神の下の平等　140
環境汚染　26
環境破壊・公害問題　13
環境保護主義者　182
カント哲学　146
官僚制　108, 116
官僚制度　143
機会　98
機械主義　61
機械的方向性　183, 186
機会の平等　140
機械論的　115
機械論的知識体系　139
機械論的パラダイム　26
機械論的フィクション　30
機械論的方向性　191
危機　80, 84, 87, 96
危機の時代　18
帰嚮　112, 124
危険　98

技術 57
技術官僚 12,18
技術官僚エリート 185
技術官僚革命（The Technocratic Revolution） 180,181
技術官僚主義（テクノクラシー） 11,17～19,26,35,84,192,249,266,306
技術官僚主義革命 191
技術官僚主義パラダイム 181,182,184～187,189,193,268
技術官僚主義パラダイムの危機 194
技術官僚制 108,115,116
技術官僚達 180
技術官僚的 63
技術官僚的動機 19,67,70,76
技術官僚的な動機 74
技術官僚的パラダイム 29,32,40,50,61
技術構造（テクノストラクチャー） 57,193
機能主義 61
機能の最大限の分散化 243
帰納法と演繹法 194
饗宴社会［コンヴィヴィアル社会］ 14
饗宴世界 16
狂信的愛国主義 82
競争 110
共同社会（ゲマインシャフト） 104,131,139
極 174,176
極微小電子工学（マイクロエレクトロニクス） 186,195
虚構の制度と自然的制度（the fiction-institutions and natural institution） 154
キリスト教 207
キリスト教神学 146
キリスト教徒 151,152
均一化 115
均一化の方向性 183
近代科学 157
近代科学技術 133
近代化と「発展」の理論 106
近代化論 290
近代合理性による支配 116
「近代国家」の内発的な起源 109
近代西欧科学 156,164,165,167～172,175,177～179,189
近代西欧のコスモロジー 137
近代西欧文明 143
近代的官僚制 114
近代的合理性 107
近代ヨーロッパ 133
組み合わせ構造主義 47
グローバル・システム 96
グローバル化 87
グローバル化の過程 79
形相主義（形式主義） 137,141,165～167

形式論理学　42
形相（forma）　147
形相的（形式的）　132,136,137,141,142,143,165,166
啓蒙主義　106
啓蒙主義批判　82
計量経済学　83
計量政治学　12
ゲーム理論　53,58,60,116
ゲーム理論的処理　59
決定　119,121
決定スタイル　119,121
決定する　118
決定理論　53,108,116
決定ルール　119,121
ケテリス・パリプス　30,31,121
研究と教育の形式と内容　228
言語学　62
原子的形式主義　141
原子力エネルギー　182
原子論的形相主義（形式主義）　137,139,143,144,187
原子論の形式　168
現代科学　26
現代科学技術　207
現代科学研究　156
現代科学理論　46
現代西欧科学　181,188
現代の科学革命　23,40,51
原発経済　13
原発ムラ　17,18

「厳密」科学　62
「権力」政治の役割　113
権力的要求（power petition）　63
権力闘争（万人の万人に対する戦い）〔bellum omnium contra omnes〕　112
業（karma）　124
好機（"koiros"）　98
工業化　13
公共財理論（public good theory）　59
口承伝統　133,134
口承伝統共同体　134,143,152
口承伝統社会　302
構造政策思想科学　71
構造的危機　83
構造的政治的　73
口頭（オーラル）芸術　104
行動科学　13,194
行動科学「革命」　73,91
行動科学革命　56,59,60,64,89
行動科学主義　93
行動科学主義／機能主義学派　88
行動科学主義政治学　95
行動革命　82
行動機能主義学派　88
行動主義革命　67,75,77
行動主義的政策「革命」　76
行動政策科学　55,56,61～63,65,67,71,73
行動政策科学「革命」　70,76

合理主義　192
合理主義的　115
合理性　116, 119, 120
合理性の新たな概念　120
合理的方向性　183
「声なき声の」　36
コーポラティズム　74, 126
国際委員会　222
国際学者共同体（international community of scholars）　218, 225
国際関係論　122
国際共同体　136
国際研究所（international institutes）の連合　220
国際財団　223
国際システム　81
国際社会科学　11
国際社会科学協議会（ISSC: International Social Science Council　240
国際政治学　81
国際組織　216
国際的共同体　137
国際的な学者共同体の活性化　235
国際的な共同研究　97
国際連合大学（UNU）　9, 10, 94, 209, 211, 214, 216, 221, 225, 232, 238, 251
国民国家　138, 161
国立大学　208
国連大学　94
個人　148

個人主義　145
コスモゴニー（cosmogony）　16, 141〜144, 146, 151, 152
コスモス"cosmos"　142
コスモスの変容　146
コスモロジー　141〜143, 151, 166
コスモロジー間対話　147
コスモロジーとコスモゴニー（cosmology and cosmogony）　153
異なる学問分野（ディスィプリン）　27
異なる知的伝統を持つ国々からのアイディアを交換するため批判的対話の場を設置すること　244
根源的な「世界観」　160
混沌王　42, 150, 259, 260
コンピュータ・プログラム　60
コンピューターモデリング　53

－さ　行－

財団形式　219
材料工学（マテリアルサイエンス）　195
雑音（noise）　64
産業型民主主義　64
産業民主主義国　82
産業民主主義の管理可能性　84
視覚文化　104
シカゴ学派　88
四句分別（四刀論法［tetralemma］）

149
試験管内（in vitro）　137
自己組織化（オートポイエシス）
　　19
「自己」を説得すること（の困難さ）
　　146
システムズ・サイバーネティックス
　　197
システムの自己再生能力　83
システム分析　53
次世代コンピューター科学　62
自然　174
自然的制度　143
自然発生的な制度　144
実質（materia）　147
実質的現実の世界（universe）　166
実質的なものと形相的なもの（the substantive and the formal）　154
実践（praxis）　142
実用主義的　115
実用的方向性　183
シニフィアン（記号表現）　47,48,199
シニフィエ（記号内容）　47,48,199
シミュレーション　53
シミュレーション科学　25
市民と科学者との対話　203
社会　174
社会科学　53〜55,57,156,180
社会科学者　66
社会思想　207

社会主義国　82
社会知識　157
社会動員　80
『社会の弁証法』　251
社会倫理　129
ジャクソン報告　222
主意主義的な世界観　66
宗教・芸術・人文科学に含まれている包括的理解　204
修正オクシデンタリズム　258
従属論　72
集団的合意　118
集団的人権　16
収斂的（convergent）社会　111
収斂的言語　111,112
儒教　159,207
儒教的伝統　125
手段－目的合理性（ＭＥＲ）【Zweckrationalitat】【means-end rationality】　26,107,108,114,120,189〜192,194
小宇宙（ミクロコスモス）　216
情動（pathos）　142
商品　136
情報科学　180
情報革命　187,189
情報化社会　13,14
情報量の豊かな時代の到来　80
常民　103
庶民の男女　202
新カント学派　174

信仰（信条）（belief） 158
信条 61, 104, 122, 133〜137, 143, 146〜148
新興システム理論 63
人口増加 80
「真実」と「和解」のプロセス 259
新自由主義 10
新自由主義グローバル化の経済格差・文明差別 10
新素材 186
信条体系（belief systems） 132, 136, 137, 142, 153
進歩史観 162
人類 190
人類学 170, 198
人類学者同士の討論 204
人類学の帝国主義的性格 26
人類の相互依存関係 26
人類の存続それ自体の問題 155
水平的知的交流 226
スウェーデン研究協力機構（SAREC: Sweden Agency for Research Cooperation） 240
数量化社会 13
数量化万能主義 12
スタンフォード研究所 56
棲み分け 112
西欧（ウェスト） 10, 107
西欧近代 17
西欧的制度 120
西欧的パラダイム 27

政策 57
政策科学 68, 73, 90, 180, 194
政策決定論 53
生産要素 136
政治 83
政治科学 68
政治学（political sciences） 68, 79, 82, 83, 86, 89〜91, 95, 114, 250
政治学の新たな革命 92
政治過程理論 108
政治構造 125
政治システム 93
政治的アリーナ 38
政治的意志 63
政治発展 106
政治発展の過程 106
精神現象 104
精神的危機 129
政体 114
生体エネルギーへの崇拝 124
生体内の（in vivo） 137
『成長の限界』 182
制度 125
制度的な発展 87
生命工学（バイオテクノロジー） 186, 195
世界危機 81, 82, 84, 85, 92, 96, 97, 291
世界システム（世界経済）（World Systems［World Economy］） 80, 125, 154, 181, 302
世界システムの危機 79

世界システム論　81,204,289
世界諸帝国　302
世界政治学会（ＩＰＳＡ）　9,10,79,80,89,91,93,94,96,97,98
世界帝国（world empires）　154,159,160,161,207
世界的危機　61,63,67,69,71,73,76,77
世界の飢餓　234,235,236
前近代世界帝国　163
全体論的アプローチ　29,30,32,34
総合的把握（holism）という理念　242
操作主義　61
創造性　53,54
創造の科学的プロセス　76
創造の学際的プロセス　67
創造的研究のための前提条件の創出　243
創造的混沌　150
相対性理論　33
存在の類比（analogia entis）　147

— た　行 —

ダーウィンの進化論主義　106
大学　209,211
第三極　41,42,44,45,150
第三世界の技術官僚主義の科学の問題　266
第三世界の個人・制度の能力強化　237
第三世界フォーラム（the Third World Forum）　240
第三の極　151
ダイナミックな学習方法を開拓し続け、国際連合の活動すべてにわたり教育的側面に注意を払うこと　244
対立集団同士　122
大量生産・大量消費・大量廃棄　13
対話　254
多極的世界　139
多元主義　96,97,188
多元主義的な科学研究過程　157
多元的コミュニティ　34
多元的文明　129
多国籍原発ムラ　18
多神論コスモロジー　144
多中心的な知識システム　208
タテ社会　110,111
多変数分析　53
段階理論　103
"段階理論（stufentheorie）"　102
単子論的形式主義　170
地球科学的な発展　87
地球規模の問題　237
知識システム　207
知識体系（knowledge systems）　153
知的アクター　202
知的交流　208
知的国際交流制度　215

血と土地（Blut und Boden） 143
中央集権化 115
中央集権化の方向性 183
中心・準周辺・周辺 175
中心－周辺構造 45
超国家委員会（supranational committees）の連合 220
超準解析 71
超大国の危機管理能力の低下 81
通常科学 55, 104
テクネー 14, 15, 19
テトラ・レンマ 275
テトラレンマ的な「非論理性」 150
テトラレンマ的なアプローチ 50
テロ 18
天皇制総力戦国家 259
伝播主義（普及主義） 86, 95
ドイツ語 111
ドイツ歴史主義の段階理論 106
同調 110
同盟論 59
東洋の哲学者 204
トランスナショナル化 94
トリエステ国際理論物理学研究所（Trieste International Theoretical Physics Institute） 240
奴隷労働 19

－な 行－

内生化（endogenization） 227
内発的近代化論 102
内発的決定ルール 120
内発的要因 105
南海の王 150
難問（アポリア） 166
二極性 150
二極のコスモス 42
日本言語 111
日本政治学 251
ニュートン・パラダイム 175
人間（ホモ・エコノミクス） 72
人間科学 199
人間社会 114
人間集団 140
「人間主義」(「ヒューマニズム」) 283
人間主義的思想学派 66
人間主義的動機 19, 66, 67, 69, 70, 73, 76
人間と社会の開発 232, 237, 240
人間の安全保障 207
認識論 156, 177, 179
ネイション建設 94

－は 行－

ハイゼンベルク効果 33
覇権国交代法則 81
パチャ・ママ（母なる大地＝地球） 16
パチャ・ママの日 16

パラダイム　173,265
パラダイム・シフト　176
パラダイム外　43
パラダイム間　125
パラダイム間アプローチ　54
パラダイム間対話　35,47,51
パラダイム間の対話　37,38,39,44,254
パラダイム的な発展　87
パラダイム転換　96
パルメ委員会（the Palme Commission）　223
反技術官僚主義運動　27
反極　176
反形相主義　142
ピアソン報告　222
比較　100
比較行政学　119,120
比較決定理論　122
比較決定論　120
比較主義　100
比較政治研究　100
比較政治発展論　125
非形相主義　142
非西欧　107
非西欧世界（レスト）　10
非西欧的官僚制度　120
人々　202
平等　130,132,133,139,145,149
平等・連帯の複合問題（the equality-solidarity problematique）　129,153
平等と連帯　146,297,297,299

ピラミッド・システムモデル　117
非連続性　105
ヒンドゥー教　207
ヒンドゥー教徒　152
ファジー集合理論　62
ファジー集合論　71
ファシズム　116
複合的問題群　74
福祉問題　155
複数の自己　148
仏教　134
仏教徒　152
普遍主義　86
普遍性伝播論　290
プラグマティズム　151
フランス・アカデミー（the French Academy）　208
ブラント委員会（the Brandt Commission）　222
BRICS　10
ブリタニック語（英語）　111
プレートテクトニクス理論　175
プログラミング　190
プログラミング法　53
プロジェクト　238
文化　93
文化間　125
文化交流　122
文化的危機　209
文化摩擦　122
分散的（divergent）社会　111

分散的言語　112
分析と統合　194
フンボルト革命（the Fumboldt revolution）　208
文明間のパラダイムの間　10
米国中心の軍事化　10
平民　103
平和への権利　16,16
弁証的　179
弁証法　178
弁証法／構造主義学派　88
ポイエシス　14,19
ポイエトクラシー（自己組織主義）　15
法－制度学派　88
法制度主義　290
法の下の平等　130,140
菩薩　146
ポスト行動科学主義　93
ポスト行動主義革命　24,61,71
北海の王　150
ホメオスタシス能力　63
ホモ・エコノミクス（homo economics）　136

－ま　行－

マクロ歴史的な分析　81
マルクス主義　66,142
マルクス主義者　151
マルクス主義唯物論　173

ミニマックス・ゲーム合理性　119
民衆の伝統　103
民俗学　104,250
無　145
「ムシャジー（武者爺）」　16
無神論・汎神論　145
無神論的汎神論者　147
明確に特定化された決定の樹　197
メタ・パラダイム　270
メタ・プロジェクト　161,162,163,172
目的合理性　249
モデリング（標本設計）　180
物事の世界（universe of things）　176
問題群　57

－や　行－

ユートピア　142,144,145
ユネスコ　94
揺らぎ（fluctuation）　197
ヨーロッパ知識システム　208
ヨコ社会　110
四つのレンマ（補助命題）　49

－ら　行－

らせん型戦略　51
ラディカル経済学　24,71
ラディカル経済学者　43

ラテンアメリカモデル　267
ラテン語　111
ランド研究所　56
利益社会（ゲゼルシャフト）　104, 131
量的アプローチ　53
量的情報　60
量的比較研究　100
『レーニン、国家、そして政治』　93
歴史主義的な世界観　66
歴史性　74
歴史的評価　156
レスト（非西欧）　249, 253, 255
列国（the family of nations）　211
連続性　105
連帯　136, 138, 139, 140, 141, 149
レンマ的な（lemmic）　149
ローマ・クラブ　182
ローマカトリック教会　134, 170
論理学的現実　47, 48
論理数学的なコミュニケーションシステム　165

― わ 行 ―

和解　259

〔人名索引〕

ーあ 行ー

アガタンゲルー,アンナ 14
アザール,ポール 303
アドルノ,テオドール 268
アブデルマレク,アヌアール 251
アブデルマレク,アンワール 279, 280, 283, 284
安倍晋三 259
アミン,サミール（Samir Amin） 94
イーストン,デイビッド 92, 280
石田雄 110, 293
市井三郎 290, 293
井筒俊彦 299, 305
今西錦司 112, 294
イリイチ,イヴァン 14, 15
インケルス 103
ウェーバー,マックス 114, 290
ウェゲナー 175
ウォード,バーバラ 222
衛藤瀋吉 121
エレラ,アミルカル 267
大来三郎 266
オーリウ 290
荻生徂徠 109

ーか 行ー

カッシーラー 56
神島二郎 111, 112, 123, 250, 292〜295
上山春平 109, 293
カルノー 174
ガルブレイス,ジョン K. 193, 273, 306
川島武宜 109, 293
京極純一 109, 250, 293
クーン,トーマス 172, 176, 265
グレイザー 286
ゲーテ 175
ゴゲル 291

ーさ 行ー

サイード 251
坂本賢三 270
サルトル,ジャン＝ポール 123, 270
ジークフリード 291
シーナー,イブン 135
シバジェネ（Sibajene） 212
シャノン 174
鈴木光男 121
ストラウス 286
ストロース,レビ 196

ーた 行ー

タイラー，エドワード　121
高内壮介　310
玉野井芳郎　282
タント，ウ（U Thant）　209
チャールスワース　279, 281
チャマー　281
津本正夫　299
鶴見和子　102, 105, 290, 293, 300
ディアリョ（Diallo）　211
デイビッド，ランドルフ（Randolf David）　94
デカルト　137, 167
デュビニョー，ジャン（Duvignau）　35, 198, 271
デュルケーム，エミール　170
テンニエス　104
ドイッチュ，カール　80, 279
トゥーレーヌ，アラン　271, 283
唐十郎　251

ーな 行ー

中根千枝　110
永安幸正　282
ニュートン，アイザック　114, 158

ーは 行ー

パーソンズ　104
ハイゼンベルク　33, 276
ピアジェ　196
ビュルドー　290
フーコー，ミシェル　274, 275
ブラトスキー　93
プリゴジン，イリヤ　120, 197, 294
プルードン　271
ブルデュー，ピエール　304
ブルマー，ヤン　251
文化摩擦　121
ヘーゲル　173
ボールディング　284
細谷千博　117, 119, 120, 294
ポパー，カール　56

ーま 行ー

松本正夫　299, 300
マルクス，カール　270
丸山眞男　109, 116, 123, 251, 293
マンデラ　259
マンハイム　270
武者小路公秀　280, 292, 294, 297, 299, 308
村上幸雄　286
村上陽一郎　309
メドウズ，デニス　266

モラーレス,イーボ 16

　ーや　行ー

柳田國男　105, 102〜104, 250
山内得立　275
山田慶児　273
吉本隆明　305

　ーら　行ー

ラーネマ（Rahnema）　212, 213
ライプニッツ　168
ラズロー,アーヴィン　267
ラパポート,アナトール　281, 287
ルカーチ　270
クロード・レヴィ＝ストロース
　　308
ロロー　290

　ーわ　行ー

ワイスコップ,ウォルター,A　115

国際社会科学講義：
文明間対話の作法
著者　武者小路公秀
2015 年 2 月 10 日初版第 1 刷発行

・発行者――石井　彰　　　　　　　・発行所

印刷・製本／新協印刷(株)

KOKUSAI SHOIN Co., Ltd.
3-32-5, HONGO, BUNKYO-KU, TOKYO, JAPAN.

ⓒ 2015 by Kinhide Mushakoji

株式会社 **国際書院**
〒113-0033 東京都文京区本郷 3-32-5 本郷ハイツ404
TEL 03-5684-5803　　FAX 03-5684-2610
Ｅメール：kokusai@aa.bcom.ne.jp

（定価＝本体価格 2,500 円＋税）
ISBN978-4-87791-264-2 C1031 Printed in Japan

http://www.kokusai-shoin.co.jp

本書の内容の一部あるいは全部を無断で複写複製（コピー）することは法律でみとめられた場合を除き、著作者および出版社の権利の侵害となりますので、その場合にはあらかじめ小社あて許諾を求めてください。

国際政治

NIRA／横田洋三共編
アフリカの国内紛争と予防外交

87791-105-7 C3031　　　　　A5判 543頁 5,800円

東アフリカ、中部アフリカ、西アフリカ、南部アフリカなど各地の国内紛争の国際的・地域的・国内的要因を具体的・事例的に検討し、紛争解決へ向けての予防外交の現状と課題を提起する。
(2001.3)

NIRA／中牧弘允共編
現代世界と宗教

87791-100-6 C3014　　　　　A5判 295頁 3,400円

グローバル化、情報化の進展、紛争に関わる「宗教」現象といった今日の国際社会において、宗教学を始め、政治学や社会学、文化人類学など様々な領域から新しい世紀の「宗教」を巡る動向のゆくへを探る。
(2000.9)

中薗和仁
香港返還交渉
―民主化をめぐる攻防

906319-85-8 C3031　　　　　A5判 270頁 2,800円

イギリスの植民地統治は終わりを告げ香港は中国に返還された。「香港問題」が形成された歴史的背景をたどり、香港の特殊な地位および返還交渉の舞台裏を検討することによって、香港の「民主化」が持つ意味を探る。
(1998.7)

堀江浩一郎
南アフリカ
―現代政治史の鳥瞰図

906319-55-6 C1031　　　　　A5判 345頁 3,398円

南アのコミュニティ運動、対外関係などの政治分析を通して、南ア社会の変革と民主化へのダイナミズムを考察する。第三世界の壮大な実験である「市民社会」の建設へ向けての運動は、現代国際社会の課題に示唆するものも大きい。(1995.4)

宇佐美慈
米中国交樹立交渉の研究

906319-64-5 C3031　　　　　A5判 601頁 8,252円

1979年のアメリカ合衆国の中華人民共和国との国交樹立と中華民国との断絶について、その政策決定と交渉過程とこれに影響を及ぼした内外の様々な要因及び国交樹立後の様々な関連事項の処理について、主として米国の側から分析した。(1996.1)

泉淳
アイゼンハワー政権の中東政策

87791-110-3 C3031　　　　　A5判 309頁 4,800円

中東地域政治の特質を踏まえ米国の政策形成・決定過程さらに米国の冷戦政策を顧み、「アイゼンハワー政権の中東政策」の再評価を試みた本書は現在の中東地域政治、米国の中東政策を理解する上で大きな示唆を与える。
(2001.6)

鈴木康彦
アメリカの政治と社会

906319-89-0 C1031　　　　　A5判 233頁 2,800円

アメリカ特有の政治、経済、法律、社会制度、国の成り立ち、文化に亘る、内部から見た解説書である。滞米年数30年を越す筆者のアメリカ的思考を加味しながらの記述はアメリカの全体像を知る上で格好の書である。(1999.4)

岩下明裕
「ソビエト外交パラダイム」の研究

906319-88-2 C3032　　　　　A5判 263頁 3,200円

本書は、「ソビエト国家」の対外関係をめぐる数々の「説明原理」の変遷を、「国家主権」と「社会主義体制」の概念に焦点を当てて分析し、ソ連外交史あるいは国際関係史の研究を進める上で有用である。
(1999.7)

宮本光雄
国民国家と国家連邦
―欧州国際統合の将来

87791-113-8 C3031　　　　　A5判 361頁 3,800円

「連邦主義的統合論」及び「政府間主義的統合論」を軸に、第一次世界大戦後に始まる欧州国際統合運動を分析し、21世紀における欧州国民国家とEUの将来が検討され、アジアとの地域間関係も分析される。
(2001.7)

国際政治

宮脇　昇
CSCE人権レジームの研究
「ヘルシンキ宣言」は冷戦を終わらせた
87791-118-9　C3031　　　　　　A5判　333頁　3,800円

冷戦期の欧州国際政治史の中でそのターニングポイントとなったCSCE（欧州の安全保障と協力に関する会議）の人権レジームに見られる東西間の対立と協調が織りなす国際関係の研究書である。
(2002.2)

武者小路　公秀
人間安全保障論序説
―グローバル・ファシズムに抗して
87791-130-8　C1031　　　　　　A5判　303頁　3,400円

グローバル覇権の構造と行動、人間安全保障と人間安全共同体、文明間の対話による共通の人間安全保障という三つの角度から本書は、「人民の安全保障」へ向けて「もうひとつの世界」への道筋を探る作業の「序説」である。
(2003.12)

篠田英朗／上杉勇司
紛争と人間の安全保障
―新しい平和構築のアプローチを求めて
87791-146-4　C3031　　　　　　A5判　307頁　3,400円

「人間の安全保障」に纏わる、論点が持つ意味と可能性の探究、紛争下での争点の提示、実践上での限界を超える可能性、外交政策における課題などを示しながら、「人間の安全保障」が「現実」の要請であることを明らかにする。
(2005.6)

田畑伸一郎・末澤恵美編
CIS：旧ソ連空間の再構成
87791-132-4　C1031　　　　　　A5判　253頁　3,200円

独立国家共同体CISを、旧ソ連空間に形成されたひとつの纏まりとして捉えようとする本書は、その多様化を見据え、国際関係の観点からも分析する。類例のないこの共同体は今世紀のひとつの行方を示唆している。
(2004.3)

赤羽恒雄・監修
国境を越える人々
―北東アジアにおける人口移動
87791-160-×　C3031　　　　　　A5判　319頁　6,000円

ロシア極東への中国人移民、日本のロシア人・中国人・コリアンコミュニティ、朝鮮半島とモンゴルにおける移民などを通して北東アジアの人口動態傾向と移民パターンを探り、越境人流が提示する課題を明らかにする。
(2006.6)

M・シーゲル／J・カミレーリ編
多国間主義と同盟の狭間
―岐路に立つ日本とオーストラリア
87791-162-6　C3031　　　　　　A5判　307頁　4,800円

アジア太平洋地域に属する日本とオーストラリアは超大国アメリカとの同盟関係を基軸に安全保障政策を築いてきた。これまでの同盟政策を批判的に検討し、日豪が地域と世界の平和に貢献できる道を多国間主義に探る。
(2006.9)

山本吉宣・武田興欣編
アメリカ政治外交のアナトミー
87791-165-0　C1031　　　　　　A5判　339頁　3,400円

冷戦後「唯一の超大国」となったアメリカをわれわれはどう理解すればよいのか。国際システム、二国間関係、国内政治過程に注目し、政治学者、国際法学者、地域研究者が複雑なアメリカの政治外交を解剖する書（アナトミー）。
(2006.12)

ピーター・H・サンド　信夫隆司／髙村ゆかり訳
地球環境管理の教訓
906319-44-O　C1031　　　　　四六判　187頁　2,136円

地球環境管理にとってこれまで蓄積されてきた経験と制度上のノウハウを詳細に検討し、地球環境問題を解決するための効果的なルール、国際社会制度を如何に構築するか、どのように世界に普及させ、遵守させるかを論ずる。
(1994.5)

信夫隆司編
地球環境レジームの形成と発展
87791-092-1　C3031　　　　　　A5判　288頁　3,200円

地球環境問題に国際政治理論がどのような解決の枠組みを提示できるのか。国家間の相克、国際機関、NGOといったアクターを通しての「地球環境レジーム」の形成プロセス、維持・発展過程を追究する。
(2000.5)

国際政治

山内 進編
フロンティアのヨーロッパ
87791-177-5　C3031　　　　A5判　317頁　3,200円

歴史的意味でのフロンティアを再点検し、北欧、バルト諸国、ウクライナなどとの関係およびトラフィッキングの実態にも光を当て、内と外との「EUのフロンティア」を多岐にわたって考察する。
(2008.3)

堀内賢志吾
ロシア極東地域の国際協力と地方政府
――中央・地方関係からの分析
87791-179-9　C3031　　　　A5判　323頁　5,400円

北東アジアの国際協力に大きな期待が寄せられているロシア。極東地域での対外協力に消極的な姿勢から変化が生まれている背景を、中央・地方関係の制度的側面から分析し、政治学的なアプローチを試みる。
(2008.3)

上杉勇司・青井千由紀編
国家建設における民軍関係
――破綻国家再建の理論と実践をつなぐ
87791-181-2　C1031　　　　A5判　341頁　3,400円

民軍関係の理論的考察をおこない、文民組織からおよび軍事組織からの視点でみた民軍関係の課題を論じ行動指針を整理する。そのうえに立って民軍関係の課題に関する事例研究をおこなう。
(2008.5)

大賀 哲・杉田米行編
国際社会の意義と限界
――理論・思想・歴史
87791-180-5　C1031　　　　A5判　359頁　3,600円

「国際社会」を、規範・法・制度あるいは歴史、思想、文化といった分野と広く政治学の文脈で位置づけ、個別の事例検証をおこないつつ「国際社会」概念を整理・体系化し、その意義と限界を追究する。
(2008.6)

貴志俊彦・土屋由香編
文化冷戦の時代
――アメリカとアジア
87791-191-1　C1031　　　　A5判　283頁　2,800円

新たなアジア的連帯を形成するうえで、20世紀半ばの文化冷戦の歴史的考察は避けて通れない。世界規模で進められた米国の広報・宣伝活動のうち、本書では日本、韓国、台湾、フィリピン、ラオスでのその実態を考究する。
(2009.2)

小尾美千代
日米自動車摩擦の国際政治経済学
――貿易政策アイディアと経済のグローバル化
87791-193-5　C3031　　　　A5判　297頁　5,400円

経済のグローバル化、国際化論をベースに、輸出入・現地生産・資本提携など自動車市場の変化、その調整過程を分析し、これまでの日米自動車摩擦の実態を国際政治経済学の視点から政治・経済領域での相互作用を追跡する。
(2009.3)

黒川修司
現代国際関係論
87791-196-6　C1031　　　　A5判　313頁　2,800円

大学のテキスト。事例研究から入って理論的思考ができるようにし、国際関係政治学の基礎的な概念、理論、歴史的な事実を把握できるようにした。多様なテーマが物語りのように書かれ、親しみやすい書になっている。
(2009.6)

吉村慎太郎・飯塚央子編
核拡散問題とアジア
――核抑止論を超えて
87791-197-3　C1031　　　　A5判　235頁　2,800円

日本、韓国、北朝鮮、中国、インド、パキスタン、イラン、イスラエル、ロシアなど複雑な事情を抱えたアジアの核拡散状況を見据え、世界規模での核廃絶に向けて取り組みを続け、取り組もうとする方々へ贈る基本書。
(2009.7)

佐藤幸男・前田幸男編
世界政治を思想する　Ⅰ
87791-203-1　C1031　　　　A5判　293頁　2,800円

「生きる意味」を問い続ける教科書。国際政治理論の超え方、文化的次元での世界政治の読み解き方、歴史的現代における知覚の再編成、平和のあり方を論じ日常の転覆を排除せず「生きること＝思想する」ことを追究する。
(2010.1)

国際政治

佐藤幸男・前田幸男編
世界政治を思想する Ⅱ
87791-204-8　C1031　　　　A5判　269頁　2,600円

「生きる意味」を問い続ける教科書。国際政治理論の超え方、文化的次元での世界政治の読み解き方、歴史的現代における知覚の再編成、平和のあり方を論じ日常の転覆を排除せず「生きること＝思想する」ことを追究する。　(2010.1)

永田尚見
流行病の国際的コントロール
―国際衛生会議の研究
87791-202-4　C3031　　　　A5判　303頁　5,600円

人間の安全保障、国際レジーム論・国際組織論、文化触変論の視点から、さまざまなアクターの関与を検討し、国際的予防措置の形成・成立を跡づけ、一世紀に亘る国際衛生会議などの活動が各国に受容されていく過程を追う。　(2010.1)

浜田泰弘
トーマス・マン政治思想研究 [1914-1955]
―『非政治的人間の考察』以降のデモクラシー論の展開
87791-209-3　C3031　　　　A5判　343頁　5,400円

「政治と文学という問い」に果敢に挑戦した文学者トーマス・マンの政治論は、二度の世界大戦、ロシア革命とドイツ革命、ファシズムそして冷戦を経た20世紀ドイツ精神の自叙伝として21世紀世界に示唆を与える。　(2010.7)

美根慶樹
国連と軍縮
87791-213-0　C1031　　　　A5判　225頁　2,800円

核兵器廃絶、通常兵器削減の課題を解決する途を国連の場で追求することを訴える。通常兵器・特定通常兵器、小型武器などについて需要側・生産側の問題点をリアルに描き出し核兵器・武器存在の残虐性を告発する。　(2010.9)

鈴木 隆
東アジア統合の国際政治経済学
―ASEAN地域主義から自立的発展モデルへ
87791-212-3　C3031　　　　A5判　391頁　5,600円

国際システム下における途上国の発展過程、とりわけASEANを中心に国家・地域・国際システムの三つのリンケージ手法を用いて分析し、「覇権と周辺」構造への挑戦でもある東アジア統合の可能性を追う。　(2011.2.)

金永完
中国における「一国二制度」とその法的展開
―香港、マカオ、台湾問題と中国の統合
87791-217-8　C3031　　　　A5判　000頁　5,600円

北京政府の「「一国二制度」論について、香港、マカオ問題の解決の道筋をたどりつつ、法的諸問題に軸足を置き、国際法・歴史学・政治学・国際関係学・哲学的な視点から文献・比較分析をおこない解決策を模索する。　(2011.3.)

宮本光雄先生
覇権と自立
―世界秩序変動期における欧州とアメリカ
87791-219-2　C3031　　　　A5判　377頁　5,600円

発展途上諸国の経済発展および発言権の増大という条件のなかで欧州諸国では欧米間の均衡回復が求められており、「均衡と統合」、「法の支配」を柱とした「全人類が公正に遇される」世界秩序を求める模索が続いている。　(2011.3)

鈴木規夫
光の政治哲学
―スフラワルディーとモダン
87791-183-6　C3031　　　　A5判　327頁　5,200円

改革・開放期における市場経済化を契機とする農村地域の社会変動をに対応して、基層政権が下位の社会集団、利益集団といかなる関係を再構築しつつあるかを跡づけ、農村地域の統治構造の再編のゆくへを考察する。　(2006.3)

鈴木規夫
現代イスラーム現象
87791-189-8　C1031　　　　A5判　239頁　3,200円

1967年の第三次中東戦争から米軍によるバグダッド占領までの40年に及ぶ「サイクル収束期」の位置づけを含め、20世紀後半の〈イスラーム現象〉が遺した現代世界における被抑圧者解放への理論的諸課題を探る。　(2009.3)

国際経済

大和田滝惠・岡村 堯編
地球温暖化ビジネスのフロンティア
87791-218-5　C1034　　　　　　A5判　313頁　2,800円

企業の意欲が自らの成長と地球の維持を両立させられるような国際環境の醸成ビジョンを提示する作業を通して、地球温暖化科学、政策化プロセス、国際交渉の視点などの「企業戦略のためのフロンティア」を追究する。　　　　　　　　（2011.3.）

国際社会

立石博高／中塚次郎共編
スペインにおける国家と地域
──ナショナリズムの相克
87791-114-6　C3031　　　A5判　295頁　3,200円

本書は、地域・民族、地域主義・ナショナリズム、言語の歴史的形成過程を明らかにしながら、カタルーニャ、バスク、ガリシア、アンダルシアを取り上げ、歴史的現在のスペイン研究に一石を投じる。　　　　　　　　　　　　　　　　（2002.6）

ジョン・C・マーハ／本名信行編著
新しい日本観・世界観に向かって
906319-41-6　C1036　　　A5判　275頁　3,107円

アイヌの言語とその人々、大阪の文化の復活、日本における朝鮮語、ニューカマーが直面する問題、日本とオーストラリアの民族の多様性などの検討を通して、国内での多様性の理解が世界レベルの多様性の理解に繋がることを主張する。（1994.2）

林　武／古屋野正伍編
都市と技術
906319-62-9　C1036　　　A5判　241頁　2,718円

「日本の経験」を「都市と技術」との関わりで検討する。技術の基本的な視点を自然や社会との関わり、技術の担い手としての人間の問題として捉え、明治の国民形成期の都市づくり、職人層の活動に注目し、技術移転の課題を考える。（1995.1）

奥村みさ
文化資本としてのエスニシティ
──シンガポールにおける文化的アイデンティティの模索
87791-198-0　C3036　　　A5判　347頁　5,400円

英語圏文化および民族の主体性としての文化資本を駆使し経済成長を遂げた多民族都市国家シンガポールは、世界史・アジア史の激変のなかで持続可能な成長を目指して文化的アイデンティティを模索し、苦闘している。　　　　　　　（2009.7）

渋谷　努編
民際力の可能性
87791-243-7　C1036　¥3200E　　A5判　261頁　3,200円

国家とは異なるアクターとしての民際活動が持つ力、地域社会におけるNPO・NGO、自治体、大学、ソーシャルベンチャー、家族といったアクター間の協力関係を作り出すための問題点と可能性を追求する。　　　　　　　　　　　　　（2013.2）

駒井　洋
移民社会日本の構想
906319-45-9　C1036　　　A5判　217頁　3,107円

［国際社会学叢書・アジア編①］多エスニック社会化を日本より早期に経験した欧米諸社会における多文化主義が今日、批判にさらされ、国家の統合も動揺を始めた。本書は国民国家の妥当性を問い、新たな多文化主義の構築を考察する。（1994.3）

マリア・ロザリオ・ピケロ・バレスカス　角谷多佳子訳
真の農地改革をめざして──フィリピン
906319-58-0　C1036　　　A5判　197頁　3,107円

［国際社会学叢書・アジア編②］世界資本主義の構造の下でのフィリピン社会の歴史的従属性と決別することを主張し、社会的正義を追求した計画を実践する政府の強い意志力と受益農民の再分配計画への積極的関与を提唱する。（1995.5）